本书初版曾入选 普通高等教育"十一五"国家级规划教材
"十二五"江苏省高等学校重点教材

にほんご
日语泛读

总主编　成春有　张胜芳

1

主　编　张海燕
副主编　林银花　胡　谦　马　力
参　编　于秋芳　钱露露　井口年子　保坂多巳良

内 容 简 介

本套教材初版曾入选普通高等教育"十一五"国家级规划教材,此次改版后又荣获"十二五"江苏省高等学校重点教材、"十二五"江苏省精品教材等荣誉。本书共有16课内容,每一课均由数篇主读课文、单词解析、译文注释、课后练习以及阅读技巧等部分组成,所选内容涵盖日本的人文常识、礼仪文化、经济形势、科技知识等各个方面。每一课的最后还增设了日本语言文化栏目,旨在通过浅显的语言与事例介绍日本的语言文化,加深学生对日本语言文化风俗的理解,从而全面提高学生的日语阅读理解能力。本书可供日语专业二年级学生或与其相当水平的自学者使用,可助其达到国际日语能力考试N2级阅读理解水平。

图书在版编目(CIP)数据

日语泛读.1/成春有,张胜芳总主编;张海燕主编.— 2版.— 合肥:中国科学技术大学出版社,2016.6(2023.7重印)

ISBN 978-7-312-03951-5

Ⅰ.日… Ⅱ.①成… ②张… ③张… Ⅲ.日语—阅读教学—高等学校—教材 Ⅳ.H369.4

中国版本图书馆 CIP 数据核字(2016)第 160733 号

出版	中国科学技术大学出版社
	安徽省合肥市金寨路96号,230026
	http://press.ustc.edu.cn
印刷	安徽省瑞隆印务有限公司
发行	中国科学技术大学出版社
经销	全国新华书店
开本	787mm×1092mm 1/16
印张	16
字数	331千
版次	2009年6月第1版 2016年6月第2版
印次	2023年7月第5次印刷
定价	30.00元

前　言

《日语泛读》是普通高等教育"十一五"国家级规划教材，是"十二五"江苏省高等学校重点教材，曾获江苏省高等学校精品教材称号。

《日语泛读》是为高等院校日语专业学生或有志于自学日语者编写的教材，迄今已使用了7年。根据各院校师生在使用过程中的反馈意见，该教材较好地体现了《高等院校日语专业基础阶段教学大纲》和《高等院校日语专业高级阶段教学大纲》的基本精神，在提高学生阅读能力的同时着重培养了学生综合运用日语的能力。然而，随着普通高校日语专业学生水平的不断提高以及使用本教材学校类型的增多，有必要在保持原有亮点的基础上对教材的整体结构和内容进行完善和提高。

第2版教材保留了第1版中关于日本文化、日语学习策略等方面的内容，注重选用适合国际日语能力考试和高等院校日语专业四级或八级考试阅读理解的日文材料。新选材料涉及日本历史文化、经济评论、动漫、礼仪、创新性思维等方面。另外，依据21世纪日语专业四、八级考试和国际日语能力考试的新题型，对原教材中的练习进行了相应修订，练习的题型和内容都紧扣日语专业四、八级考试和国际日语能力考试。

本教材一套4册，每册16课，每课围绕一个主题，由一篇长篇文章及数篇短文组成，生词采用边注形式，有助于学生排除阅读障碍；文后附有注释、难句译文以及3种练习题型。第1、2册注重基础阶段阅读练习，构筑学生阅读理解的基本知识结构，使其达到国际日语能力考试N2级和日语专业四级考试要求的阅读理解要求，主题性文章后的练习题型为主观题（汉字写假名、假名注汉字、

造句）和多项选择题（主要考查对文章和词句的理解）。第3、4册注重培养学生高级阶段的阅读理解能力，使其掌握较高层次的阅读技巧，达到国际日语能力考试N1级和日语专业八级考试的阅读理解要求。

为了培养学生的阅读理解能力，本教材设置了"阅读技巧"栏目，分析各类文章的特点、所需掌握的重点、重要词汇的查找和与其相关联词句的搭配关系。重点培养学生在阅读日语文章时紧紧抓住指示代词的关键作用，掌握它的指代内容。为了开阔学生的知识面，拓展学生的视野，帮助学生更好地理解文章，本教材还设置了"语言文化"栏目，让学生了解和掌握语言文化知识。第1、第2册"语言文化"栏目原文引用了森田六朗先生的《读懂关键词　看懂日本人的内心》（商务印书馆出版）10篇文章。引用文章得到森田六朗先生以及商务印书馆、日本アスク出版方面的同意。

本套教材由南京农业大学、南京林业大学、南京工业职业技术学院、南京邮电大学、南京航天航空大学、安徽外语学院、盐城工学院和铜陵学院共同编写和修订。我们希望第2版不仅能帮助学生扩大知识面和词汇量，适应大学日语专业四、八级考试和国际日语能力考试的新题型，增强日语阅读理解能力，而且能帮助学生提高运用日语学习策略和跨文化交际能力，养成独立阅读的习惯，进一步提高日语运用能力。

《日语泛读》编委会
2016年4月

目　次

前　言 ··· I
第一課 ··· 001
第二課 ··· 014
第三課 ··· 028
第四課 ··· 040
第五課 ··· 056
第六課 ··· 068
第七課 ··· 080
第八課 ··· 092
第九課 ··· 104
第十課 ··· 114
第十一課 ·· 127
第十二課 ·· 135
第十三課 ·· 143

第十四課	152
第十五課	160
第十六課	168
附录一　课文译文	180
附录二　语言文化广场译文	210
附录三　练习参考答案	235

第一課

（一）歩く

　若いころ、歩くのが趣味だった。特別な場所を歩くのではない。どこかへ行かなければならない時に、よく一つ前の駅で降りた。そして、地図を見ながら、歩く。途中で、寺や神社、公園などがあったら、寄ってみたものだ。

　ある日、入った小さな寺の池で、（注）古代ハスがさいているのを見つけた。話には聞いていたが、その寺にもあるとは知らなかった。ほかの人も知らないに違いなかった。前から見たいと思っていたので、とてもうれしかった。

　家に帰ってから、歩いた道を思い出しながら、そこを赤鉛筆で色を塗るのも楽しみだった。私があるくところはほとんど東京の中だったので、東京の地図がほとんど赤くなった。

　いちばん遠くまで歩いて行ったのは、わたしが22歳のときだった。友達と鎌倉まで歩くことになった。夜の12時に家を出て、初めは走るように歩いていった。これなら簡単につきそうだと思ったが、（　）。鎌倉はわたしの家から50キロ以上もあったので、だんだん疲れてきた。広い道の端を歩くのだが、車は途切れることなく走っていくので、空気は悪い。75％ほど歩いたところで疲れて、休みたくなった。道に座って休んだ後、歩こうとしたら、足が動かない。普通に歩けるようになるまで、何分もかかった。こんなことは初めての経験だった。ほんとうに疲れているときは、座ってはだめだと分かった。その後は立って休むことにした。鎌倉に着く前は少し道が登りになり、それから下りになっている。疲れていたので、登り道を歩いていくのはたいへんだった。それでも途中で止めないで、鎌倉まで歩いた。12時間くらいかかり、着いたときは、お昼になっていた。

　今は、近所をのんびり歩く。植えられている花や木を見ながら、歩くのが楽しみになっている。

　（注）古代ハス：2000年前のハス

（二）サマースクール

　　昨年の夏休み、小学校の孫3人が、10泊の「お泊り」に来ました。①この期間を我が家では「サマースクール」と名付けました。子供だけで泊まるのは初めてのことでしたが、とてもよい思い出になったようで、②「今年もお願いします」と予約が入っています。

　　毎日、日直を決め、午前中は勉強です。「木下先生（わたしのこと）の方を見てください。これから勉強を始めます。」とあいさつをしてから、宿題や作文、映画に取り組みます。といっても、特別な指導ができるわけではないですが、「やる気」が起こる楽しい雰囲気は作れます。午後は、近くの市営プールで「体育の授業」。夕方から自由時間になり、パソコン、CD、ビデオ、読書、庭の水撒きなど、それぞれ好きなことをします。

　　夕食の準備は、みんなが手伝います。これから「家庭科の授業」です。ギョウザ作りがとても上手になりました。

　　勉強の時間に頑張った作文や絵画は、少年少女部作文コンクールと希望絵画展に出品し、3人の孫が、それぞれ希望賞や銀賞を受けました。

　　毎年のように入選するので、だいぶ自信がついたようです。

　　わたしは「文化は祖父母から」と思っているので、わたしも、夫も、いっしょに絵をかいてきました。「ちょっと疲れるけど、今年のサマースクールも頑張ろう！」と、夫と楽しみにしています。

（三）キャラクター

　　お菓子や子どもの服やかばんなどにキャラクターがついていることは多い。多くの子どもがキャラクターがついている物をほしがるからだ。味も値段もそんなに変わらなければ、そちらを選んでも大人は何とも言わない。

　　最近そういうものだけではなく、今までならキャラクターとはぜんぜん関係のないような製品にもキャラクターがついていることがある。ある会社が電気製品にキャラクターをつけて、売り出されたら、キャラクターがかわいいと人気が出た。その会社はそれまであまり知られていなかったが、キャラクターが有名にな

るにしたがって、会社の名前も知られるようになった。そして電気製品がよく売れるようになったそうだ。何でも、キャラクターをつける（ ① ）がやってきたのかもしれない。

　キャラクターと言えば、ディズニーのキャラクターは昔からずっと人気がある。しかし、最近はほかの漫画に出てくるキャラクターなども、とても人気がある。もし漫画で人気が出れば、映画も作られるし、ゲームも作られることもある。同時にキャラクターに関係があるいろいろな製品も売り出される。そしてそれがお菓子やいろいろな製品にも、使われるようになる。キャラクターがお金を生むことになる。

　（ ② ）、漫画や漫画以外でも、新しいキャラクターを作ろうとする人がおおぜいいる。そして、いろいろなキャラクターが生まれたが、人気が続く物は少ない。その中で残ったものはかわいらしいものが多い。

　子どもばかりではなく、大人の、特に女の人に人気があるキャラクターには、そういうものが多いらしい。もう大人だから、キャラクターに興味があるのは変だと思うかもしれないが、大人用のキャラクターもある。キャラクターで心が慰められ、楽しくなるそうだ。見ているだけで、気持ちが静かにやさしくなるらしい。

　キャラクターはこれから経済的な意味でも、心の問題でも、大切になっていくだろう。

（四）　日本語の漢字

　日本で、今使われている文字は中国から来た漢字と日本で作ったひらがなとカタカナの三種類です。かなは音だけで、意味がありません。漢字は難しいですから、かなだけで書こうという意見もありました。しかし、漢字を使わなかったら、たいへんです。本も新聞も、ページが今の２倍ぐらいになってしまいます。

　それに、意味がわからなくなってしまいます。日本語は同じ音のことばが多いからです。例えば、川の「はし」もご飯を食べる「はし」も、ひらがなで書くと同じなのです。

　また、意味がぜんぜん違ってしまうこともあります。例えば、日本人ならわかる「ここではきものをぬいでください」と「ここでは、きものをぬいでください」の違いが外国人にはわかりません。「はきもの」というのは、くつなどのことで

す。脱ぐものの「はき物」を「着物」に間違えると、たいへんなことになります。これを漢字を使って書けば、「ここで履き物を脱いでください」、あるいは「ここでは着物を脱いでください」となりますから、よくわかります。「ここで　はきものを　ぬいで　ください。」と分けて書いたり、「ここで、はきものをぬいでください。」のように、「、」をつけたりしなくても、見てすぐわかります。

（五）忘年会

　日本にはいろいろな習慣があります。忘年会はその一つでしょう。日本に来てからの２年間で、いちばん心に残っているのは忘年会です。よく友達から忘年会の話を聞いていました。みんないっしょに食事をしながらいろいろな話をすると、その年の悲しいことや、悔しいこと、寂しいことなどを忘れて、みんなが仲良くなれるそうです。

　去年の暮れ、初めて忘年会に参加しました。会場に入ると、すごくいい雰囲気で先生たちはとても親切にしてくださいました。日本での生活に慣れるかどうか心配していたわたしは先生の話を聞いて、胸に熱いものがこみ上げてくるような気がしました。

　今でも、忘年会のことを思い出します。過ぎた時間は絶対に戻りませんが、新しい年はこんなよい雰囲気の中でゆっくりと始まりました。過去のいやなことや、苦労などを忘れることができれば、新しいことのために、元気に頑張れるはずです。たぶんこういうことが、日本の忘年会の趣旨だろうと思っています。

単　語

（一）

ハス（蓮）（はす）⓪	（名）	莲花、荷花
鎌倉（かまくら）⓪	（名）	镰仓（地名）
端（はし）⓪	（名）	端、边沿，片段、零头
塗る（ぬる）⓪	（他五）	涂、抹
上がる（あがる）②	（自一）	上、登、升
下がる（さがる）②	（自一）	降落、下降，后退、减退

（二）

サマー①	（名）	夏天
スクール②	（名）	学校
名付ける （なづける）③	（他一）	起名
泊まる （とまる）⓪	（自五）	泊、住
日直 （にっちょく）⓪	（名）	值日
水撒き （みずまき）③	（名）	洒水

（三）

キャラクター②	（名）	登场人物、性格、性质、角色
ディズニー①	（名）	迪斯尼
売り出す （うりだす）③	（他五）	卖出
慰める （なぐさめる）⓪④	（他一）	安慰、慰劳

（四）

箸 （はし）①	（名）	筷子
橋 （はし）②	（名）	桥
脱ぐ （ぬぐ）①	（他五）	脱
分ける （わける）②	（他一）	分、分开，分配、划分，分让

（五）

| 忘年会 （ぼうねんかい）③ | （名） | 忘年会 |
| 悔しい （くやしい）③ | （形） | 懊悔、后悔、窝心 |

文法

（一）

1. 動詞の可能態（普通に歩けるようになるまで、何分もかかった）

接续：动词末尾假名相应的え段＋る；

释义：可能。

"歩ける"是动词"歩く"的可能动词，表示"能够走、可以走"。"ように"是比况助动词"ようだ"的连用形，此处和"なる"一起，表示变化的结果。"ま

で"是副助词，表示"直到……为止"。

（二）

2. わけではない（特別な指導ができるわけではない。）

　　"わけではない"是形式体言"わけ"和判断助动词"である"的否定形式组成的句型，表示"并不是""并非"。

3. 近くの市営プールで「体育の授業」

　　本句采用体言终句法，用体言不后续任何用言或助动词就结束句子的修辞法。给读者更多的想象空间。

4. 今年のサマースクールも頑張ろう。

　　"頑張る"的主语一般是人或动物等有意志之物，"サマースクール"是个单位，没有意志。次句采用拟人手法，将"サマースクール"看成人。

（三）

5. にしたがって（キャラクターが有名になるにしたがって、会社の名前も知られるようになった）

接续：体言＋にしたがって；用言连体形＋にしたがって；

释义：伴随着。

6. ばかりではなく（子どもばかりではなく、大人の、特に女の人に人気があるキャラクターには、そういうものが多いらしい）

接续：名词＋ばかりではなく；

释义："ばかりではなく"是句型，由副助词"ばかり"和判断助动词"である"的否定形式"ではない"的连用形"ではなく"组成，表示"不仅……而且……"。

（四）

7. 本も新聞も、ページが今の2倍ぐらいになってしまいます。

　　两个体言并列在一起用提示助词"も"，表示两个都作句子的主语。副助词"ぐらい"表示大概数字。

（五）

8. すごくいい雰囲気

　　"すごく"是形容词"すごい"的连用形，在此处做副词，修饰后面的形容词"いい"。

9. 日本での生活に慣れるかどうか心配していたわたしは先生の話を聞いて、胸に熱いものがこみ上げてくるような気がしました。

"慣れるかどうか"是一个句型，"かどうか"接在一个用言终止形后面表示"是否能……"。"ような気がしました"也是一个句型，"気がする"是个词组，表示"注意到"或"发现"，前面接样态助动词"ようだ"的连用形"ような"，"ような"接在句子后面，表示"注意到……""发现……"。

練習

一、次の漢字に振り仮名をつけなさい。

脱（　）ぐ	分（　）ける	塗（　）る	箸（　）
橋（　）	上（　）がる	下（　）がる	泊（　）まる
名付（　）ける	楽（　）しみ	端（　）	座（　）る
疲（　）れる	植（　）える	悔（　）しい	慰（　）める
難（　）しい	暮（　）れ	悲（　）しい	寂（　）しい

二、次ぎの片仮名に適当な漢字をかきなさい。

ボウネンカイ（　）	ニッチョク（　）	ミズマ（　）キ	カシ（　）
かんけい（　）	セイヒン（　）	マンガ（　）	デンキ（　）
ネダン（　）	カイガテン（　）	ヨヤク（　）	フンイキ（　）
エキ（　）	ジンジャ（　）	トチュウ（　）	ユウガタ（　）
マゴ（　）	キモノ（　）	モド（　）ル	ナカヨ（　）ク

三、文章（一）を読んで、後の問いに答えなさい。答えは、①・②・③・④から最も適当なものを一つ選びなさい。

　　問一　（　）の中に、適当なことばを入れなさい。
　　　① やはりそうだった
　　　② 思っていたとおりだった
　　　③ まちがいだった
　　　④ けっこうおもしろかった
　　問二　若いころどのような歩き方をしていましたか。
　　　① 神社や寺に行くために歩きました。

②　特にどこに行くか決めないで歩きました。
③　有名な場所へ行くために歩きました。
④　有名な物をさがすために歩きました。

問三　鎌倉まで歩いたときの経験はどれですか。
①　半分歩いたら、もう疲れて歩けなくなってきました。
②　車と同じ道を歩いたので、空気も悪いし、あぶなかった。
③　座ることもできないほど疲れたので、立って休みました。
④　疲れても、歩き続けたので、お昼には鎌倉に着きました。

問四　歩くことについて、何と言っていますか。
①　若いころは、地図に赤い色を塗るために歩いていました。
②　どこかへ行くときは、いつも一つ前の駅で降りていました。
③　今はむかしとちがって、近所の散歩をしています。
④　若いころは鎌倉など遠いところへ行くことが多かった。

四、文章(二)を読んで、後の問いに答えなさい。答えは、①・②・③・④から最も適当なものを一つ選びなさい。

問一　①「この期間」とはどんな期間ですか。
①　孫が泊まりに来た期間
②　冬休みの期間
③　来年までの期間
④　孫たちが学校に行っている期間

問二　②「今年もお願いします」という予約がありますが、だれからのお願いですか。
①　お隣さんから
②　友人から
③　孫たちの親か孫たち
④　孫たちの学校から

問三　この文章を書いた人はだれですか。
①　おじいさん
②　おばあさん
③　学校の先生
④　小学生の一人

五、文章(三)を読んで、後の問いに答えなさい。答えは、①・②・③・④から最も適当なものを一つ選びなさい。

　　問一　（　①　）の中に、適当なことばを入れなさい。
　　　①　時代　　②　時間　　③　ころ　　④　今
　　問二　（　②　）の中に、適当なことばを入れなさい。
　　　①　それでも　　②　例えば　　③　しかし　　④　だから
　　問三　大人の女の人がキャラクターが好きな理由は何ですか。
　　　①　キャラクターを見ると、気持ちがよくなるからです。
　　　②　体は大人ですが、心がまだ子どもだからです。
　　　③　大人用のキャラクターがあるからです。
　　　④　女の人はかわいらしい物が好きだからです。
　　問四　キャラクターについて正しく説明しているのはどれですか。
　　　①　ディズニーの人気は今はほかのキャラクターに移ってきた。
　　　②　今は、かわいらしくないキャラクターはぜんぜん人気がない。
　　　③　人気があるキャラクターが増えている。
　　　④　大人が子どものキャラクターを好きになってきた。

六、文章(四)を読んで、後の問いに答えなさい。答えは、①・②・③・④から最も適当なものを一つ選びなさい。

　　問一　漢字について、いちばん言いたいことは何ですか。
　　　①　漢字はとても便利だということです。
　　　②　漢字は難しいということです。
　　　③　漢字がないと、文が長くなるということです。
　　　④　漢字は中国から来たということです。
　　問二　日本の文字について、何と言っていますか。
　　　①　日本の文字は日本で中国の文字から作ります。
　　　②　漢字がなくても、かなだけで何でも書くことができます。
　　　③　かなだけで書くときは、分けて書かなければ、意味がわかりません。
　　　④　どの文字も、音と意味の両方を持っています。

七、文章(五)を読んで、後の問いに答えなさい。答えは、①・②・③・④から最も適当なものを一つ選びなさい。

問一　初めて忘年会に参加したのはいつでしたか。
① 一年前でした。
② 二年前でした。
③ 去年の年末でした。
④ 一昨年の年末でした。

読解技法

　　日语能力考试始于1984年，是由日本文部省所属财团法人日本国际教育协会与日本国际交流基金会两个机构共同组织的，每年12月份的第一个星期日上午9点在世界各地同时进行。参试者为母语非日语者。

　　二级读解题材多种多样，有说明文、随笔、评论、小说、书信等，内容涉及文化、社会生活、交通、环境、人口、科技等各个领域。1991～1999年，每套试题有900～1300字左右的长文2篇，短文6～7篇。从2000年开始，试题结构有些变化，900～1200字左右的长文1篇，400～700字左右的中长文2～3篇，短文5～6篇。从总体趋势上看，阅读量在不断增加，这就要求考生不断提高阅读速度。

　　2010年7月起，新的日语能力考试实行，除12月之外，每年7月第一个星期日增加一次考试。这大大缓解了日语能力考试报名难的问题。新的日语能力考试称谓是在各级前面加"N"，比如新2级就成了"N2级"。阅读理解分为5个部分：①内容理解（短篇）：与生活工作有关的说明文或指示文，200个印刷符号左右的短文，共5道题。②内容理解（中篇）：内容比较平易，题材为评论、解说、散文等，500个印刷符号左右的中篇文章，主要考查因果关系、概要、作者的想法等，共9道题。③综合理解：内容比较平易多元，考查比较、综合能力，600个印刷符号左右，共2道题。④主张理解（长篇）：评论文，论理展开比较明快，900个印刷符号左右，考查重点是文章的主张与意见，共3道题。⑤信息检索：题材为广告、说明书、信息杂志、通知、告示等，从中查找必要的信息，共2道题。

　　日语能力考试N2级的阅读理解试题结构虽有变化，但其题型大体相同，主要有以下几种题型：

(1) 文章的主要内容、话题、中心思想等主旨题；

(2) コ、ソ、ア、ド等指示题；

(3) 词语填空题；

(4) 选出语句在文章中的具体含义（释义题）；

(5) 因果关系题；

(6) 判断正误题；

(7) 逻辑排序题；

(8) 图表题；

(9) 其他（时间、地点、人物等）。

一、阅读方法

阅读方法往往因人而异，一般来讲可按以下步骤进行阅读：

1. 首先，看文章的标题、文章出处、作者信息、单词注释、图示图表等，判断文章的主题或话题，圈出关键词、信号词。

2. 其次，粗略地看一下设问问题而不要看选项，直接判断问题类型，确定阅读要点，圈划对象。

3. 再次，通读文章，判断问题所在位置，划出关键词、信号词、解答要点。

（1）结构题，要看文章的连接词，判断文章、段落结构，划出连接词和接续助词。

（2）主旨题要看文章开头和结尾，通过主题句和关键词判断文章的中心，划出主题句及文章、段落的结论。

（3）指代题，要通过文章的指示词判断指代关系，划出指示词语。

（4）细节题，要从细节判断细节关系，划出相关时间、地点、人物等关键信息。

（5）因果关系题，看文章因果关系信号词来判断因果关系，划出相关的表示原因、结果的解答要点。

4. 最后，结合问题，仔细阅读文章，确定答案。

二、解题方法

前面提到几种基本题型和如何做这几种题型，下面几课将就此一一介绍。

言語文化コラム

挨拶（1）

　挨拶は、新たに顔を合わせた際や別れ際に行われる、礼儀として行われる定型的な言葉や動作のことを指す。また、式典などで儀礼的に述べる言葉をいうこともある。

　人間同士が何らかの目的で顔を合わせる場合、すぐにその目的に関する話題を始めることはまずない。最初に互いの姿を確認した際、言葉や身振り、あるいはその両方で互いに相手の存在を認めたとわかる行動をする（目を合わせ、手を挙げる、「やあ」と言うなど）。さらに接近して話し始める際も、特定の動作や言葉で互いに話し始める。これらの一連の行動が挨拶である。また、本題に入る前に互いに関する情報や天候や前後の無関係なやり取りなどをするのが普通で、これも挨拶に含めることもある。なお、たまたま顔を合わせた知り合いのような場合には、挨拶だけで（話が）終わることもままある。

　話題が終わって別れる場合にも一定の決まったやり取りが行われ、これも挨拶である。普通は別れの挨拶の方が短い。動作がともなう場合、出会いの挨拶と同じものが使われることがよくあるが、異なった挨拶も見られる。

　さらに、ひとつの状態（状況）に入る前や終わった段階で、歓迎の言葉やこれからの心がけなどについて話すことも挨拶と言うことがある。卒業式や入社式に偉い人が行う挨拶はこの例である。

　社会的な位置づけとは多くの社会で、人間関係を円滑にする上で使用されている。地方自治体や町内会等で「挨拶運動」が行われている場合もある。

　挨拶の種類は大別すると、言葉による挨拶と身振りによる挨拶の2種類がある。両方を同時に行う挨拶も存在する。

　1．大きな声で挨拶をすると気持ちがいい

　まず挨拶をすると「気持ちがいい」のである。／「気持ちがいい」。

　「おはようございます！」と挨拶してみてほしい。「挨拶してイヤな気持ちになった」ということは滅多にない。また、「挨拶されてイヤな気分になった」ということもないだろう。挨拶はするのもされるのも気持ちがいいものなのである。

これは大きなメリットである。挨拶をするだけで気持ちのいい一日を始めることができるのである。
　一日の中で「気持ちいい！！」と感じられることはそう多くはない。実は挨拶は、その少ないチャンスのひとつなのである。挨拶をしないということは、朝から「気持ちいい！」と感じるチャンスを自ら逃しているのである。
　暗い顔をして大きな声で挨拶をしている人はあまり見かけない。大きな声を出して挨拶を続けていれば、顔は自然と明るくなり、口調も自然とハキハキしてくる。
　昨日イヤなことがあって暗い気持ちが残っていても、大きな声で挨拶をしているうちに気分が晴れてくることもある。
　挨拶は、暗い気持ちを吹き飛ばす力があるのである。1回や2回、挨拶をしただけでは気分は変わらないが、挨拶を続けていくと気持ちは間違いなく明るくなっていく。
　いつも大きな声で元気に挨拶をする人はほぼ例外なく、気持ちが前向きである。それは前向きな人が元気に挨拶をするというだけではなく、挨拶を続けることで前向きになっていくからである。
　２．笑顔になる機会が増える
　挨拶をするとき、人は無意識のうちに笑顔を作る。暗い顔で挨拶をする人はあまりいない。「おはようございます！」と挨拶をしている人の顔はほとんどが笑顔である。挨拶をすると自然と笑顔が増える、これも大きなメリットである。
　こころと身体はつながっている。こころの元気のない時は、まずは身体から元気に振る舞うことである。すると、こころも身体につられて元気になってくる。挨拶をきっかけにして笑顔が増えれば、気持ちもそれにつられて上向いてくるのである。
　仕事をしていれば、自然と顔は険しくなる。上司に怒られれば、暗い顔になる。仕事がたまってくれば絶望的な顔になる。
　普通に生きていれば、笑顔より険しい顔になることの方が多いだろう。自然と笑顔になる機会は、実はそれほど多くはない。
　挨拶は、自然に笑顔になる機会を与え、気持ちも上向きにしてくれる、ありがたい言葉なのである。

第二課

（一）　最近の農業のやり方

　現在、日本で農業をしている人は、約200万人。40年前に比べると、その数は3分の1以下に減っている。そして、農業をしている人の60％以上はお年寄りだ。①この状態を変えようと、最近いろいろな農業のやり方が考えられているそうだ。

　その一つは、これまでのように家族で農業をするのではなく、多くの人が働く［会社］の形で農業をするというものだ。このような会社の一つに「あおぞら」がある。「あおぞら」では今までにない②いくつかの工夫によって若者も働きやすい環境を作っている。

　第一の工夫は「決まっている給料を払うこと」。農業は自然が相手なので、どうしても収入が多い時と少ない時が出てしまう。しかし、一年中いろいろな種類の野菜を作ることで、一つがだめでも他の野菜でカバーできるようにし、毎月同じ給料が払えるようにする。

　第二の工夫は「休めるようにすること」。社員はみんな違う日に休みを取る。社員が大勢いるので、それぞれが順番に休みを取るようにすれば、それほど多くはないが、みんながきちんと休めるのだ。

　第三の工夫は「農業を教えること」。土に触ったことが全然ないような人には、経験者が農業を一からきちんと教える。

　このような工夫は若者にも伝わり、③「あおぞら」には毎年農業にチャレンジしたいという若者が大勢入ってきて、経営もうまくいっているそうだ。

　そして、それは新しい農業の形として期待されている。

（二）　図書館

　わたしはよく駅の近くの図書館へ行きます。本を借りることもありますが、ほとんど新聞や雑誌を読むためです。日本の新聞ばかりでなく、英語や韓国語や中国語などの新聞が置いてありますから、外国の人も読みに来ます。暑い夏も涼し

第二課

いし、寒い冬も暖かいですから、毎日のように来る人もいます。

新聞や雑誌を読むための場所には、柔らかくて、気持ちがいい椅子が置いてあります。でもいつ行っても、ほとんど座ることはできません。いつもおじいさんたちがおおぜい座って、新聞などを読んでいるからです。図書館では寝てはいけないのですが、そこにはたまに（時々／時折）読みながら寝てしまっている人もいます。

勉強する場所や、子どもたちの場所もあります。勉強する場所は学生たちでいっぱいです。みんな熱心に勉強しています。

小さい子どもたちのための場所には、くつを脱いで入ります。そこでは、小さい子どもがお母さんに本を読んでもらっているのを見ることができます。

いつ行っても、込んで（混んで）いるので、わたしは隅においてある硬い椅子や小さい子どものための場所に行くこともあります。（　）スポーツ新聞や雑誌を読むのです。いちばん新しい新聞や雑誌は借りて帰れないからです。

図書館で働いている人は、親切で何か調べるときに手伝ってくれます。図書館にない本もほかの図書館から借りてきてくれます。図書館はとても便利です。

──────（三）　わたしの力──────

地球がだんだん暖かくなっています。そのため、海水がふえて、南の小さな島がなくなってしまいそうです。どの島にもおおぜいの人が住んでいます。その人たちの生活はどうなる（の）でしょうか。ほかの島に引っ越せばいいというのでしょうか。ずっと長い間、そこに住んで、生活しているのですから、簡単に移ることはできません。

地球はわたしたちの生活が便利になればなるほど、暖かくなってしまいます。車に乗ったり、電気を使ったりするわたしたちの生活の仕方が原因を作っているのです。

困るのは島の人たちだけではありません。地球が暖かくなると、いろいろなことが起きてきます。最近天気が変になっています。地球のあちらこちらで雨がひどく降ったり、反対に雨がぜんぜん降らなくなったりしています。そのうち、地球には人が住めなくなってしまうかもしれません。

国や社会も地球が暖かくなるのを止めるために、いろいろなことをしようとし

ています。わたしたちも同じです。1人の力では、何もできないと思うかもしれません。けれどもみんなの力を集めれば、大きな力になります。毎日の生活の中で、なるべく車に乗らない、冷房を（　）、電気を消すなど、すぐにできることもたくさんあるのですから。

（四）　日本の文化

　日本のテレビアニメーションはアジアの国々だけでなく、アメリカ、ヨーロッパなど楽しまれています。外国を旅行していて、子供のころ見たアニメーションをホテルのテレビで見つけると、びっくりしてしまいます。まして、ファンだったアニメの（注1）キャラクターが上手に外国語を話していて、昔よく歌った同じ歌が外国語で流れてきた日にはちょっとした感激ものです。

　最近は、テレビアニメーションだけでなく、日本の（注2）コミックブックが大変な人気で、海賊版が出回っていると聞きました。生け花や茶道、能、歌舞伎など、日本の伝統的な芸術文化の次に日本が世界に送り出す文化は漫画だと言っていいかもしれません。

　もっとも、日本の代表的な芸術として世界で認められている浮世絵も江戸時代には庶民にとって、漫画的な役割を果たしていたので、現代日本で大人気のアニメやコミックが世界中で喜ばれるようになったとしても、それほど不思議ではないかもしれません。

　（注1）キャラクター：映画・漫画などの登場人物
　（注2）コミックブック：喜劇的な内容を持つ漫画雑誌や本

（五）　日本の食事の変化

　近年、日本の食事は、大きく変わりました。スーパーでは、いろいろな食べ物を売っています。しかし、以前は日本人の食事は、今とはかなり違いました。朝はご飯と味噌汁と漬物だけで、昼と夜は、ご飯と味噌汁に魚か野菜をすこしだけ食べました。肉は少ししか、食べませんでした。牛乳やバターなどの乳製品も、ほとんど食べませんでした。有名な日本料理は、寿司とてんぷらとすき焼きです

が、このような料理は、普通の日本人は、あまり食べませんでした。

　日本は、1955年ごろから、急速に豊かになって、食事の内容が変わりました。今では、肉をたくさん食べますし、乳製品もたくさん使います。子どもたちはご飯よりパンが好きで、ハンバーガーやピザやスパゲッティをよく食べます。

　食事が豊かになって、身長の平均値はずいぶん高くなりました。しかし、食事の変化は、人々の健康にも影響を与えました。最近は、糖尿病や通風などの病気が多くなってきました。

（六）　金持ちになった日本人

　長い間、日本人は普通の生活をしている人がほとんどでした。しかし、最近はお金持ちとそうでない人に分かれてきたようです。ですから、洋服もそのほかのものも、とても安いものから、高いものまで売られています。デパートや銀行もお金持ちだけのサービスを始めるところが出てきました。例えば、あるデパートでは、特別なお客さんがゆっくり休むことができる部屋や飲み物のサービス、いっしょに買い物について回る店員を用意しています。特別な待遇を受けた、というお客の気持ちを考えたやり方です。お金持ちの方がたくさんのものを買ってくれるということなのでしょうか。

単　語

（一）

減る（へる）⓪	（自五）	減少
決まる（きまる）⓪	（自五）	決定、一定，規定
チャレンジ①	（名・自サ）	挑战
うまくいく①	（词组）	干得好，工作顺利

（二）

たまたま⓪	（副）	偶尔、碰巧
隅（すみ）①	（名）	一角、角落
借りる（かりる）⓪	（他一）	借、租

（三）

増える（ふえる）②	（自一）	増加
住める（すめる）②	（自一）	能住、可以住
止める（とめる）⓪	（他一）	停
止める（やめる）⓪	（他一）	辞职
反対に（はんたいに）⓪	（名）	相反
ぜんぜん⓪	（名）	完全（不）
冷房（れいぼう）⓪	（名）	冷气设备

（四）

アニメーション③	（名）	动画片
ファン①	（名）	迷
コミック①	（名）	喜剧，漫画书（刊）
もっとも①	（接）	不过、可是，话虽如此
出回る（でまわる）⓪	（自一）	大量上市，经常出现
浮世絵（うきよえ）⓪③	（名）	浮世绘（日本江户时期画的一种）
江戸時代（えどじだい）⓪③	（名）	江户时期
庶民（しょみん）①	（名）	庶民、百姓
海賊版（かいぞくばん）⓪	（名）	盗版
生け花（いけばな）②	（名）	插花
漫画（まんが）⓪	（名）	漫画
役割を果たす（やくわりをはたす）	（词组）	起作用

（五）

味噌汁（みそしる）③	（名）	酱汤
漬物（つけもの）⓪	（名）	咸菜
バター①	（名）	黄油
天婦羅（てんぷら）⓪	（名）	天妇罗（日本一种油炸食品）
すき焼き（すきやき）⓪	（名）	日本火锅
ハンバーガー③	（名）	汉堡包
ピザ①	（名）	披萨
スパゲッティ①	（名）	意大利面

平均値（へいきんち）③	（名）	平均值
糖尿病（とうにょうびょう）③	（名）	糖尿病
通風（つうふう）⓪③	（名）	痛风病

（六）
分かれる（わかれる）③	（自一）	分开、划分，分手、分散，死别
回る（まわる）⓪	（自五）	转动，绕道，轮流，灵活，调职
サービス①	（名・他サ）	服务、接待、效劳，赠品

文法

（一）

1. ではなく（その一つは、これまでのように家族で農業をするのではなく、多くの人が働く［会社］の形で農業をするというものだ。）

接续：名词+ではなく；

释义：不是。

　　　判断助动词"である"的否定形式"ではない"的连用形"ではなく"和"これまでのように"相联系，表示"不是从前那样的"。

2. 払える（一年中いろいろな種類の野菜を作ることで、一つがだめでも他の野菜でカバーできるようにし、毎月同じ給料が払えるようにする。）

接续：が+払える；

释义：能够支付，可以发。

　　　"払える"是动词"払う"的可能动词。"ようだ"和后面的"する"并列，作句子的谓语。

（二）

3. の（新聞や雑誌を読むための場所には、柔らかくて、気持ちがいい椅子が置いてあります。）

接续：体言+の；

释义：这里的"の"可以理解为代替了一个动词，译成中文时往往要将这个隐藏着的动词译出来。

（三）

4. そうです（そのため、海水がふえて、南の小さな島がなくなってしまいそうです。）

接续：动词连用形＋そうです；形容词和形容动词词干＋そうです；

释义：像……的样子，快要……了。

5. ば（地球はわたしたちの生活が便利になればなるほど、暖かくなってしまいます。）

接续：用言假定形＋ば；

释义：越来越……。

（四）

6. もっとも（もっとも、日本の代表的な芸術として世界で認められている浮世絵も江戸時代には庶民にとって、漫画的な役割を果たしていたので、現代日本で大人気のアニメやコミックが世界中で喜ばれるようになったとしても、それほど不思議ではないかもしれない。）

接续：接续词；

释义：有逆接作用，表示和上句逻辑相反。在此，"わけで"的"で"是判断助动词的连用形，表示中顿或并列。"それほど"是副词词组，表示"那种程度"。

 練　習

一、次ぎの漢字に振り仮名をつけなさい。

減（　）る　　乗（　）る　　寒（　）い　　変（　）える
働（　）く　　困（　）る　　豊（　）か　　伝（　）わる
休（　）み　　降（　）る　　寝（　）る　　調（　）べる
払（　）う　　消（　）す　　暑（　）い　　暖（　）かい
置（　）く　　回（　）る　　果（　）たす　涼（　）しい

二、次ぎの片仮名に適当な漢字をかきなさい。

バショ（　）　　　カイスイ（　）　　　エキ（　）　　　キュウリョウ（　）
リョコウ（　）　　レイボウ（　）　　　カズ（　）　　　ジョウタイ（　）
ショクジ（　）　　ジュンバン（　）　　ノウ（　）　　　シンチョウ（　）

ヤサイ（　）　　　ヤクワリ（　）　　　スミ（　）　　　ツウフウ（　）
カゾク（　）　　　ゲイジュツ（　）　　サカナ（　）　　デントウ（　）

三、文章（一）を読んで、後の問いに答えなさい。答えは、①・②・③・④から最も適当なものを一つ選びなさい。

問一　①この状態とあるが、何か。
①　農業をする人が大きく減って、半分以上がお年寄りになったこと
②　農業をする人が大きく減って、半分以上が若者になったこと
③　農業をする人が少し減って、お年寄りの割合が増えていること
④　農業をする人が少し減って、若者の割合が増えていること

問二　②いくつかの工夫とあるが、例えばどんな工夫か。
①　多い月や少ない月があるが、毎月給料が払えるようにする。
②　一年中、一種類の野菜を作り続けるようにする。
③　社員みんなが、土曜日と日曜日に休めるようにする。
④　経験がない人には、農業の基礎から教えるようにする。

問三　③「あおぞら」には毎年農業にチャレンジしたいという若者が大勢入ってきてとあるが、それはどうしてだと言っているか。
①　「あおぞら」では、休みをたくさん取ることができるから。
②　「あおぞら」では、会社経営の方法を教えてもらえるから。
③　「あおぞら」は、昔からの農業のやり方を守っているから。
④　「あおぞら」は、仕事がしやすい環境を作っているから。

問四　この文章全体のテーマは、何か。
①　お年寄りと農業
②　これからの農業
③　家族で行う農業
④　経験者に教わる農業

四、文章（二）を読んで、後の問いに答えなさい。答えは、①・②・③・④から最も適当なものを一つ選びなさい。

問一　（　）の中に適当なことばを入れなさい。
①　そこは
②　そこで

③ それは
④ それで

問二　この図書館はどんな図書館ですか。
① 外国の本がたくさん置いてあります。
② 図書館の本や雑誌は何でも借りることができます。
③ ここにない本も借りることができます。
④ この図書館は寝てもいいです。

問三　図書館で見られないことはどれですか。
① 学生が熱心に勉強しているところです。
② お母さんが子どもに本を読んでいるところです。
③ 新聞を読んでいる外国人です。
④ 子どものための場所で寝ている大人です。

問四　この人は図書館へ行って何をしますか。
① どこか座れるところを見つけて、新聞などを読みます。
② 本を借りたり、すぐに帰ります。
③ 旧い新聞や雑誌などを読みます。
④ スポーツ新聞を読んだり、たまに勉強したりします。

五、文章（三）を読んで、後の問いに答えなさい。答えは、①・②・③・④から最も適当なものを一つ選びなさい。

問一　（　）の中に適当なことばを入れなさい。
① 小さくする
② 弱くする
③ 低くする
④ 下げる

問二　地球が暖かくなると、どうなると言っていますか。
① 南の小さい島は、ぜんぶなくなるだろうと言っています。
② 地球が壊れて、人が住めなくなるだろうと言っています。
③ 天気が変わったり、消える島が出てくるだろうと言っています。
④ 便利な生活はできなくなるだろうと言っています。

問三　それをどうやって止めようと言っていますか。
① 国や社会にお願いしようと言っています。

②　世界中の人にお願いしようと言っています。
③　社会も変えようと言っています。
④　自分たちの生活を変えようと言っています。

六、文章(四)を読んで、後の問いに答えなさい。答えは、①・②・③・④から最も適当なものを一つ選びなさい。
　問一　この文章は何について書かれていますか。
①　外国への旅行について。
②　筆者は外国で日本のテレビアニメを見て、感激したことについて。
③　世界に知られている日本の伝統的な芸術について。
④　浮世絵の海賊版が出回っていることについて。
　問二　この文章で筆者が言いたいことは何か。
①　日本の漫画は現代の日本を代表する文化の一つになりつつあるということ。
②　日本の漫画は外国人の人たちが見ても面白いということ。
③　浮世絵や漫画には共通するところがあるということ。
④　日本の芸術はすばらしくて、外国人に人気があるということ。

七、文章(五)を読んで、後の問いに答えなさい。答えは、①・②・③・④から最も適当なものを一つ選びなさい。
　問一　寿司などの有名な日本料理は、いつからのものですか。
①　現在の新しいものです。
②　将来のものです。
③　昔からのものです。
④　これからのものです。

八、文章(六)を読んで、後の問いに答えなさい。答えは、①・②・③・④から最も適当なものを一つ選びなさい。
　問一　最近のデパートはどうなりましたか。
①　お金持ち以外サービスしないようになりました。
②　お金持ちだけが来るようになりました。
③　少しでも買ったとき受けられる特別なサービスを始めました。
④　特別な客にだけ特別なサービスをするところも出てきました。

読解技法

如何做关于主旨、主题的问题

主旨、主题的问题是现在阅读理解考试中最基本也是最常见的题型之一。题目要求考生阅读完一篇文章或一段文章后，能理解并归纳出主旨大意。所以说此题型是最能体现学生理解能力的问题。解决此类问题，我们首先要了解此类题目的设问形式。常见设问形式如下：

> ①この文章のまとめとして最も適当なものはどれか。
> ②この文章で筆者がいちばん言いたいことは何か。
> ③この文章で筆者が最も言いたいと考えられることは何か。
> ④第＊段落で筆者がいちばん言いたいことは次のどれか。
> ⑤この文章に表れている筆者の気持ちはどれか。
> ⑥筆者の考えに最も近いものはどれか。
> ⑦筆者は「…」について、どのように考えているか。
> ⑧「…」について、筆者が言いたいことは次のどれか。
> ⑨この文章に題をつけるとすれば、次のどれか適当か。
> ⑩この手紙はどんな手紙か。
> ⑪この手紙を書いた一番の目的は何か。

做此类题目一般有如下几种方法：

（1）关键词出现频率的统计法。一般来说，多次出现的关键词往往提示文章的主题。例：

スポーツはもともと大人の文化であった。だから子供がスポーツを楽しむのには幼児から児童にかけての段階で外遊びを十分に体験し、心身が大人に近く成長していなければならない。

子供がスポーツを楽しめるようになるのは、およそ９、１０歳のころといわれている。スポーツとの出会いの時期だ。スポーツにつきものの競争を楽しむ感情の発達、ルールや技術などを身につけ考える力、そして体力がぐんとついてくるからである。もし、それ以前の外遊びがじゅうぶんでなかったり、それより早い時期にスポーツを無理やり教えこまれると、心や体の障害を起こしやすくなる。（1994年2级真题）

問題：筆者の考えに最も近いものは、どれか。

①子供はあまり外遊びをしないほうがよい。
②大人になるまでスポーツをしないほうがよい。
③できるだけ早くからスポーツを始めたほうがよい。

④１０歳までは外遊びを十分にするほうがよい。

根据文章中的关键词重复情况看，"スポーツと子供"是文章的主题。之后由"だから"引导的后续内容是作者想要表达的主旨大意。

第二段开始更加具体地说明。选项①"小孩最好不要在外面玩得太多"正好与"子供がスポーツを楽しむのには幼児から児童にかけての段階で外遊びを十分に体験し/小孩为了能享受体育娱乐，应该在幼儿到儿童阶段充分地体验户外活动"相呼应。选项②"在长大成人之前，不玩体育为好"也不对，作者只是说在9、10岁之前要玩够。因此选项③说"以尽早开始体育活动为好"也不正确。选项④"小孩子以在10岁之前玩够为好"是正确答案。

所以，正确答案应是选项④。

（2）主题句判断法。在一般文章，尤其是议论文、说明文等题材中，主题句往往就表明中心思想，在段落中则提示段落大意。主题句在文章中的位置因其论述方法不同而不同，有位于句首的，有位于句尾的，还有在句中的。如：

新幹線のプラットホームの駅名表示は、その駅から乗る人やその駅で降りる人には必要ない。乗る人にはわかりきっていることだし、降りる人には車内でのアナウンスなりなんなりがあるからである。そうすると、通過する列車の乗客のためにしか役立たないものだが、それにしては新幹線のスピードが早すぎるのか、表示の字が小さすぎるのか、とても読めたものではない。つまり、何のために新幹線のプラットホームに駅名が書いてあるのだろうか。

（岡部冬彦『岡部冬彦の見る聞く話す』発明協会による）（1992年真题）

問題：筆者が、言いたいことは何か。

①新幹線に乗る人、降りる人は、もっと駅名に注意するべきだ。
②新幹線の車内アナウンスは、駅名をはっきり言うべきだ。
③新幹線はスピードが速すぎて、乗客にとって危険だ。
④新幹線のプラットホームの駅名表示は、ほとんど役立っていない。

看了第一句，大家应该就会明白此句是主题句，其意思是"新干线的站名对上下车的乘客来说是不必要的"，中间就对此种说法进行具体说明，而最后一句话中的"つまり"又是一个表示结论的副词，本句用疑问句来强调作者的意见，因此答案是④。

另外，还可以根据信号词来判断，信号词的前面和后面常常会出现文章的主旨和结论性意见。常见的这类词有"要するに""つまり""このように""とにかく"等，所以阅读时要特别注意这些信息词，必要时应做些标记。

言語文化コラム

挨拶（2）

3．相手からの印象が良くなり、人間関係も良くなる

挨拶をしてもらえなかったり、挨拶をしたのに返事をくれなかった時、ムッとしたことはないか？

更に自分には挨拶を返さなかったくせに、上司やお偉いさんには挨拶していたとしたら、余計腹立たしく感じてしまう。

これは、挨拶を返してくれなかったという表面上の出来事にムッとしたというより、自分を認めてもらえていない、対等に扱われていないということに腹を立てているのである。このように挨拶をしないというのは、相手を認めていない、侮辱しているという見方をされることがある。

このような相手と仲良くやっていけるだろうか？到底無理だろう。人間関係が悪くなり職場の環境も悪くなっていくのは明白である。

反対に考えれば、誰かに挨拶をするということは、その相手を「認めている」ということになる。認められていると感じれば、人は喜ぶ。自分を認めてくれた人に対して好意的に接するようになる。挨拶をするだけで、このように人間関係は良くなっていくのである。また、険悪になってしまった人にこそ積極的に挨拶をしよう。特にケンカの後とかの気まずい相手にこそ、積極的に挨拶をすると効果的である。この間の会議で意見が食い違い口論になった同僚に、先日ケンカになってしまった奥さんにこそ、「おはよう！」と言ってみよう。

自分が気まずい時、たいていは相手も気まずさを感じている。こちらから挨拶をすれば、相手の気まずさも取ってあげることになる。あなたの方から挨拶というコミュニケーションを持ちかけてくれれば、相手はとてもありがたいと感じるだろう。「昨日、あんなひどいことを言ってしまったのに、笑顔で接してくれるなんて！」「本当に人間ができている人だ！」と、良い評価も得ることができる。

4．常識のある人という評価を得られる

「人に会ったら、元気にあいさつをしよう！」

みなさんは幼稚園や小学校で習ったことと思う。挨拶は子供でも知っている社会の常識である。しかし現実を見ると、大人の方がちゃんと挨拶ができていなかったりする。「あの人、挨拶もろくにできないのよね」。このような文句は良く聞く。この言葉からも分かる通り、挨拶というのは礼

儀の基本であり、本来できていなければならないものなのである。

挨拶ができる、というのはとても簡単なことであるが、これは「常識がある人かどうか」を判断する一つの材料になっている。

挨拶をするのに技術はいらない。大きな声で笑顔で「おはようございます！」と言うだけである。たったこれだけで、あなたは「あの人はしっかり挨拶してくれて、とても常識のある人だね」という評価を受けることができるのである。

自分の評価を上げるために高いお金を払って難しい資格を取ったり、マナー講座を受けることよりも、全然オトクである。

5．挨拶から会話が始まる

挨拶をきっかけに会話が始まる。これはよくある光景である。

精神疾患にかかりやすい方のひとつの傾向として、「人との接点が少ない」「人と話す機会が少ない」ことが挙げられる。

人と話す機会が少ないと、ストレスがあった時に誰かに気持ちを伝えることができない。すると自分の中にそれをどんどん溜め込んでしまう。誰とも気持ちを共有できない孤独感も重なり、いつかストレスは爆発して病気が発症してしまう。

このようにならないためには、話せる人をたくさん作ることが大切である。しかし社会人になると人間関係が固定されてしまい、悩みを話せるほど親しい友人を新たに作るのはなかなか難しいものである。

挨拶を続けていると、そこから会話が生まれることがある。色々な人と話す機会も少しずつ増えてくる。これはストレスを軽減するためにも重要なことなのである。

6．思い立ったら今すぐに始められる

挨拶の効果はとても大きいということが分かってもらえただろうか。そして挨拶のすごいところは、効果が大きいわりに、簡単に始められてしまうところなのである。

ありがたいことに日本語というのは豊富な挨拶のラインナップが揃えられている。

おはようございます。こんにちは、こんばんは。さようなら。はじめまして。よろしくお願いします。いってらっしゃい。おかえり（なさい）。…

一日に挨拶をする機会は多い。いまからはじめよう。何も準備はいらないし、お金もいらないし、コストもかからない。長期にわたって利益がたくさんある。

東京新宿区高田馬場駅前広場にはこういう広告がある。

おはようー　あいさつかけて　いいマナー

第三課

(一) 「事務職・一般職」必勝就活講座

女性一般職希望者限定！就活セミナー
「事務職・一般職」必勝就活講座
　管理部門のスペシャリストである講師が実体験を基に一般職採用にあたり重視する事、一般職で働くことの意義、目標、やりがいについて説明し自信をもって就職活動に望めるように指導致します。
　①
　一般職は人間力！ワークライフバランスを大事にする素晴らしい人生の一歩を踏み出しましょう！
　セミナー概要
　自分で仕事を作り出し、マネージメントをしていく総合職。縁の下の力持ち、スペシャリストである一般職。どちらが上という事はありません。一般職に向く人、総合職に向く人、それぞれの人がいて、自分に合った働き方をしないと充実した人生はおくれません。
　②
　本講座は一般職を目指す女性が、一般職の業務について理解し、目標、やりがいをみつけ自信をもって就職活動に望めるようにするのが目的です。
　管理部門のスペシャリストである講師が、実際に一般職の人材を積極的に採用して、会社の組織を作り上げてきた経験を基に研修を行います。
　③
　プライベートを充実させる事により業務で大きな力を発揮し会社の大きな戦力として貢献する。そんな人材を育成してきました。
　④
　実施要領
　【日時】2016年8月30日（8月29日までに電話で申し込まないといけません。）
　【会場】

第三課

株式会社アイゼスト 本社
〒124-0001 東京都葛飾区小菅4-11-6 優和ビル4F
東京メトロ千代田線「綾瀬」駅東口より徒歩30秒
TEL 03-6662-7336
【受講料】
3,000円（事前に振り込んでもいいし、当日での現金払いも受け付けています。）
【持ち物】
筆記用具、ノート。服装は自由です。

（二）　東武百貨店のシェルジュデスクのご案内

　東武百貨店のシェルジュデスクのご案内（無料）
　　（お客様のお買い物のご相談をコンシェルジュが親切にお手伝いいたします。）
●お買い物のお手伝いをいたします。
　店内のお買い物に関するご質問にお答えいたします。また、店内の各種専門アドバイザーのご紹介、ご同行をいたします。
●お体の不自由なお客様のお買い物のお手伝いをいたします。
●海外からご来店されたお客様のお買い物のお手伝いをいたします。
　※多数のお客様やご予約のお客様対応時には、お待ちいただく場合やご対応できかねる場合がございます。予めご了承くださいませ。
　コンシェルジュ　アテンドのご予約
　コンシェルジュデスクでは、お客様のより快適なお買い物のお手伝いさせていただくために、アテンドのご予約を承っております。
　ご希望日の前日までにご予約をお願いいたします。（受付時間午後6時まで）
　ご予約にあたって
　1. アテンドの所要時間は2時間以内でお願いいたしております。
　2. ご来店のお客様への店頭でのサービスです。
　3. ご予約状況によっては、ご希望の日時にそえない場合もありますのでご了承くださいませ。
　4. （　①　）、キャンセルとさせていただく場合がございます。予めご了承くださいませ。

（三）ゴミの出し方

市民の皆さんへ
ゴミの出し方についての案内

2015年8月5日掲載

1．生ゴミと可燃物は市が指定する黄色いゴミ袋（スーパーマーケット、ドラッグストアー、コンビニエンスストアーで販売しています）に入れて、祝日を除く、月曜日、水曜日と金曜日の午前8時30分までに、ゴミ集積所に持参して下さい。

2．プラスチック（ビニール）類は、レジ袋もしくは透明のプラスチック（ビニール）袋に入れて、祝日を除く火曜日の午前8時30分までに、ゴミ集積所に持参して下さい。

3．リサイクルゴミ（ペットボトル、空き缶、ガラス瓶、新聞紙、ダンボール紙、衣料品）は、祝日を含む木曜日の午前8時30分までに、ゴミ集積所に持参して下さい。尚、ペットボトルのキャップはまた、スプレー缶は底に穴を開けてから、祝日を含む第一土曜日の午前8時30分までに不燃物として出して下さい。

4．不燃物（フライパン、鍋、食器…等）は、祝日を含む第一土曜日の午前8時30分までに出して下さい。

お問い合わせ　　〇〇市環境部　総務係

単　語

（一）

遣り甲斐（やりがい）⓪	（名）	价值、意义
セミナー①	（名）	研讨会
縁の下の力持ち（えんのしたのちからもち）	（词组）	暗中出力，无名英雄
マネジメント②	（名）	经营管理
振り込む（ふりこむ）③	（他五）	存入、汇入，缴纳
プライベート②	（形动）	隐私

（二）

コンシェルジュ③	（名）	传达员，接待员
了承（りょうしょう）⓪	（名・他サ）	理解，同意

快適（かいてき）⓪　　　　　　　（名）　　　　　　舒适、舒服
店頭（てんとう）⓪　　　　　　　（名）　　　　　　店面、门面

（三）
掲載（けいさい）⓪　　　　　　　（名・他动）　　　刊登、登载
ドラッグストアー⑥　　　　　　　（名）　　　　　　药店
プラスチック（ビニール）④　　　（名）　　　　　　塑料
リサイクルゴミ⓪　　　　　　　　（名）　　　　　　可回收废物
ペットボトル④　　　　　　　　　（名）　　　　　　胶瓶
キャップ①　　　　　　　　　　　（名）　　　　　　盖子

文法

（一）

1. …にあたり（管理部門のスペシャリストである講師が実体験を基に一般職採用にあたり重視する事）

接续：动词辞书型＋にあたり；名词＋にあたり；

释义：在……的时候，值……之际。

○新製品を開発するにあたり、強力なプロジェクトチームが作られた。
　（在开发新产品之际，组成了有实力的项目组。）

○新たな一年を迎えるにあたりご家族に宜しくお伝えください。
　（新年之际，向您全家问好。）

2. …に向く（一般職に向く人、総合職に向く人、それぞれの人がいて）

接续：名词＋に向く；也可以使用"…に向いている"的形式。另外，修饰名词时，经常使用"NにむいたN"的形式。

释义："适合……"，意思是"（对某人）有适应性""（某人）适合（某工作）""（某工作）适合于（某人）"。

○彼は学者としては優れているが、教師には向かない。
　（他作为一个学者来说很优秀，但不适合做老师。）

○私は人と接する仕事に向いていると思う。
　（我认为我适合做和人打交道的工作。）

○私は知らない人に会うのが嫌いなので、セールスの仕事には向いていません。
　（我不喜欢见生人，所以不适合做推销工作。）

○私に向いた仕事はないでしょうか。

（难道没有适合我的工作吗？）

（二）

3. …にあたって（ご予約にあたって）

接续：名詞＋にあたって；动词的原形＋にあたって；

释义：在……的时候，值……之际。

○開会にあたってひとごとご挨拶を申し上げます。

（值此会议召开，请允许我讲几句话。）

○試合に臨むにあたって、相手の弱点を徹底的に研究した。

（面临比赛，全面研究了对方的弱点。）

○お嬢さんをお嫁に出すに当たってのお気持ちはいかがでしたか。

（在送女儿出嫁的时候，您心情如何？）

○新しい生活を始めるにあたっての資金は、親の援助でなんとか調達できた。

（在父母的帮助下，总算把要开始新生活时所需要的资金筹措好了。）

練習

一、次ぎの漢字に振り仮名をつけなさい。

講座（　　　）	指導（　　　）	一歩（　　　）
積極的（　　　）	業務（　　　）	組織（　　　）
戦力（　　　）	貢献（　　　）	育成（　　　）
対応（　　　）	予め（　　　）	了承（　　　）
快適（　　　）	店頭（　　　）	手伝う（　　　）
親切（　　　）	百貨店（　　　）	添える（　　　）
可燃物（　　　）	指定（　　　）	透明（　　　）
衣料品（　　　）	除く（　　　）	掲載（　　　）
鍋（　　　）	食器（　　　）	販売（　　　）

二、次ぎの片仮名に適当な漢字をかきなさい。

素晴らしい人生の一歩をフミダシましょう。（　　　）

自分に合った働き方をしないとジュウジツした人生は送れません。（　　　）

大きな力を発揮し会社の大きなセンリョクとして貢献する。（　　）
子供にムク遊び（　　）
積極的にサイヨウする（　　）
モクテキを失う人生は意味がない（　　）
ご希望日の前日までにごヨヤクをお願いします。（　　）
ジョウキョウによっては、ご希望の日時にそえない場合もあります。（　　）
カイガイに旅行する。（　　）
ここの食べ物はムリョウです。（　　）
キボウが叶う（　　）
店内の買い物にカンスルご質問にお答えいたします。（　　）
目的地までアンナイする（　　）
ウケツケ時間は6時まで（　　）
シミンの意見を伺う（　　）
何か分からないところはおトイアワセ（して）ください（　　）
箱にイレル（　　）
針のアナ（　　）
瓶のふたをアケル（　　）

三、文章(一)を読んで、後の問いに答えなさい。答えは、①・②・③・④から最も適当なものを一つ選びなさい。

　問一　次の文「人生設計を明確にし、働くことの意義が見つかれば、自然と自信がつきます。その自信が面接で活かされ内定率を飛躍的に高めます。本講座でその自信を身につけましょう。」を文章に入れるなら、①、②、③、④のどれに入れればいいですか。
　　① ①
　　② ②
　　③ ③
　　④ ④
　問二　この就活セミナーに参加したい人はどんな人ですか。
　　① 目標ややりがいがあって、自信を持って事務所で働きたい人です。
　　② 管理部門のスペシャリストの女性講師として働きたい人です。
　　③ 仕事とプライベートを両方充実できる仕事を探したい女性です。

④　一般職や総合職の業務について理解し、目標とやりがいを見つけ、自信をもって就職活動に望みたい女性です。

四、文章(二)を読んで、後の問いに答えなさい。答えは、①・②・③・④から最も適当なものを一つ選びなさい。

問一　次の①から④の中から一番ふさわしいものを選んで（　①　）のところに入れてください。
　　①　多数のお客様や来店のお客様が多数の場合は
　　②　お買い物の金額が一定の量になっていない場合は
　　③　ご予約時間が過ぎてもお越しいただけない場合は
　　④　ご予約時間通りにお越しいただけない場合は

問二　この文章の内容とあっているものはどれですか。
　　①　東武百貨店では2時間以内のコンシェルジュアテンドなら希望日の前日の午後6時までに予約すればいい。
　　②　東武百貨店では海外からの客がコンシェルジュアテンドを利用する場合は希望日に直接来店して予約すればいい。
　　③　身体障害者は国籍や予約状況、時間に関係なくいつでも予約できる。
　　④　東武百貨店ではネットショッピングでコンシェルジュも提供している。

五、文章(三)を読んで、後の問いに答えなさい。答えは、①・②・③・④から最も適当なものを一つ選びなさい。

問一　①から④の中からこの文章の内容とあっているものを選んでください。
　　①　厨房のゴミはドラッグストアで買ったゴミ袋に入れて、月曜日、水曜日と金曜日の午前8時30分までに、ゴミ集積所にだして下さい。
　　②　可燃物は黄色いゴミ袋にいれて、祝日を除く月曜日、水曜日と金曜日の午前8時30分までに、ゴミ集積所にだして下さい。
　　③　フライパンは第一土曜日（祝日を除く）の午前8時までに出して下さい。
　　④　ビニール類は、レジ袋もしくは透明袋に入れて、祝日を含む火曜日の午前8時30分までに、ゴミ集積所に出して下さい。

問二　スプレー缶の出し方は以下のどれですか。
　　①　リサイクルゴミとして火曜日にゴミ集積所に出して下さい。
　　②　リサイクルゴミとして祝日を含む木曜日の午前8時30分までに、ゴミ集積所に出して下さい。

③　サイクルゴミとして、祝日を含む第一土曜日の午前８時３０分までに出してゴミ集積所に出して下さい。

④　スプレー缶は底に穴を開けてから、祝日を含む第一土曜日の午前８時３０分までに不燃物として出して下さい。

読解技法

如何做指示题

指示题的类型一般有指示内容在前、在后等情况。指示题常见的提问方式举例如下：

①「こういうふう」とはどういうふうなのか
②「それ」は、なにを指しているか
③「そのころ」というのはいつごろのことか
④「そのとき」とは、たとえばどんなときか。
⑤「そのこと」とは何か
⑥「この見方に従った場合」とあるが、「この見方」とはどのような見方か。
⑦「その理由」とあるが、何の理由か。
⑧「これ」はなにを指しているか。

（１）指代的内容在前。

例１：

日本人が生の野菜を料理として食べるようになったのは、第２次世界大戦後のことで、そんなに昔のことではない。長い間、日本人が食べてきた野菜料理といえば、煮たり焼いたりしたものや、あるいは漬物であった。日本が開国し、明治時代になってから、肉食の習慣とともにいろいろな種類の野菜が入ってきた。それでも、そのころのサラダはジャガイモを茹でてつぶしたものが主で、今とはずいぶん違っていたようだ。（1992年２級真題）

問題：「そのころ」というのはいつごろのことか。
①肉食の習慣が入ってくる前
②開国する前
③第２次世界大戦後になってから
④明治時代になってから

"那个时代的色拉是以把土豆煮熟弄碎为主"，说明那个时代还是吃熟食。

而第一句说"日本吃生蔬菜是在二战后,时间并不长",说明二战后日本人吃的是生蔬菜,所以答案③"二战后"不对。"日本人有很长一段时间所吃的蔬菜料理都是炖的呀、烧的呀或者腌制的。"这是开国前,所以答案②不正确,同理答案①也一样,所以答案是④"明治时代后"。

例2:

　私が左ききの人をはじめて意識したのはおとなになってからでした。

　後輩の医者に一人左利きの人がいて、一緒に夕食を食べにでかけると必ず私の左側にすわろうとするのです。

　「先生の右側にすわると、おはしを持った私の左手と先生の右手がぶつかって、申し訳ないから…」というのが、その理由でした。

　　（細谷亮太「わくわく子育て」、1995年2月8日付朝日新聞による）（1998年2級真題）

　問題:「その理由」とあるが、何の理由か。
　①私が左利きの人をはじめて意識した理由
　②後輩の医者の一人が左利きであった理由
　③後輩の医者が私の左側にすわった理由
　④後輩の医者が申し訳ないと思った理由
　答案是③,"后辈的医生坐在我左侧的理由"。

例3:

　休むというのはどういうことであるか、それがよく分からない。よく分からないからうまく休めないのかという気もするのだが、このあいだも、ある仕事が一つ切りついて、普通ならさあ一休みというところだが、例によってどう休んでいいか分からない。手当たり次第に本や雑誌を読んでいるうちに一日が経ってしまって、そして休んだという満足感どころか、なにやら無駄をしたという空しい気持ちが残るばかり。いつもこういうふうである。（1993年2級真題）

　　（木下順二「休息について」『群像』、1989年12月号講談社による）
　問題:「こういうふう」とは、どういうふうなのか。
　①いろいろな本や雑誌を読んで満足感を味わう
　②休むといことはどういうことかを調べる
　③休み方がわからず、一日を無駄にした気がする
　④一つの仕事を終えると、すぐに次の仕事を探し始める
　"こういうふう"指代前面的内容,即答案③。

第三課

例4：
　液体としてのH₂Oを表す語として、日本語には「湯」と「水」がある。この場合、湯というもの、水というものの区別がまずはっきりとあって、それに対してそれぞれ「湯」および「水」という名前がつけられているというふうに普通考えられる。これは、ごく当たり前の見方であり、たしかにそういう面もある。しかし、よく考えてみると、これによってすべて説明がつくわけではないことがわかってくる。この見方に従った場合、あらかじめ存在するとみられる湯とはいったい何か、また、水とは何かを考えてみると、湯は温かいもの、そして水は冷たいものという程度の漠然としたことはいえても、では、何度以上が湯で、何度以下が水かということになると、はっきりと決めることはできない。つまり、自然界には、水と湯の明確な区分というものは本来存在しないのである。（1996年2級真題）

　問題：「この見方に従った場合」とあるが、「この見方」とはどのような見方か。
　①日本語には液体のＨ２Ｏを表す語として「湯」と「水」があるという見方
　②湯と水の区別がはっきりとあって、それぞれに名前があるという見方
　③湯は温かいもの、水は冷たいものであるのが当たり前だという見方
　④自然界には、水と湯の明確な温度の区分は本来存在しないという見方

「この見方」指代前面的内容。答案是②。

（2）指代内容在后。此类以"こ"系列指示词为多。

例5：
　その女の子は「しまった。お金を忘れてきちゃった。おじさん、あとでお金もってくるから、①これちょっと預かって」といって、持っていたバイオリンをその肉屋にわたしていった。彼は何気なく、そのバイオリンを店の隅のほうに置いておいた。

　問題：「これ」とは何か。
　　　　①500フラン　　　　②買った肉
　　　　③バイオリン　　　　④衣服

"その女の子"指前面已经讲到的"那个女孩"，而之后的"これ"则指后续内容。"これちょっと預かって"（这个，先放你这里一下）。说着"把……交给肉店老板"，这里交的东西就是"バイオリン"（小提琴）。

所以正确答案是选项③。

言語文化コラム

おはよう

朝、朝陽を身に受け、家を出ると、通りにも巷にもいたるところで「おはよう」「おはようございます」が聞こえる。一日は始まる。

「おはようございます」は敬語接頭語「お」に「早い」をつけて、「早い」の連用形（ウ音便）に「ございます」をつけて、できた挨拶言葉である。「早起きは三文の利益（徳）」という諺があり、朝早く起きると利益があるということから、朝早くから働く人に対するねぎらいや気遣いの言葉であり、次第に朝の挨拶言葉になった。

「おはようございます」は「朝がお早うございますね」「お早く起きて、健康でよろしいですね」「お早くから、ご苦労様でございます」などの略語である。

午前11時になると、「こんにちは」を挨拶言葉として使う。これは「今日は良いお天気ですね」「今日はお日柄もよくご機嫌いかがですか？」などの略語である。お昼に初めて出会った人の体調や心境を気遣ってもいる言葉なのである。

午後5時になると、「こんばんは」を挨拶言葉として使う。これは「今晩は良い晩ですね」「今晩はいかがですか」「今晩は寒いですが如何お過ごしですか」などの略語である。

「おはようございます」は日常で使う最もポピュラーなあいさつであるが、昼夜を問わず「おはようございます」とあいさつをする業界もある。たとえば、歌舞伎界では一日を通して公演が行われ、トリを務める座長は夕方近くに楽屋入りする。その際、下役の者が、「お早いおつきでございます」を省略して「お早うございます」と出迎えたのが始まりだと言われている。座長は「早くから御苦労さまですね」という、ねぎらいの意味を込めて「お早うございま」と返す。また、放送業界もホテル業界も、時間を問わずスタッフが入れ換わるため、その日初めて会った時のあいさつとして定着したという。

挨拶言葉は文の意味を伝えるのではなくて、話者の心を伝えるのである。「こんにちは」で挨拶するのは「今日の天気はどうか」ではなく、話者の思いやりを伝える。それで長い文の意味が中心ではなく、長い文は「おはよう」「こんにちは」「こんばんは」のような略文になる。日本語の音節が多くても略語ならくどくはない。

日本の歌手本間絹子の『おはようのうた』は面白い。

おはようってどんなよう	おはようってどんなよう
太陽が起きるよう	空が笑うよう
うんと伸びて吸って吐いて	空を見上げて太陽見て
にっこりして一言	あさよおはよう
おはようってどんなよう	おはようってどんなよう
太陽が起きるよう	空が笑うよう
いつもの仲良しにも	昨日喧嘩してても
にっこりして一言	みんなおはよう
おはようってどんなよう	おはようってどんなよう
太陽が起きるよう	空が笑うよう
布団叩いて顔洗って	服着替えて髪直して
にっこりして一言	おかあさんおはよう

第四課

（一） 南大川駅をご利用の皆様

平成２３年７月３１日

一、南大川駅をご利用の皆様

（　①　）

　南大川駅をご利用いただきましてありがとうございます。
　現在、南大川駅では、駅の改良工事を行っています。この工事に伴いまして、８月２７日（土）より、駅南側の階段が使えなくなります。ご利用のお客様には大変ご不便をおかけいたしますが、東口階段、または東側エレベーターをご利用いただきますようお願いいたします。皆様のご理解とご協力をお願いいたします。
　工事内容：南側階段架け替え工事
　　　　　　南側エレベーター設置工事
　工事期間：平成２３年８月２７日～平成２３年１２月２５日

（二） 品川区立図書館の利用ガイド

利用カードをつくる

　資料の貸出や予約、鑑賞等のためには、利用カードが必要です。最寄りの品川区立図書館へ住所、氏名、生年月日が記載されている有効期限内の証明書（下記参照。コピー不可）をご持参の上、ご来館ください。
　品川区立図書館では、区内在住・在勤（在学）に関係なく、どなたでも利用カードを作る事ができます。カードは、品川区立の全ての図書館で使えます。
　また、利用カード発行は、０歳からできます。お子様の場合でも、証明書の提示とご本人確認を行いますので、お子様と一緒にご来館ください。

第四課

利用カード発行に使用できる証明書
運転免許証、健康保険証、住民票の写し（発行日から3ヶ月以内）、住民基本台帳カード（写真付きのもの）、学生証・生徒手帳、障害者手帳、特別永住者証明書、在留カード、介護保険証、子ども医療証、乳幼児医療証など

　パスポートについては、住所がパスポートの記載事項ではないため、証明書として使用することはできません。

　利用カードは毎2年に有効期限を更新します。長期間ご利用がない（貸出がない）場合、利用カードは失効します。行政サービスコーナーでは、利用カードの発行はできません。

貸出数と貸出期間

図書資料、視聴覚資料を合わせて合計で20点まで2週間借りられます。

資料の種類	貸出数	貸出期間
図書、CD、カセットテープ、紙芝居、紙芝居枠、雑誌	合計で20点まで	2週間

　ただし上記の範囲で、以下の資料には貸出数に制限があります。また、貸出期間も資料の種類によって異なります。

資料の種類	貸出数	貸出期間
ビデオ（品川、荏原のみ）（延長不可）	合計で4点まで	2週間
DVD（品川、荏原、大井、五反田のみ）（延長不可）	合計で4点まで	2週間
地域資料（請求記号の前に「T」がつきます）		
（品川図書館は原則貸出不可、一部貸出可能あり		
その他図書館でも一部貸出不可あり）	合計で8点まで	1週間
参考資料（請求記号の前に「R」がつきます）		
（品川図書館、大崎図書館ビジネスコーナーは貸出不可）	合計で8点まで	1週間
特定資料（請求記号の前に「I」がつきます）		
（課題図書、年末年始特集本等）	合計で4点まで	1週間

（三）在留期間更新許可申請

手続名	在留期間更新許可申請
手続根拠	出入境管理及び難民認定法第２１条
手続対象者	現に有する在留資格の活動を継続しようとする外国人
申請期間	在留期間の満了する日以前（６か月以上の在留期間を有する者にあたっては在留期間の満了するおおむね３か月前から）
申請者	1　申請人本人（日本での滞在を希望している外国人本人） 2　代理人 　申請人本人の法定代理人 3　取次者 　（１）地方入境管理局長から申請取次の承認を受けている次の者で、申請人から依頼を受けたもの 　ア　申請人が経営している機関又は雇用されている機関の職員 　イ　申請人が研修又は教育を受けている機関の職員 　ウ　外国人が行う技能、技術又は知識を修得する活動の監理を行う団体 　エ　外国人の円滑な受入れを図ることを目的とする公益法人の職員 　（２）地方入境管理局長に届け出た弁護士又は行政書士で、申請人から依頼を受けたもの 　（３）申請人本人が１６歳未満の場合又は疾病（注）その他の事由により自ら出頭することができない場合には、その親族又は同居者若しくはこれに準ずる者で地方入境管理局長が適当と認めるもの 　（注）「疾病」の場合、疎明資料として診断書等を持参願います。 　留意事項 　○　申請人以外の方（上記２又は３に該当する方）が、当該申請人に係る在留期間更新許可申請を行う場合には、当該申請人は地方入境管理官署への出頭は要しないものの（当局において直接お尋ねしたい点がある場合は出頭していただく場合もあります。）、日本に滞在していることが必要です。

第四課

処分時の在留カードの受領者	同上 （注）申請人本人の所属する企業・学校の職員、配偶者、子、兄弟姉妹等は、上記1～3に該当しない限り、在留カードを受領することはできません。
手数料	許可された場合は4,000円が必要です。（収入印紙で納付） 手数料納付書【ＰＤＦ】　【ＥＸＣＥＬ】
必要書類等	・申請書 ・写真（1葉、写真の裏面に氏名を記入し、申請書に添付して提出） ・日本での活動内容に応じた資料を提出していただきます。 ・在留カード（在留カードとみなされる外国人登録証明書を含みます。以下同じ。）を提示していただきます。 ※同カードの交付を受けている者に限ります。 ※申請人以外の方が、当該申請人に係る在留期間更新申請を行う場合には、在留カードの写しを申請人に携帯させてください。 ・資格外活動許可書を提示（同許可書の交付を受けている者に限ります。） ・旅券又は在留資格証明書を提示 ・旅券又は在留資格証明書を提示することができないときは、その理由を記載した理由書 ・身分を証する文書等の提示（申請取次者が申請を提出する場合）
申請先	住居地を管轄する地方入境管理官署（地方入境管理官署又は外国人在留総合インフォメーションセンターにお問い合わせください。）
受付時間	平日午前9時から同12時、午後1時から同4時（手続により曜日又は時間が設定されている場合がありますので、地方入境管理官署又は外国人在留総合インフォメーションセンターにお問い合わせください。）
相談窓口	地方入境管理官署又は外国人在留総合インフォメーションセンター
標準処理期間	2週間～1か月

単　語

（一）

エレベーター③	（名）	电梯
協力（きょうりょく）⓪	（名・他サ）	合作、配合
工事（こうじ）⓪	（名・他サ）	工程、工事、施工
より①	（副）	自、从，表示动作、作用的出发点

（二）

ガイド①	（名）	向导、导游，指引
カード①	（名）	卡片
最寄り（もより）⓪	（名）	最近、附近
パスポート③	（名）	护照
障害者手帳（しょうがいしゃてちょう）⑥	（名）	残疾人手册
介護保険証（かいごほけんしょう）④	（名）	护理保险证
サービスコーナー⑤	（名）	服务窗口
カセットテープ⑤	（名）	盒式磁带
紙芝居（かみしばい）③	（名）	连环画剧
介護（かいご）⓪	（名・他サ）	护理
写し（うつし）⓪	（名）	抄本、摹本、副本
ビデオ①	（名）	影像
ビジネスコーナー⑤	（名）	商务角
手帳（てちょう）⓪	（名）	笔记本、手册
台帳（だいちょう）⓪	（名）	总账、底账脚本、剧本
上記（じょうき）①	（名）	上述

（三）

おおむね⓪	（名・副）	大致
依頼（いらい）⓪①	（名・他サ）	拜托、委托、请求、要求，依赖、依靠
行う（おこなう）③	（他五）	行、做、办，实施、进行、履行，举行

第四課

図る（はかる）②	（他五）	谋求、图谋、策划
円滑（えんかつ）⓪	（名・形動）	顺利、协调、圆滑
修得（しゅうとく）⓪	（名・他サ）	学得、掌握
弁護士（べんごし）③	（名）	律师
出頭（しゅっとう）⓪	（名・他サ）	到机关去，应官厅等传唤而出面，出人头地
受領（じゅりょう）⓪	（名）	收领、领受
問い合わせ（といあわせ）⓪	（名）	询问、打听、查询
携帯（けいたい）⓪	（名）	电话、手机
認める（みとめる）④	（他一）	承认，准许、同意
取次者（とりつぎしゃ）④	（名）	代理者、代理人
公益法人（こうえきほうじん）⑤	（名）	公益法人
届け出（とどけで）⓪	（名）	登记、申报
疾病（しっぺい）⓪	（名）	疾病
疎明資料（そめいしりょう）④	（名）	解释材料，证明材料
収入印紙（しゅうにゅういんし）⑤	（名）	印花票税
みなす②	（他五）	当作、看作、认为
インフォメーションセンター④	（名）	消息中心、通知中心、信息中心

文法

（一）

1. …に伴い（この工事に伴いまして、８月２７日（土）より、駅南側の階段が使えなくなります。）

接续：名词＋に伴い；

释义：伴随……，随着……

○高齢化に伴い、老人医療の問題も深刻になりつつある。
　（随着老龄化的到来，老人的医疗问题日益严重起来。）
○地球の温暖化に伴い、海面も急速に上昇している。
　（随着地球变暖，海面也迅速上升了。）
○政界再編の動きに伴いまして、この度あたらしく党を結成する運びとなりました。
　（伴随着政界最新的动向，此次重新组成了政党。）

(二)

2. お/ご…ください（最寄りの品川区立図書館へ住所、氏名、生年月日が記載されている有効期限内の証明書をご持参の上、ご来館ください。）

接续：お/ご+动词连用形+ください；お/ご+表示带行为动作意义的汉语词汇+ください；

释义：为我（们）做……

○今日お話くださる先生は、東西大学の山川先生です。
　（今天给我们作报告的是东西大学的山川先生。）
○今日ご講演くださる先生は日本大学の古田先生です。
　（今天给我们演讲的是日本大学的古田先生。）
○お忙しいのにおいで（お越し）くださって、本当にありがとうございます。
　（百忙之中您还能来，我们非常感谢。）
○大した料理ではございませんが、どうぞお召し上がりください。
　（没有什么好菜，请您尝尝。）

3. ただし（ただし上記の範囲で、以下の資料には貸出数に制限があります。また、貸出期間も資料の種類によって異なります）。

释义：副词，表示"但""不过"。

○テニスコートの使用料は一時間千円。ただし、午前中は半額となります。
　（网球场的使用费为1小时1000日元，不过上午是半价。）
○ハイキングの参加費はバス代を含めて一人2千円です。ただし、昼食は各自ご用意ください。
　（参加这次小旅行的费用，包括交通费在内，每人2000日元。但午饭请大家自备。）
○日曜日は閉店します。ただし、祭日が日曜日と重なる場合は開店します。
　（星期天不开门。但如节假日与星期天重合时，照常营业。）

4. のみ［ビデオ（品川、荏原のみ）（延長不可）］

接续：名词+のみ；

释义：只，仅。

○経験のみに頼っていては成功しない。
　（只依靠经验不会成功。）
○金持ちのみが得をする世の中だ。
　（这个社会是只有有钱人才得益的社会。）
○洪水の後に残されたのは、石の土台のみだった。
　（洪水过后剩下的只有石头、基石。）

(三)

5. ものの（当該申請人は地方入境管理官署への出頭は要しないものの[当局において直接お尋ねしたい点がある場合は出頭していただく場合もあります。]）

接续：活用词连体形+ものの；名词+である+ものの；

释义：前接表示让步，承认前项，但提出与其相反的问题，相当于"虽说……但……"。这是一种比较弱的逆接用法。

○輸入果物は、高いものの珍しいらしく、人気があってよく売れている。
　　（进口水果虽然贵，但是似乎因为很少见，所以很受欢迎，非常好卖。）
○新しい登山靴を買ったものの、忙しくてまだ一度も山へ行っていない。
　　（虽然买了新登山鞋，但是忙得一次也没去登过山。）
○招待状は出したものの、まだほかの準備は全く出来ていない。
　　（请柬是发出去了，可是其他的准备一点没做。）

6. ない限り（申請人本人の所属する企業・学校の職員、配偶者、子、兄弟姉妹等は、上記1～3に該当しない限り、在留カードを受領することはできません。）

接续：动词未然形+ないかぎり；

释义：只要不……就……，除非……否则就……。

○練習しないかぎり、上達はありえない。
　　（只要你不练习，就提高不了。）
○あいつが謝ってこない限り、こっちも折れるつもりはない。
　　（除非他来认错，否则我决不让步。）
○絶対にやめようと自分で決心しない限り、いつまでたっても禁煙なんかできないだろう。
　　（除非你自己下决心戒烟，否则到什么时候你这烟也戒不了。）
○今の法律が変わらない限り、結婚したら夫婦はどちらか一方の姓を名乗らなければならない。
　　（只要现在的法律不变，结婚以后，夫妇就得姓一方的姓。）

7. 限る（同カードの交付を受けている者に限ります。）

接续：名词+限る；

释义：限制，只限，限定。

○会員は４０歳未満に限る。
　　（会员限于40岁以下。）
○スピーチの時間は一人10分に限られている。
　　（一个人的演讲时间限10分钟。）

○図書館の利用は本校の教職員と学生に限る。
（图书馆仅限本校师生利用。）

練 習

一、次ぎの漢字に振り仮名をつけなさい。

改良（　　）　　工事（　　）　　伴（　　）う　　不便（　　）
協力（　　）　　設置（　　）　　南側（　　）　　東側（　　）
貸出（　　）　　鑑賞（　　）　　記載（　　）　　下記（　　）
来館（　　）　　台帳（　　）　　期限（　　）　　更新（　　）
失効（　　）　　行政（　　）　　発行（　　）　　視聴覚（　　）
上記（　　）　　範囲（　　）　　異（　　）なる　　地域（　　）
記号（　　）　　特定（　　）

二、次ぎの片仮名に適当な漢字をかきなさい。

キョカ（　　）　　オヨビ（　　）　　コンキョ（　　）
カツドウ（　　）　　ケイゾク（　　）　　マンリョウ（　　）
タイザイ（　　）　　ショウニン（　　）　　コヨウ（　　）
キョウイク（　　）　　チシキ（　　）　　エンカツ（　　）
ハカ（　　）ル　　ベンゴシ（　　）　　シッペイ（　　）
シュットウ（　　）　　ミズ（　　）カラ　　ジュン（　　）ズル
トウガイ（　　）　　タズ（　　）ネル　　ジュリョウ（　　）
テスウ（　　）　　テンプ（　　）　　オウ（　　）ジル
テイシュツ（　　）スル　　トウロク（　　）　　マドグチ（　　）
ヒョウジュン（　　）

三、文章（一）を読んで、後の問いに答えなさい。答えは、①・②・③・④から最も適当なものを一つ選びなさい。

問一（①）に入るものとして最も適切なものはどれか。
　①　南大川駅をご利用のお礼
　②　南大川駅改良工事のお知らせ
　③　南側階段一時使用中止のお知らせ
　④　南側階段機エレベーター設置のお知らせ

第四課

四、文章(二)を読んで、後の問いに答えなさい。答えは、①・②・③・④から最も適当なものを一つ選びなさい。

　問一　この文章の内容とあっているのはどれですか。

　　① 外国人の場合はパスポートは身分証明書であるため、図書館の利用カードを作る際パスポートを持っていけばいい。

　　② この図書館の利用カードを作ってから、２年間あまり貸出をしていなかった為、カードの有効期間が切れてしまい、また利用したい場合は作り直さなければならなくなる。

　　③ 五反田図書館をご利用の読者もビデオお合計で４点まで２週間を貸し出すことができる。

　　④ 小学生以下の子どもはまだ漢字が読めないので、利用カードを作ることができない。

五、文章(三)を読んで、後の問いに答えなさい。答えは、①・②・③・④から最も適当なものを一つ選びなさい。

　問一　どんな人が在留期間更新許可を申請する必要がありますか？

　　① 現に有する留学という在留資格の活動を継続しようとする留学生。

　　② 外国人の円滑な受入れを図ることを目的とする公益法人の職員。

　　③ 申請人が経営している機関又は雇用されている機関の職員。

　　④ 外国人が行う技能、技術又は知識を修得する活動の監理を行う団体。

　問二　次の①～④のなかで取次者として在留期間更新を申請できない者はどれですか。

　　① 申請人が研修又は教育を受けている機関の職員で、申請人から依頼を受けたもの。

　　② 地方入境管理局長に届け出た弁護士又は行政書士で，申請人から依頼を受けたもの。

　　③ 申請人本人が１６歳未満の場合又は疾病その他の事由により自ら出頭することができない場合には，その親族又は同居者若しくはこれに準ずる者で地方入境管理局長が適当と認めるもの。

　　④ 外国人の円滑な受入れを図ることを目的とする社会法人の職員で、申請人から依頼を受けたもの。

　問三　地方入境管理官署で申請できる時間はどれですか。①～④の中から一番正しいものを選んでください。

① 午前9時から12時。
② 平日午後1時から4時。
③ 管理官署の受付時間は平日午前9時から同12時，午後1時から同4時であるが、ただし手続により曜日又は時間が設定されている場合がありますので，事前に問い合わせたほうがいい。
④ 平日午前9時から同12時，午後1時から同4時までの間なら、いつでもどんな手続きでも申請できる。

問四　キムさんは韓国からの留学生で、彼は在留資格の更新の申請をしなければならない、次の①〜④の中から、間違ってるものはどれですか。
① 必要書類等を用意して、留学する学校の国際課の先生に申請してもらう。
② 必要書類などを用意して、自ら申請する。
③ 申請書と写真、また在学証明書、在留カード、資格外活動許可書、旅券等の必要書類を持って、地方入境管理官署へ申請に行く。
④ 今の在留カードが切れる日から必要書類などを用意して申請に行く。

問五　この文章の内容とあっているものはどれですか。
① 在留カードを受領できる者は申請する本人のみである。
② 在留カードを受領できる者は本人のほかに申請人本人の所属する企業・学校の職員、配偶者、子、兄弟姉妹等の取次者であってもいい。
③ 在留カードを申請する際許可されることと関係なく4000円を払う必要がある。
④ 在留期間の申請期間は満了する日までにならないと申請することができない。

読解技法

如何做填空题

填空题几乎是每年日语能力考试N2级的阅读理解试题中必出的问题。有的是选词语的，有的是选择句子的。词语多是接续词和副词。词语的选择要看上下文的结构，一般来说，要注意分析所要填的空格前后是转折还是顺接，是并列还是因果等关系，据此再决定自己的选项。选择句子时，一般要从文脉上来进行分析，往往选择项的前面或后面会对其进行说明和补充。

其设问形式主要如下：

第四課

① （ ① ）に入る言葉として最も適当なものはどれか。
② （ ① ）から（ ③ ）に入る適当な言葉はどれか。
③ （ a ）の中に入ることばとして、どれが最も適当か。
④ （　）に入る最も適当なものを一つ選びなさい。
⑤ （ ① ）（ ② ）（ ③ ）には何が入るか。組み合わせとして適当なものを選びなさい。
⑥ この文章の（　）の部分には、どんな内容のものが入るか。

例1：
　多くの老人達の死を目前にして、私は彼らの本当の望みを知ることができた。
　それは、彼らが（ ① ）といって死にたい、ということだった。
　（ ① ）…。それが何を意味しているのか。もちろん、看病してくれた家族への感謝もあるだろう。遠くからかけつけてくれた親族へのお礼もあるかもしれない。だが、本当に彼らがいいたいのは「ああ、いい人生だった」ということではないだろうか。（フレディ松川『死に方の上手な人下手な人』による）

（2003年2級真題）

　問題：（ ① ）に入る言葉として最も適当なものはどれか。
　　①さようなら　　　　②よくできた
　　③ありがとう　　　　④ごめんなさい

　"それは、彼らが（ ① ）といって死にたい、ということだった。"（他们想说着……死去）。"それが何を意味しているのか（那是什么意思呢），显然这里的"それ"就是指前面括号里所要填的内容。后面"もちろん…"就是对所填内容的解释，从解释来看，答案应是③。

例2：
　生まれたばかりの赤ちゃんには、文化の違いや国籍による違いは見られない。日本で生まれた赤ちゃんも、アメリカで生まれた赤ちゃんも、アフリカやアジアの諸国で生まれた赤ちゃんも、最初はみんな同じである。たとえ、皮膚の色に違いがあったとしても、その行動様式に大きな違いは見られない。
　（ a ）その後数年たつとそれぞれの文化のなかで育った子供たちは、それぞれの文化に特徴的な様相を示すようになる。食事の仕方、睡眠の取り方、遊び方といったことから、考え方にも違いが現れる。（1991年2級真題）

問題：（a）の中に入ることばとして、どれが最も適当か。
①しかしながら　　　　②そういえば
③このように　　　　　④したがって

第一段说刚出生的小孩看不出其文化及国籍的差异。下一段说数年后在各自国家里成长的小孩显示了各自的文化特征。由此看，前后是转折关系，所以答案应是①。

例3：

人間の集まりが、一つの方向に偏っているのは不吉だ。いろいろあっても、全体としてのバランスの程のよさが好ましい。

ところが、ひとりひとりが「バランスのとれた人間」になろうと、みんなが同じ姿勢をとりだすと、その集団のなかにいては気づかぬかもしれぬが、外からは異様な偏った集団に見えてくる。もともと、「バランスのとれた人間」なんてものが、本当にあるものかどうか、疑わしくもある。むしろ、ひとりひとりは、（　）、そのほうが理想だろう。

（森毅『気まぐれ数学のすすめ』青土社による）（1995年2級真題）

問題：この文章の（　）の部分には、どんな内容のものが入るか。
①バランスがとれていても、集まり全体としては一つの方向に偏っている
②バランスがとれていて、しかも集まり全体としてもバランスがとれている
③それぞれに偏っていても、集まり全体としてみればバランスがとれている
④それぞれに偏っていて、集まり全体として見ると一つの方向に偏っている

首先我们能了解到作者的观点是"期望有一个整体的平衡"。接下来作者又说，如果各自保持平衡的话，整体未必平衡，在外人看来甚至是一个奇怪的团体，所以作者就得出结论"むしろ、ひとりひとりは、（　）、そのほうが理想だろう。"显然，此结论应是答案③"虽各自倾斜，但整体平衡就可以了"。

例4：

家を建てた人が、楽にその家を建てたか、それとも、かなり（　）建てたかということは照明器具を見ればわかるという。そういう目で見たことはないが、そういうもんだそうだ。

建築でいえば、照明の取り付けが最後になる。従って、だんだんに資金につまってくると、最後のところでお粗末になる。
　　　　（山口瞳『男性自身　困った人たち』新潮文庫による）
　　　　　　　　　　　　　　　　　　　　（1996年2級真題）
　問題：（　　）に入る最も適当なものを一つ選びなさい。
　①時間が不足して
　②体力がなくなって
　③楽しみにして
　④苦しい思いをして
　此題答案的关键在于"それとも"（还是），表示选择，其前后关系要么是同义，要么是反义。从后面的意思看应是反义，所以正确答案是④。
　例5：
　官能検査で「いい」「悪い」を判断してもらうためには、一対比較法というのを用います。見かけはまったく同じで、実際には味の違うものを食べてもらうとか、同じようなケースに入れた香水の香りをかいでもらうとかです。この場合、二つの方法があります。
　まず、第一の方法ではAとBを比較して、Bがよいといい、BとCを比較してCがよいといったとします。ここで（　①　）を比較したとき、（　②　）が（　③　）よりよければ問題がないのですが、Aの方がよいといったとすれば、判断の誤りがあるということになります。
　　　　　　　（矢野宏『誤差を科学する』による）（1999年2級真題）
　問題：（　①　）・（　②　）・（　③　）には何が入るか。組み合わせとして適当なものを選びなさい。
　　①　①AとB　　　②A　　　③B
　　②　①AとB　　　②B　　　③A
　　③　①AとC　　　②A　　　③C
　　④　①AとC　　　②C　　　③A
　由推测得知答案是④。

言語文化コラム

言語文化コラム

ありがとうございます

「ありがとうございます」は動詞「ある」の連用形の「あり」、それに接尾語「がたい」をつけて、さらに「がたい」の連用形（ウ音便）に「ござる」をつけたものである。古代日本語は「有り難ふ御座りまする」であり、現代日本語は「有り難う御座います」か「ありがとう御座います」である。口頭語では仮名で「ありがとうございます」と書くのは普通である。

『日本語は神である』という本は「ありがとう」という言葉は言葉の霊があり、「ア」は本源の光であり、「リ」は循環転回。アの光が循環転回してゆく。ラ行はすべて循環転回を表す。モノを落として「アララ」というのは、そのモノといっしょに転がっている様、ガは神々の集合、神波。それは、めったにありえない恩寵であり、「ト」は本源の神波、光がそこにあって循環転回している。まことに得がたい恩寵であるが、そこにト（扉）が立ててある。しかしそこをトーーッと通りぬけていくのもまた、トの言霊の力、「ウ」は浮（ウ）かび上がり、動（ウゴ）かす力であるという。

「ゴ」は御（ゴ）尊い存在を尊び、「ザ」は座（ザ）尊い存在がおわします座であり、「イ」は居（イ）尊い存在が尊い座に居（イ）らっしゃり、イはまたイノチの響きでもあり、イノチの響きがそこに循環転回しているから、イルということ、さらに、一切を集める力がある。イーーッと唱えながら、己の一切を御座（ゴザ）に集めるとよく、「マ」はマツリのマ。イーーッで己の一切を御座（ゴザ）に集めて、マーーでマツリし、「ス」は統（ス）べり、天皇は一切を統（ス）べ給うのでスメラミコトとも呼ばれ、スーーと唱えながら、己自身を御座（ゴザ）に統（ス）べていき、スーッと入っていくわけであるという。

大声で「ありがとうございます」と言うと、自分の深層意識（本心）には尊い信念が浮かぶ。

「ありがとうございます」は日常の挨拶言葉であり、恩恵をもらい、恩恵をくれたその人に感謝の意を表す。プレゼントなどをもらったときも、良い言葉をもらったときも、好意をもらったときも、すべて「ありがとうございます」という。

上司から用事を頼まれて「はい、ありがとうございます」とは言わない。たとえば：

（上司）"これ、10部コピーとっておいて。"

（部下）"はい、ありがとうございます。"
と返事をすれば、変な顔をされるに違いない。これまでの習慣から言えば、「かしこまりました」「承知いたしました」などと言うべきところだと思う。この新しい使い方のことを、「ありがとうございますの『了解』用法」とでも呼んでおくことにする。

単なる想像に過ぎないが、「かしこまりました」「承知いたしました」では硬すぎるし、「了解しました」だとやや冷たい印象を与えかねないという発想から、「ありがとうございます」が選ばれているように考えている。またその背景として、チェーン系の居酒屋などで注文を受けたときの「ありがとうございます！」「喜んで！」といった返事を聞き慣れてしまっていることが挙げられるかもしれない（ただしこの居酒屋での「ありがとうございます！」は、「注文をしてくださりありがとうございます」という意味としてとらえられるので、大きな問題はない）。

ウェブ上でアンケートをおこなってみたところ、このような「ありがとうございます」の使い方に接したことがある人は全体としてそれほど多くはないものの、若い世代を中心に目立ち始めている様子がうかがえた。しかしこのような使い方を問題ないと考える人は、まだ少数派である。

コピーを頼まれたときの「ありがとうございます」という返事が、「雑用もすべて人生勉強です」という謙虚な気持ちから自然に出てきているのならよいのだが、おそらくそうではないと思う。しかし「ありえねー」と返事するよりは、ずっとましではあるが。

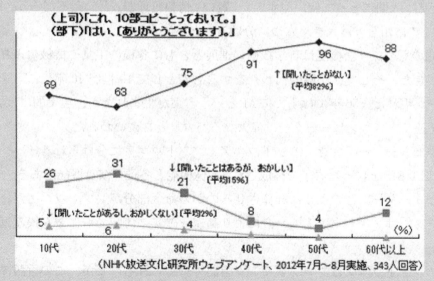

（メディア研究部・放送用語　塩田雄大）

第五課

（一） AI革命がはじまる

　コンピューター業界のみならず産業界全体に、いまAIブームがおこっている。しかも数年前までは夢のように思われていたAIが次々と現実のものとして、実用化されはじめた。

　富士通では1985年4月より、AI専用マシン「FACOMa」発売、日本電気も同5月にはAI製品第一弾として、自動翻訳システム「PIVOT」発表した。IBMも同8月にはエキスパートシステム構築用のソフトウエアを発表、その他ほとんどのコンピューターメーカーが1985年AIビジネスに参入している。

　いまや、AIはコンピューター業界で最も注目を集めているといっても（①）。10年後には、10兆円の市場規模になると予測され、社会構造、一般生活にも大きな影響を与えるだろう。

　それでは、このAIとは何なのだろうか。学問的には明確な定義はないが、現在、一般的にいわれている言葉をかりれば「記憶した情報の中から推論を行い、判断が下せる、人間にとって使いやすい、『賢い』情報処理器」といえるだろう。また、このAIの応用分野は大きく六つに分けることができる。

　人間のもつ様々な機能は科学技術の進展とともに各種の工具や機械により代替されてきた。そして、頭脳の代わりをするものとして19世紀40年代にコンピューターが現れた。56年にはすでにAIという言葉が生まれたが、現実的にはAIとはほど遠く、『コンピューターは偉大なるバカ』とさえいわれた。

　コンピューターは大きくハードウエアとソフトウエアに分けられる。ハードウエアはLI SISといった素子で構成され、記憶機能と各種の演算機能がある。一方、コンピューターにどのように計算させるのかの命令部分がソフトウエアだ。コンピューターはソフトウエアの命令により高速、確実に何回でも作業を繰り返していく。

　このソフトウエアはプログラミング言語でつくられるのだが、この言語にも人間の言葉と同じように数多くの種類がある。ハードウエアに最も近い言語のマシン語から、FOR-TRAN、BASIC.Cといった高級言語まで多種多様である。

第五課

　だが、高級といわれる言語でも人間ならば極めて常識的と思える指示まで正確微細に与えなければ、コンピューターは決して動いてくれない。また、コソピューターはプログラムの指示に関しては忠実に何回でも実行するが、作業の進め方に工夫をこらすこともない。②このことがコンピューターを非常に使いづらいものにしている。400万台以上も出ているパソコンの大部分が結局はゲーム機になり下がったり、ホコリに埋もれてしまっているのも、こうした従来のコンピューターの弱点によるところが大きい。

　そこで、もっと人間に近いコンピューターはできないものかと考えられたのが、プログラミング言語のLISPやPROLOGといわれる推論が可能な人工知能用言語である。

　だが、こういった人工知能用言語を開発するだけで、優秀なAIができるわけではない。確かにある程度の人工知能的働きは可能だが、現在のハードウエアの構造ではすぐに限界がきてしまう。

　今日のコンピューターはハードウエアが高価で未発達時代の構造と③本質的には変わっていない。（④）、単純なハードウエアのもとで、複雑な処理はすべてソフトウエアの方でカバーしていこうという設計思想なのである。だから、AIのように高度な機能を実現させようとすると、ソフトウエアが極めて膨大なものになり、事実上処理が困難になってしまう。

　現在、AI開発の多くはソフト面に重点が置かれているが、AIが次のステップへ移るためには、ハード、ソフト両面からの開発がまたれる。

（『21世紀』）

（二）イヌやネコなどのペットを飼う人が増えている

　イヌやネコなどのペットを飼う人が増えている。しかしマンションかアパートの多い都会では、ペットを一日中部屋に入れている家庭も多く、ノミやダニなどが発生し、困っている人も少なくない。（　①　）目をつけた商品が、ペット用の「ノミとり首輪」である。ノミとり首輪の代表格といえるドギーマンハヤシの「ドギーマンノミ取りバンド」。外見は通常のイヌ用首輪と変わらない。しかしこの製品には、ビレスロイド系殺虫剤のペルメトリンが練りこまれている。ペットの

首に巻くと、ペルメトリンが染み出てみてノミを退治するというわけだ。

（中略）しかし、ペルメトリンには発ガン性があるのだ。アメリカ環境保護局（EPA）が、1987年に発表した報告によると、動物実験で発ガン性が示されたため発ガン物質に指定され、アメリカ科学アカデミーも、発ガンの危険度の高い殺虫剤としてあげている。

（注）：ノミやダニ：血を吸う小さな虫　吸血的小虫子

（三）「夜食は太る」科学的に証明

　ダイエットにおいて３時のおやつはよいが夜食はよくないことが、日本大学薬学部の榛葉講師らの研究でわかった。人間の生活リズムを刻む体内時計を調整する一種のたんぱく質が、脂肪を蓄積する役割もはたしており、そのたんぱく質は午後３時ごろは微量で、午後１０時から午前２時の間に最も多くなり、その差は約２０倍にものぼるということだ。同講師は、「昔から夜食は太ると言われてきたが、その原因が科学的に証明された。ただ、不規則な生活で体内時計が狂っていると、午後３時後に食べても太る可能性がある」と言う。

単語

（一）

AI ①	（名）	人工智能
専用マシン②	（名）	机器
賢い（かしこい）③	（形）	聡明，賢明
代替（だいたい）⓪	（名・他サ）	代替
カバー①	（名・他サ）	覆盖物、外皮、套子
ハードウエア④	（名）	計算机硬件
繰り返し（くりかえし）⓪	（名）	反復、重复
プログラミング⓪	（名）	程序設計
工夫をこらす②	（慣用語）	设法、想办法
埋もれる（うずもれる）⓪	（自動）	埋上、压埋
弱点（じゃくてん）⓪	（名）	痛处、弱点、缺点

第五課

膨大（ぼうだい）⓪　　　　　　　　　（名・形動・自動）　　肿大，膨胀
ステップ②　　　　　　　　　　　　　（名）　　　　　　　阶段

（二）
目をつける（めをつける）　　　　　　　　　　　　　　　着眼，注目
練り込む（ねりこむ）③　　　　　　　（他动・一类）　　　把……揉进去
染み出る（しみでる）③　　　　　　　（自动・二类）　　　渗出
退治する（たいじする）⓪　　　　　　（名・他动・三类）　惩办，扑灭

（三）
役割（やくわり）⓪③④　　　　　　　（名）　　　　　　　分配的（任务）
蓄積する（ちくせきする）⓪　　　　　（动）　　　　　　　累积
夜食（やしょく）⓪　　　　　　　　　（名・自动・三类）　宵夜，晚饭
微量（びりょう）⓪　　　　　　　　　（名）　　　　　　　微量、少量
刻む（きざむ）⓪　　　　　　　　　　（他动・一类）　　　切细、剁碎，刻
生活リズム（せいかつリズム）①　　　（名）　　　　　　　生活节奏
不規則な（ふきそく）③　　　　　　　（名・形動）　　　　不規則
脂肪（しぼう）⓪　　　　　　　　　　（名）　　　　　　　脂肪
狂う（くるう）②　　　　　　　　　　（自动）　　　　　　发狂、沉溺
ダイエット①　　　　　　　　　　　　（名・自动・三类）　减肥

文法

（一）

1. のみならず（コンピューター業界のみならず産業界全体に、いま AI ブームがおこっている。）

接续：动词普通形、形容词普通形＋のみならず；形容动词词干、名词＋である＋のみならず；名词＋のみならず；

释义：不仅……

○ このコンピューターは性能が優れているのみならず、操作も簡単だ。
　　（这台电脑不但性能优良，而且操作简单。）
○ この会社は安定性が高いのみならず、将来性もある。

（这个公司不仅稳定，而且很有前途。）
○彼女は成績優秀であるのみならず、人柄もいい。

（她不仅成绩优秀，而且人缘极好。）
○学生のみならず、教師もスポーツ大会に参加することになっている。

（不仅学生就连老师也参加了运动会。）

2. 極めて（だが、高級といわれる言語でも人間ならば極めて常識的と思える指示まで正確微細に与えなければ）

接续：副词，修饰用言；

释义：极为，极其，非常。

○極めて重要な問題。

（极其重要的问题。）

○極めて答えにくい質問である。

（极其难以回答的问题。）

3. 過言ではない（いまや、AIはコンピューター業界で最も注目を集めているといっても過言ではない）；

接续：用言简体型＋過言ではない；

释义：夸大，夸张；说得过火。经常用于"と言っても過言ではない"（说……也不算过火〔也不为过〕）。

○中国の経済発展が世界中でトップを位置していると言っても過言ではない。

（说中国经济发展占据世界之首也不为过。）

○馬油の潤い成分には比べ物がないといっても過言ではない。

（马油的保湿成分无与伦比。）

4. とすると（だから、AIのように高度な機能を実現させようとすると、ソフトウエアが極めて膨大なものになり、事実上処理が困難になってしまう。）

接续：名词／形容动词＋だ＋とすると；形容词／动词＋とすると；

释义：如果……就……；要是……

○行くとすると明日だ。

（要是去的话，就明天去。）

○外国語を勉強しようとすると、やはりその言語用で国へ行ったほうがいい。

（如果要学习外语，就要到使用那个语言的国家去。）

(二)

5. わけだ（ペットの首に巻くと、ペルメトリンが染み出てみてノミを退治するというわけだ。）

接续：动词/形容词辞書形＋わけだ；形容动词＋な＋わけだ；

释义：理应、应该，原因。

○ 暗いわけだ、蛍光灯が1本切れている。

　　（日光灯熄了一盏，当然黑了。）

○ 5パーセントの値引きというと、1万円のものは9,500円になるわけだね。

　　（降价5%的话，1万日元的物品就是9500日元了。）

6. ためだ（動物実験で発ガン性が示されたため発ガン物質に指定されている。）

接续：体言＋の＋ためだ；用言连体形＋ためだ；

释义：为……利益；为，为了〔目的〕；由于，结果。

○ 国家のために死ぬ。

　　（为国家而死。）

○ 万一のために貯蓄する。

　　（为防备万一而储蓄。）

練習

一、次ぎの漢字に振り仮名をつけなさい。

太（　）る　　脂肪（　）　　巻（　）く　　分（　）ける
役割（　）　　首輪（　）　　示（　）す　　現（　）れる
講師（　）　　外見（　）　　翻訳（　）　　置（　）く
蓄積（　）　　練（　）りこむ　与（　）える　賢（　）い
刻（　）む　　動物（　）　　下（　）す　　埋（　）もれ

二、次ぎの片仮名に適当な漢字をかきなさい。

ヤショク（　）　　トケイ（　）　　ブッシツ（　）　　アタマ（　）
ビリョウ（　）　　フ（　）エテル　ホウコク（　）　　サギョウ（　）
フト（　）ル　　　ハッセイ（　）　ガクモン（　）　　ホンシツ（　）
キザ（　）ム　　　カ（　）ワル　　ジョウホウ（　）　ジャクテン（　）
チョウセイ（　）　ソ（　）ミデ（　）ル　シンテン（　）　フクザツ（　）

三、文章（一）を読んで、後の問いに答えなさい。答えは、①・②・③・④から最も適当なものを一つ選びなさい。

問一　いまや、AIはコンピューター業界で最も注目を集めているといっても（　　）。
① いいでしょう
② 下限ではない
③ 過言ではない
④ 無理はない

問二　②での「このこと」は何を指している。
① コンピューターは正確微細な指示ではなければ働けない。
② 高級言語は人間の常識的な指示である。
③ コンピューターには人間に近い言語を認識することができない。
④ 人間言語に従って動くのがコンピューターである。

問三　③「本質的には変わっていない」とは何を指している。
① プログラミング言語は結局人工知能言語として開発できない。
② 人工知能用言語を開発すれば優秀なAIができる。
③ 単純なハードウエアのもとで、複雑な処理はすべてソフトウエアの方でカバーしていこうという設計思想が変わっていない。
④ ソフトウエアでハードウエアの機能を代えて頭脳言語を設計する。

問四　（　④　）、単純なハードウエアのもとで、複雑な処理はすべてソフトウエアの方でカバーしていこうという設計思想なのである。
① そこで　②確かに　③つまり　④それで

問五　本文の内容と最も適切なものを選びなさい。
① コンピューター業界のみでAI革命が始まっている。
② 56年にAIという言葉が生まれ、産業分野で注目を集めていた。
③ AIが次のステップへ移るためには、ハードとソフト両面からの開発しなければならない。
④ プログラミング言語はLISPやPROLOGといわれる推論が可能な機械用言語である。

四、文章（二）を読んで、後の問いに答えなさい。答えは、①・②・③・④から最も適当なものを一つ選びなさい。

問一　（　①　）目をつけた商品が、ペット用の「ノミとり首輪」である。

① そして
② それでは
③ そこに
④ そこで

問二　本文で取り上げている「ドギーマンのみ取りバンド」とはどんなものでしょうか。

① 室内で飼うペットにはいいが、外で飼うペットには便利とは言えないものである。
② アメリカで使うと危険だが、日本では安全に使えるものである。
③ 強い殺虫効果でノミやダニを完全に退治できて、室内の環境によいものである。
④ ノミやダニはとれるが、ペットや飼い主の健康を害する恐れのあるものである。

五、文章（三）を読んで、次ぎの問いに対する最も適当な答えを①・②・③・④から一つ選びなさい。

問一　本文内容と最もあっているものどれでしょう。

① 体内のたんぱく質は午後３時ごろは微量で、午後１０時から午前１２時の間に最も少なくなる。
② 午後３時後に食べても太る可能性がある。
③ ダイエットに３時のおやつはよくないが夜食もよくない。
④ たんぱく質は体内時計を調整するが、脂肪を蓄積することはできない。

日语泛读1

読解技法

如何做释义题

所谓释义，也就是解释意思。在国际日语能力考试N2级的阅读理解题目里，多数是让考生选择某个语句在特定语境下的特殊含义。其主要设问形式如下：

① （　）というのはどんな意味を持っているか。
② （　）とあるが、ここで（　）とはどういうことか。
③ （　）というのは、ここではどういうことか。

做此类题目时，应首先找出被提问的句子在文章中的所在位置；然后仔细阅读此句的前后文，并注意接续词以及文章前后的特别注释；确定答案后再放入原文进行验证。

例1：

ポケットに本を一冊いれて旅に出る、野原を歩く、町のどこかにすわって読む、というのはたのしいことだ。十代半ばだったが、一冊の長編小説をしゃがんだまま読んでしまったことがあり、目をあげた時に日の光が変わっていたことを思い出す。私にとってひとつの幸福だった。（1992年真題）

問題：「日の光がかわっていた」というのはどんな意味を持っているか。

①知らない所に行った
②目が痛くなった
③遠くまで歩いた
④長い時間がたった

作者想起自己十几岁时蹲着读一本长篇小说，等抬起头时发现日头已经偏西了。这说明已过了很长时间，所以答案为④。

例2：

親に面倒を見てもらって育つ動物の子供たちは、親のそばにいたがり、親のする通りするという習性をもって生まれてくる。

親は教えるつもりなどなく、子の方でも教わるつもりなどないが、徐々に親の智慧は子にコピーされていくのだ。

（中略）例えば、小猫が親猫と一緒に出かけていくとする。道を渡ろうとしたとき、向こうから車が来る音がする。親猫は「怖い！」と思って引き返す。そのとき小猫は親と同じレベルで「怖い」に同調するのである。そして親と同じことをする。これで小猫は車の音が危険の到来だということと、どうや

って避ければよいかということを学ぶ。（1998年2級真題）

問題：「親と同じこと」というのは、ここではどういうことか。
①コピーすること
②引き返すこと
③出かけること
④道を渡ること
答案是②。

言語文化コラム

すみません

　日本人は他人と揉め事があると、まず謝る。その時、よく言うのは「すみません」である。これは相手を尊重して、不愉快な気持ちにさせないためである。客や目上の人が不満や文句があると思われる時も、まず謝る。そうすれば、「私は真心（まごころ）を以てあなたに接している」ということを表せるからである。

　確かに、日本人は習慣的に「すみません」と言うようなところがあり、これはもう彼らの口癖になっているといっても過言ではない。もし、自分が悪いのが確かであるなら、相手に謝るのは当然である。また、例えば誰かに道を尋ね、教えてもらった時に感謝の気持ちを表すのも当たり前のことではあるが、何も間違ってはいないのに、普通の付き合いの時でもお互いに「ごめんなさい」や「すみません」と度々言うのは、大変くどく、上辺だけで本心からの気持ちを表してはいない。更なるものは、自分が相手の足を踏んだにもかかわらず、意外にも相手から「すみません！」と言われることもある。これはとても不可解な対応で、びっくりさせられる。時間が経つにつれて、私も謝ることに慣れ、何もないのに、頻繁に「すみません」と言ってしまう。時には自分でも「なぜ謝るのか。悪くもないのに」と不思議に思う。

　翻訳する上で気を付けたいのは、「すみません」は必ずしも「対不起」と訳さなければならないわけではない、ということである。もちろん謝罪の意味はあるが、それだけではない。例えば、仕事などで間違いを犯したら「すみません、すぐ直します」と言い、これは謝罪の意味を表す。その他に感謝を表す意味もある。例を挙げると、他人の家を訪ねた際にその家の人がお茶を出してくれた時などには多くの人が「すみません」と言う。

或いは自分の家に客が来て、その客が手土産を持ってきてくれた時など、普通「まあ、すみません」と言う。これは「お金を使わせて悪かったな」という意味を表す。ここで「ありがとう」と言わずに「すみません」と言うのは、客に金銭的負担をかけて申し訳ない、自分はこの手土産をもらっていいのかな、という心理状態を示すのである。日本人のこの屈曲な心理を中国人は理解できないので、いつも「ありがとうございます」と訳してしまうのである。

他に、道を尋ねる時の「すみません」には「失礼します、お願いします」という思いが含まれている。中国語に訳すと「劳驾、请问」「借光、借过」などという意味になる。例えば、もし通路で立ち話をしている二人の間を通りたかったら「すみません」と言って通る。しかし、日本人はこのように通路の真ん中に立って話をすることはせず、話をするなら通路の端に寄ってするので、そこを通りたい人は小声で「すみません」とつぶやき、暗黙のうちにお互いに全てが順調に進むのである。これがもし立ち話をしているのが中国人であったとしたら、二人の真ん中の通路を開けて通らせるのが普通のやり方であるが、これはそこを通る日本人を困らせることになる。このようなやり方は日本人にとっては失礼な行為に当たり、「すみません」で簡単に解決できるものではない。しかし中国人はこれを理解することができない。なぜなら、中国人は自分たちのこのようなやり方がごく普通のことだと思っているからである。

道を尋ねたり、或いは道を譲ってもらうのはもちろん人に手間をとらせることになるが、電車で人に席を譲られても同じである。しかし、もしあなたがマナーの悪い人で、あなた一人で二人分の席を占領したならば、「すみません、少し席を詰めてくださいませんか」と言われるだろう。直訳すると「劳驾、请您稍稍挤一挤可以吗？」になるが、ここでの「すみません」はただの「悪かった」の意味だけではないので、言われた方はたちまち恐れ入り、恥ずかしくてたまらなくなる。席を詰めてくれないか、とは言われたが、実際には、あなたは一人で二人分の場所を占領しているのですよ、わかっていますか、ということを遠慮しながら言っているのであり、私たちにはそれが理解できないだけなのである。日本人は遠回しに言うことを好むが、中国人は率直に言うことを好む。かつて日本人に「すみません」と言われ、それの本当の意味がわからずに、その日本人が自分に何か相談していると勘違いし、「だめ（不行！）」と言ったという中国人に会ったことがある。その日本人は自分の願いが間違っていたのだと思い、再び「すみません」と言った。そして大人しく立ってはいたが、心の中ではその中国人を軽蔑していたのだ。

まともな話をする時には厳正な雰囲気が必要なので、はじめに「すみません」を使う。これは相手と適当な距離を取り、或いは相手の注意を引くため、失礼にならないために言うのである。「すみません」は挨拶の時にも使われる。例えば、レストランで食事をして、店員を呼んで勘定をしたい時にも「すみません」を使う。「すみません、勘定したいんですけど」の意味は「劳驾，我要算账」である。元来、勘定をすることは店員として当然の仕事であり、何ら文句を言われることはなく、ここでは適当に挨拶として言っているだけで、決して私たちが謝罪の意味で理解している「すみません」ではない。

　日本で「すみません」はたいへんよく使われる言葉で、まるで日本人の口癖のようになっている。それほど丁寧な意味で使う言葉ではないこともわかる。例えば私の足ではなく父親の足を踏んでしまったのなら、「ごめんなさい」と言う。これはかなり丁寧な表現である。また、上司に世話になったら「恐れ入ります」と言い、これは更に丁寧な表現である。「申し訳ありません」は更にそれよりも丁寧な謝罪の言い方である。日本の官僚たちが戦争に対して謝罪する時にはこれを使い、中国人は謝罪の意味として訳す。

　もちろん「失礼します」と「すみません」はある意味で似ている。近漢字の「失礼」が使われているので理解しやすく、社会の規範に合わない時の謝罪の意味になる。具体的な問題は具体的に処理した方がいいが、その前に相手の気持ちや想いを考えるのも大切である。もし謝らないだけではなく、自分の間違いを認めず、言い訳ばかりするなら、どんな些細なことでも相手を怒らせてしまう。理性的に矛盾を解決しなければ、本来なら簡単に解決できる問題を複雑化させ、結局解決できない状態になってしまう。

　「謝罪の言葉もない」、これは誠意がない相手を非難する一般的な言い方である。一部の国や民族は「簡単に謝罪をすることは自分に不利益で、謝らない方がいい」と考えるかもしれない。しかし、日本の人々は、どんなにはっきりした説明でも、それは言い訳でしかなく、誠意を以て謝ることが大切である、と思っているのである。

　言い訳をせずに、まず謝るというのは、日本人の感性の特徴である。

第六課

── (一) その名はスペースマン広告空間競う ──

　東京には「スペースマン」と呼ばれる人たちがいる。車内ポスターや駅の広告を担当する広告代理店の社員のことだ。地下鉄やJRの人気路線や駅の限られた広告空間を求めて競い合う。

　10月1日午前9時半。JRの交通広告を一手に扱う東京・麹町のJR東日本企画本社で、一風変わった抽選会があった。月初めに、翌月分の首都圏の約300駅にはる約1万枚の駅ポスター（ ① ）広告の割り当て数をクジ引きで決める。

　「電通さん3番」。86人のスペースマンが、木の箱に入ったクジを引く。クジの番号順に必要なだけの枚数をとっていく。大手の広告代理店が1番や2番を引き当てると、中小の広告代理店への影響が大きい。会場にはため息や歓声が流れる。

　同企画6階車内ポスター部の一角に「JR スペースマンクラブ」がある。月曜から金曜の毎日正午に、20人ほどのスペースマンが姿を見せる。

　お互いに中つりや額面ポスターの限られたスペースの融通、交換をし合う。（ ② ）スポンサーからの注文をライバル社に譲ってもらわざるを得ない。机の上で、紙にメモを取りながら取引する。朝、会社に出勤し、情報をつかんでクラブに現れ、午後4時ごろまで交渉をする。

　この道10年のスペースマンは「③狭い広告空間だから、いつも自分だけの都合で、無理を押し通すことはできない。ギブ・アンド・テークの世界だ」という。

　乗客は、様々なポスターにスポンサー会社のメッセージを見るが、スペースマンたちは、それを扱った代理店の名前を読みとっている。

　JR東日本企画によると、通勤通学者が1日にJRの電車に乗る時間は往復で平均1時間13分である。電車内で「何をしているか」のアンケートでは「車内ポスターを見ている」が39%、「本を読んでいる」が32%などの順で、混雑すればするほどポスターを見る傾向が強いという。朝夕の通勤通学時間にどれだけ、広告の印象をうえつけるかに企業は（ ④ ）ことになる。

　地下鉄やJR、私鉄の電車やホーム等を使った広告を「交通広告」という。同じ情報を定期的、広域に提供する媒体のひとつとして成長を続けている。電通によ

第六課

ると、1990年には、日本の総広告費約5兆5600億円 4.5％にあたる2480億円に達した。ラジオを抜いて、テレビ、新聞、雑誌に次ぐ第4広告メデイアといわれている。

（『朝日新聞』）

——（二） パラパラマンガのコンクール——

「パラパラマンガ」という名前を聞いたことがあるだろうか？子供の頃、教科書の隅に連続した動作の絵を描き、それをパラパラめくるとアニメーションのようになって面白いだが、後で先生みつかって叱られた経験は誰にでもあるのではないだろうか？この芸術の範疇に入れそうもない「創作」が、アニメやメイドカフェなどの日本の新文化発祥地である秋葉原で、今大人気になっている。7月3日から10月31日まで、「秋葉原パラパラマンガフェスタ2006」が開催されているのだ。

これは文具メーカーのコクヨS&Tと秋葉原西口商店街振興組合が共催しているもので、誰でも応募することができ、優秀作品は秋葉原UDXの「東京アニメーションセンター」で上映される。

優秀者は一般からの投票と審査員の評価で決まる。審査員は「ストーリー性」「独創性」「芸術性」の三つの角度から評価して、各賞の受賞作品を決定するのだそうだ。先日、審査委員長で漫画家のやくみつる氏と助手を務めるほしのあき氏が記者会見を行い、代々木アニメーション学院に学生の作品について模擬審査が行われた。

デジタルアート全盛の今日、（ ① ）手書きした作品に敢えてスポットを当てるのは、ちょっと意外な気も知るが、主催者たちはこうした取り組みが新しい文化の創造に新風を吹き込むことを期待しているのである。

——（三） 10～30年後の科学技術を予想——

経済産業省は、10～30年後の科学技術の進歩について、大学や企業などで最先端の研究をしている専門家300人の予想をまとめた。それによると、20年後の家庭では、人間が操作しなくても動く掃除機と、掃除の妨げになる家具や

小物を動かすロボットのコンビが掃除を引き受けてくれる。体が不自由な人の介護にはベッドから車いすへの移動をロボットが手伝う。医療では、抗がん剤投与の技術の進歩などでがんの５年生存率が現在より２０％向上するという。

単　語

（一）

中つり（なか～）⓪	（名）	挂在车厢中的广告牌
求める（もとめる）③	（他动）	寻求，找
割り当て（わりあて）⓪	（名）	分担，分配、分派
競い合う（きそいあう）④	（自动）	互相比赛
扱う（あつかう）③	（他动）	处理，经营
スポンサー⓪	（名）	广告主、赞助单位
ライバル②	（名）	对手、敌手、竞争者
都合（つごう）⓪①	（名・他动）	准备、安排
押し通す（おしとおす）	（他动）	硬推到底、贯彻
抜く（ぬく）⓪	（他動）	选出、超出，拔掉

（二）

隅（すみ）①	（名）	角落
創作（そうさく）⓪	（名・他动・三类）	创作，作品，捏造
発祥地（はっしょうち）③	（名）	发源地、发祥地
共催（きょうさい）③	（名）	共同主办
全盛（ぜんせ）⓪	（名・形动）	全盛，极盛
当てる（あてる）①	（他动・二类）	打，贴上，放上
吹き込む（ふきこむ）⓪	（自他・一类）	吹入、教唆、唆使
敢えて（あえて）①	（副）	敢，硬，勉强
スポット②	（名）	黑点、污点，地点
務める（つとめる）③	（他动・二类）	担任……职务
取り組み（とりくみ）③	（名）	搭配、配合
新風（しんぷう）⓪	（名）	新风气、新做法

（三）

動かす（うごかす）③	（他動・一类）	活动，摇动，移动
ロボット①	（名）	机器人，傀儡
引き受ける（ひきうける）④	（他动）	承担、负责
介護（かいご）①	（名・他动・三类）	看护、护理
抗がん剤（こうがんざい）	（名）	抗生剂
投与（とうよ）①	（名・他动・三类）	投于、扔给
妨げ（さまたげ）⓪	（名）	妨碍、阻碍
生存率（せいぞんりつ）③	（名）	生存率
コンビ①	（名）	搭档、搭配、配合
向上する（こうじょうする）⓪	（自动・三类）	进展

文法

（一）

1. ことだ（車内ポスターや駅の広告を担当する広告代理店の社員の<u>ことだ</u>。）

接续：名词＋のことだ；动词原形、动词未然形＋ことだ；

释义：应该……，最好……，必须……

〇 休みには勉強のことなど忘れて、十分に楽しむことだ。

　　（休息时就该忘记学习，玩个痛快。）

〇 大学の生活をどのように過ごすかは自分のことだ。

　　（到了大学之后怎样度过大学生活，是自己的事情。）

2. ～ざるを得ない（緊急にスポンサーから注文をライバル社に譲ってもらわ<u>ざるを得ない</u>。）

接续：动词未然性＋ざるを得ない；

释义：不得不……

〇 バスが途中で故障してしまったので、帰らざるを得なかった。

　　（半路上车坏了，又不得不回来。）

〇 授業が始まったので、携帯をしめざるを得ない。

　　（由于上课了，不得不把手机收起来。）

3. ごろ（朝、会社に出勤し、情報力をたうかんで、クラブに現れ、午後4時<u>ごろ</u>まで交渉をする。）

接续：体言+ごろ；

释义：……时分；……前后，……左右；正好的时候。

○ 10月20日頃から水泳を始めようとしている。

（10月20日左右打算开始游泳。）

○ iPhone5は手頃な大きさで使いやすいだ。

（苹果5手机拿在手里大小正合适。）

4. ～によると（JR東日本企画によると、通勤通学者が1日にJRの電車に乗る時間は往復で平均1時間13分である。）

接续：名词+によると；

释义：表示消息或者判断的出处。

○ 聞くところによると、彼は日本へ留学しに行くらしい。

（听说他要去日本留学。）

○ 天気予報によると明日大雨だそうだ。

（根据天气预报，明天有雨。）

（二）

5. という（「パラパラマンガ」という名前を聞いたことがあるだろうか。）

接续：体言／形／形容动词词干／动（简体）+という；

释义：叫做；表示传闻，听说。

○ 彼の名前田中という。

（他叫田中。）

○ 人は彼を天才という。

（人们称他为天才。）

6. そうもない（この芸術の範疇に入れそうもない「創作」が、アニメやメイドカフェなどの日本の新文化発祥地である秋葉原で、今大人気になっている。）

接续：接在动词连用形后；

释义：没有要……的样子，不可能……

○ 雨がやみそうもない。

（雨没有要停的样子。）

○ しゃべりぱなして、帰りそうもない。

（看那聊天的样子，没有回去的意思。）

第六課

練習

一、次ぎの漢字に振り仮名をつけなさい。

予想（　　）　不自由（　　）　芸術（　　）　印象（　　）
都合（　　）　共催（　　）　情報力（　　）　抽選会（　　）
範疇（　　）　達（　　）す　往復（　　）　開催（　　）
影響（　　）　狭（　　）い　融通（　　）　小物（　　）
人間（　　）　面白（　　）い　隅（　　）　私鉄（　　）

二、次ぎの片仮名に適当な漢字をかきなさい。

クルマイス（　　）　カク（　　）　　　　　カガクジュツ（　　）
カイコ（　　）　　アエテ（　　）　　　　フ（　）キコ（　）ム
キソ（　）イアウ　アツカ（　）ウ　　　オ（　）シトオ（　）ス
ウト（　）メ　　　シンポ（　　）　　　ヌ（　）ク
モト（　）メル　　キハツ（　　）　　　ハッショウチ（　　）
ヒョウカ（　　）　ヒ（　）キウ（　）ケテ　カンセイ（　　）
オウボ（　　）　　レンゾク（　　）

三、文章（一）を読んで、後の問いに答えなさい。答えは、①・②・③・④から最も適当なものを一つ選びなさい。

問一　（①）に適切なものはどれか。
① ついて
② とって
③ たいして
④ ついては

問二　（②）に適切なものはどれか。
① そろそろ
② 全然
③ ついに
④ 緊急に

問三　③「狭い広告空間だから、いつも自分だけの都合で、無理を押し通す

ことはできない。」での「押し通す」という意味に当てはまるのは（どれか）。
　①　無茶を通す
　②　姿勢を変える
　③　無理しない
　④　信念を守れない
問四　（　④　）に適切なものはどれか。
　①　人気を集める
　②　計画を考える
　③　創意工夫を加える
　④　知恵を絞る
問五　本文内容とあったものを選びなさい。
　①　JR東日本企画によると、通勤通学者が1日にJRの電車に乗る時間は片道で平均1時間ほどである。
　②　ラジオを抜いて、テレビ、新聞、雑誌に次ぐ第4広告メデイアといわれているのがスペース広告である。
　③　乗客は、様々なポスターにスポンサー会社の代理店の名を読み取っている。
　④　空間広告は広告メディアとして位置づけは難しい。

四、文章(二)を読んで、後の問いに答えなさい。答えは、①・②・③・④から最も適当なものを一つ選びなさい。
問一　（　①　）に適切なものはどれか。
　①　一部一部
　②　一枚一枚
　③　一文字一文字
　④　一点一点
問二　本文内容とあったものを選びなさい。
　①　「秋葉原パラパラマンガフェスタ2006」に応募した人のみ参加可能である。
　②　パラパラマンガフェスタは年中開催する活動である。
　③　審査員は「ストーリー性」「独創性」「芸術性」「科学性」などの角度から優秀賞を評価する。
　④　主催者は新しい文化の創造に新風を吹き込むことを期待している。

五、文章（三）を読んで、次ぎの問いに対する最も適当な答えを①・②・③・④から一つ選びなさい。

問一　本文内容に合わないものはどれか。

① 十年後の家庭では科学技術の進歩によりロボット世代を迎える。

② 人間が操作しなくても動く掃除機と、家具や小物を動かすロボットのコンビが掃除を引き受ける。

③ 体が不自由な人の介護にはベッドから車いすへの移動をロボットが手伝う。

④ 医療では、抗がん剤投与の技術の進歩などでがんの５年生存率が現在より20％向上する。

読解技法

如何做因果关系题

此种题目的常见设问形式如下：

① （　）のは、なぜか。
② （　）とあるが、なぜ……のか。
③ （　）とあるが、それはなぜか。
④ （　）とあるが、何の原因か。
⑤ （　）とあるが、その理由として正しいものはどれか。
⑥ （　）とあるが、それは何のためか。
⑦ （　）とあるが、なぜだと考えられるか。
⑧ （　）とあるが、筆者はなぜそう感じたのか。
⑨ （　）とあるが、そう思うのはなぜか。
⑩ （　）とはなぜか。文章全体から考えて答えなさい。
⑪ （　）とはあるが、どうして……のか。
⑫ （　）と考えたのは、なぜか。
⑬ （　）理由としてかんがえられることは次のうちのどれか。

　　此题型大多是根据结果来分析原因，做这种题时我们可以从下面几方面入手：1.注意寻找提示因果关系的信号词；2.注意提示因果关系的修饰语和限定语；3.注意代表结果的词语，综合内容判断因果关系。

　　例1：

　　よく知っている人が遠くに見えたとする。遠ければ遠いほど、その人は小さく見える。これはだれでもわかっていることである。が、もし、その人が五円玉の穴の中に収まるほどにしか見えなくても、頭の中では身長をちゃんと思い浮かべているのがふつうである。五円玉の穴の中に収まるくらい小さくなってしまったとは思わないのである。小さく見えるということで距離を感じ、頭の中で元に大きさにちかづけて解釈しているのである。人に限らず、道の幅にしても四角や、丸の形にしても、それをどんな角度から見ていたとしても、元の大きさ、形を感じ取るという習慣がついているのである。（1995年2級真題）

　　問題：「五円玉の穴の中に収まるくらい小さくなってしまったとは思わない」とはあるが、それはなぜか。

　　①いろいろな角度から見るから。

　　②元の大きさを思い浮かべるから。

　　③その人がよく知っている人だから。

　　④元の大きさがわからないから。

　　在文章中直接寻找答案，可看到有信号词"〜のである"的句子。

　　细看"〜としても、元の大きさ、形を感じ取るという習慣がついているのである。（无论……，已经形成了能感觉到其原来的大小和形状的习惯）。

　　从选项看正确答案应是②。

　　例2：

　　10年前のことですが、そのころ小学校1年生だった娘が帰宅し、おやつを食べながら「私のお母さんって何もしていない人でしょう」と可愛い口元を動かしながら言いました。社会の「働く人々」という単元で、親の仕事について勉強したらしいのです。ショックでした。結婚以来、体力的に家庭と仕事の両立は難しいと思い、ずっと専業主婦として家を守ってきたのに、幼い娘にとって主婦という立場は「働く人々」の中には入れてもらえなかったのです。（1993年2級真題）

　　問題：「ショック」だったのは、なぜか。

　　①娘が成長したことに初めて気が付いたから。

②娘にとって筆者は「働く人々」には入らないから。
③小学校では間違ったことを教えていると考えたから。
④自分が仕事をした経験がないことに気が付いたから。

在"ショックでした（大吃一惊）"后面的句子较长，采用表示说明的句子"〜のです"，其结构是"〜と思い、〜てきたのに（本来去我想……所以一直……）""〜にとって、〜は〜には入れてもらえなかったのです（但对于……来说，……没有被看作……）"，其中最主要的部分是"〜は〜には入れてもらえなかった（……没有被……看作……）。这就是大吃一惊的原因。

正确答案是②。

例3：

次の文章は、ある電力会社の広告の一部である。（1999年2級真題）

将来を見据えた電力の確保とともに、
電力ピークの伸びを抑えることにつとめています。
みなさまのご協力をお願いします。
電気は貯めることができないため、1年のうちで電気が最も使われる真夏のピークにあわせて設備を作らなければなりません。しかし、発電所の建設には10年から20年という長い期間が必要です。つまり、いまみなさまにお使いいただいている電気は10年〜20年前に建設を始めた設備が作り出している電気なのです。

問題：この会社はなぜ電力のピークが伸びないようにつとめているのか。
①電気は貯めることができないため、発電所をたくさん建設しても効果がないから。
②使用量が伸びなければ、20年以上たった古い発電所を減らすことができるから。
③用量が伸びると、時間をかけてあらたに発電所を建設しなけれがならないから。
④使用量が減れば、10年以上も前に作った電気を使用しなくてもいいから。

答案句是"電気は貯めることができないため、1年のうちで電気が最も使われる真夏のピークにあわせて設備を作らなければなりません（因为电无法储存，所以必须按一年中盛夏用电的高峰值建设电站）"。根据这句话判断，选项①后半段"発電所をたくさん建設しても効果がないから（建再多的发电

站也没用）"不对；选项②也不对；选项④，"10年以上も前に作った電気（十多年前生产的电力）"与"電気は貯めることができない（电无法储存）"不合。

所以正确答案为③。

例4：

健康的にやせるには、運動は必要不可欠です。やせるためには、運動で１日３００kacal消費を目標にします。

ところで、運動が好きでない人や、これまで何もやってない人におすすめしたいのが、歩くことです。よく「１日１万歩」といわれますが、さっさと歩けば少なくとも２５０-３００kacalを消費します。（1997年２級真題）

問題：なぜ「１日１万歩」と言われるのか。

①速く歩けば３００kacalぐらい消費するから。

②人が１日に歩ける最大の歩数だから。

③一万歩を歩くためには１日かかるから。

④１日ゆっくり歩くと一万歩になるから。

答案是①。

言語文化コラム

ごめん

許す意味「免」に尊敬の接頭語「御」についた言葉で、鎌倉時代から見られる。本来は、許す人を敬う言い方として用いられたが、室町前期には許しを求める言い方で、相手の寛容を望んだり自分の無礼を詫びる表現になっていった。ごめんとは、自分の失礼に対して許しを請うたり、謝罪の意を表すときにいう言葉で、また他家を訪問した際の挨拶の言葉である。そして拒絶の意を表す言葉でもある。「ごめんあれ」「御めん候へ」などの形で初めは使われていたが、「ごめんくだされ」やその省略の「ごめん」が多く用いられるようになった。

「免」の訓読みは二つある。一つは「まぬかれる」であり、もう一つは「ゆるす」である。前者は逃れるという意味で、「責任を免れる」、「戦火を免れる」などと使う。後者は許すという意味で、「罪を免す」、「学費を免す」などと使う。前者はいま普通は「免れる」、後者は「免す」か「許す」と書いている。「ごめん」の現代的な使い方はおもに「ゆるす」によるものである。現代よく使う「ごめん」は「ごめんなさい」を省略したもので、語言やコミュニケーションに大切な役割を果たしている。

第六課

　「ごめんなさい」は謝罪するときに言う言葉である。「すみません」は謝る、礼を言う、頼み事をする時などに使う。親しいか親しくないかということには関係なく、素直に謝罪の気持ちを表すなら「ごめんなさい」で良い。もちろん「すみません」でもかまわない。「すみません」は「済まないことをした」という自分の非を認める表現である。「ごめんなさい」は「赦してくれ」という相手の赦しを願い求める表現である。「ごめんなさい」と「すみません」の違いは、相手との関係が最も大きく関わっている。

　基本的に「です」「ます」を使って話す相手には「すみません」を使うのが適当だと考えて差し支えない。友達同士や家族やごく親しい目下など、いわゆる「ため口」で話す相手に対しては、「ごめん」または「ごめんなさい」のほうが適切な場合が多いのではないだろうか。

　「ごめん」より、「ごめんなさい」のほうが上品で丁寧な印象があるので、女性は「ごめんなさい」のほうを多く使うかもしれない。しかし最近は女性言葉が減少する傾向にあるようなので、若い人はあまり言わないかもしれない。

　陳謝する内容の度合いによっても、使い分けがあるだろう。通常「ごめん」を使う相手に大変な迷惑や負担をかけたときは、「すみません」ではなく「もうしわけない」を使う。謝罪する場合の「すみません。」「ごめんなさい。」「申し訳ありません。」であるが、その違いは、謝罪の意識が深いかどうかということではない。謝罪する相手によって、使い分けるのである。

　「ごめんなさい」は、ビジネスの場では使わない。親しい友人とか家族間で使う言葉である。ビジネスの場では、「申し訳ありません」を使うのがよい。日常生活で、それほど親しくない相手や目上の人には、「すみません」あるいは「申し訳ありません」を使う。

　日常生活で、友達や家族などとの間係をよくするため、頻繁に「ごめんなさい」を使ってほしい。

・迷惑かけてごめんなさい。
・優しく出来なくてごめんなさい。
・大切にできなくてごめんなさい。
・良い子じゃなくてごめんなさい。
・悪いパートナーでごめんなさい。
・愛してあげられなくてごめんなさい。
・傷つけてごめんなさい。
・助けてあげられなくてごめんなさい。
・受け取れなくてごめんなさい。

第七課

――――（一） 地上に舞い降りた宇宙船 ――――

　球形、円柱形、立方体など、さまざまな色と形が交錯する宇宙船が舞い降りたのかと錯覚するような日本の伝統的集合住宅の観念を（ ① ）この建築物には、これもまた独特な「三鷹天命反転住宅 In Memory of Helen Keller」という名前が付けられている。

　場所は東京都三鷹市の住宅街である。3階建てで延べ面積は761㎡、住戸タイプは2DKと3DKの二種類があり、面積は52㎡～61㎡、全部で9戸である。

　この集合住宅は国際的美術家の荒川修作氏と詩人のマドリン・ギンズ氏の二人が共同設計したもので、目的は「空間を感じ、個性を解放し、人間の死に向かう宿命を（ ② ）」ことにある。そのためには「人間が本来持っていた感覚を呼び起こし、さらには新しい感覚を生み出す」ことが重要で、③それを実現するために「真に身体を使用することができる場所が必要」なのだという。さてどんな家なのか、探検してみよう。

　外部と内部には、それぞれ14種の色鮮やかな塗料が塗られている。住戸の中央キッチンとリビングダイニングで、色も形もさまざまな部屋がそれを取り囲んでいる。シャワーブースが円柱形の部屋にあり、その裏側にトイレがある。天井はコンクリート製で、そこには電気配線と金属フックが取り付けてある。また、インターホンが傾斜しており、高さ2mの位置に照明のスイッチが付いている。

　住居では各部屋を仕切る壁が、すべて湾曲している。床もわずかに傾斜して、表面がでこぼこしている。この小さな「街」の中で毎日「偶然性」と「不思議」を体感することに慣れてくると、そこから「好奇心」や「意欲」が生まれ、さらに「心」の成長がうながされるという。また、「孤独にならない部屋」は球形構造で、発生した音が幾重にも重なって反響する。「三鷹天命反転住宅」には他に、住居の屋上を緑化する、段々畑のような農園を作る、有機野菜を栽培するなどの構想もある。

　三鷹市と（株）まちづくり三鷹によるSOHO支援事業の一環として、3戸がホームオフィスとして貸し出される。この奇抜で、ちょっと見たところ不自由そうに

見えるアート空間で、人々はどんな斬新な発見をするのだろうか？無限の潜在能力を目覚めさせた未来人が、三鷹市で誕生するのかもしれない。

──（二）　無視された「安全」──

　安全な車の製造は自動車メーカーの当然の責任だ。製造した車に欠陥を見付けた場合、欠陥を考証し、そして利用者に広く注意を喚起した上で、無料で欠陥の部品を交換するリコールを行うことが法律で求められている。しかし、三菱は利用者から寄せられたトラブルや事故の情報に対して安全を優先した対応を取らなかった。人命を脅かしかねない危険な欠陥を隠し、そして放置し続けていたことが明らかになっている。欠陥が隠されていた車種はこれまで明らかになったもので28車種で、73万台を超えている。トラックやバスではすべての車種で欠陥が見つかっている。そして欠陥によってもたらされた事故や火災、これまで明らかになったもので、160件、二人の方が死亡している。安全意識の低い三菱の車に対する信頼は失われた。

　三菱自動車がリコールの代わりに選んだのはヤミ改修だった。ヤミ改修とは欠陥をユーザーにも国にも知らせないで定期点検などのついでに密かに部品の交換や修理をする違法の改修だ。ヤミ改修の指示書はが外部の人に分からないようにタイトルは数字で書かれている。その横にある星マークが事故に繋がる危険度を表している。星二つは急いで改修するように指示したものだ。三菱自動車はこうしたヤミ改修を少なくとも20年以上前からさまざまな車で繰り返した。また、国の監査を凌ぐ方法を事細かに指示している。抜打ちで国の担当者が来た場合まずやることは、お茶や食事でもてなすこと、資料を隠す時間を稼ぐためだ。

──（三）　男性用化粧水の売り上げ増加──

　経済産業省によると男性用化粧水の２００５年１～１０月の売り上げは前年同期に比べ約１５％増加した。以前の購買層は主に２０代から３０代だったが、子どもが自立して経済的余裕ができた中高年層の参入が増加の一因とみている。日本橋のあるデパートでは男性客の７割が５０歳を超えているという。客の一人に

聞くと、独身だったころは男性の化粧水が流行り自分も使っていたが。結婚後は余裕がなくなり手洗い用のせっけんで洗顔もしたりした。だが、最近は肌の老化が目立ってきたので、投資の意味で化粧水を使いはじめたという話だった。

単語

(一)

交錯（こうさく）⓪	(名・自動・三类)	交错，错杂
舞い降りる（まいおりる）④	(自動・二类)	飘落
住戸（じゅうこ）①	(名)	住户
宿命（しゅくめい）⓪	(名)	宿命
鮮やか（あざやか）②	(形動)	鲜明，精湛
呼び起こす（よびおこす）④	(他動・二类)	唤醒、叫醒
うながす⓪③	(他動)	催促、促使
傾斜（けいしゃ）⓪	(名・自動・三类)	倾斜，倾向
湾曲（わんきょく）⓪	(名・自動・三类)	弯曲
貸し出す（かしだす）③	(他動・一类)	出借，贷款
奇抜（きばつ）⓪	(形動・名)	出奇，优异
斬新（ざんしん）⓪	(形動)	崭新，新颖

(二)

欠陥（けっかん）⓪	(名)	缺陷、缺点
脅かす（おびやかす）④	(他動・一类)	威胁、威慑
放置（ほうち）⓪	(名・他動・三类)	放置，置之不顾
繋がる（つながる）⓪	(自動詞・五段／一类)	被……缠住
凌ぐ（しのぐ）②	(他動・一类)	忍耐，抵御，躲避
抜打ち（ぬきうち）⓪	(名)	突然袭击

(三)

増加（ぞうか）⓪	(名・自他・三类)	增加、增多
超える（こえる）⓪	(自動・二类)	超过、超出
独身（どくしん）⓪	(名)	独身、单身

売り上げ（うりあげ）⓪	（名）	销售额、营业额
洗顔（せんがん）⓪	（名・自动・三类）	洗脸
主に（おもに）①	（副）	主要、多半
余裕（よゆう）⓪	（名）	富余、充裕
目立つ（めだつ）②	（自动・一类）	显眼、引人注目

文法

（一）

1. …に慣れる（この小さな「街」の中で毎日「偶然性」と「不思議」を体感することに慣れてくると）

接续：名词＋に慣れる；

释义：习惯，习以为常。

○ パン食に慣れる。
（习惯吃面包。）

○ 日本の生活に慣れる。
（适应了日本的生活。）

2. ところ（この奇抜で、ちょっと見たところ不自由そうに見えるアート空間で、人々はどんな斬新な発見をするのだろうか？）

接续：动词辞书形／动词ている／动词た形＋ところだ；

释义：就要，正在；刚刚结束。

○ 会議がいま始まるところだ。
（会议马上就要开始。）

○ 今調べているところだ。
（正在调查。）

（二）

3. 求められている（無料で欠陥の部品を交換するリコールを行うことが法律で求められている。）

接续：名词＋が求められている；

释义：渴望，希望，要求。

○ 環境問題を自分の問題として考えることが求められている。

（需要把环境问题作为自己的问题进行考虑。）

○ 安全安定した社会づくりが求められている。

（要求全面建设安全、安定的和谐社会。）

4. 代わりに（三菱自動車がリコールの代わりに選んだのはヤミ改修だった。）

接续：名词＋の＋かわりに；动词连体形＋かわりに；动词连用形＋かわりに；

释义：替代、补偿。

○ 現金で払うかわりにカードで払う。

（不用现金，用信用卡支付。）

○ 今日は母のかわりにごあいさつに伺いました。

（今天代表母亲来问候您。）

（三）

5. によると（経済産業省によると男性用化粧水の2005年1～10月の売り上げは前年同期に比べやく15％増加した。）

接续：名词＋によると；

释义：表示信息来源，通常与表示传闻的句型搭配使用。

○ 天気予報によると、また東北地方で地震があったということだ。

（据天气预报说，东北地区又发生了地震。）

○ 聞くところによると、彼留学しに行くらしい。

（听说他要去留学。）

📌 練　習

一、次ぎの漢字に振り仮名をつけなさい。

売（　）り上（　）げ　　増加（　）　　奇抜（　）　　見（　）せ付（　）け

超（　）えて　　　　　　投資（　）　　仕切（　）る　　求（　）める

独身（　）　　　　　　　舞（　）い　　表面（　）　　寄（　）せる

老化（　）　　　　　　　錯覚（　）　　製造（　）　　隠（　）し

余裕（　）　　　　　　　宿命（　）　　欠陥（　）　　脅（　）かし

二、次ぎの片仮名に適当な漢字をかきなさい。

ジリツ（　）　　コウサク（　）　　ウラガワ（　）　　コ（　）エル

サンニュウ（　）　メンセキ（　）　ショウメイ（　）　ツナ（　）ガル

第七課

ロウカ（　）	セッケイ（　）	リョッカ（　）	ウ（　）チ
ハダ（　）	タンケン（　）	タイヨウ（　）	シノ（　）グ
センガン（　）	ヌ（　）ル	ウシナ（　）ウ	カセ（　）グ

三、文章（一）を読んで、次ぎの問いに対する最も適当な答えを①・②・③・④から一つ選びなさい。

 問一　（①）に適切なものはどれか。
  ①　覆す
  ②　打ち倒す
  ③　裏返す
  ④　反転させる
 問二　（②）に適切なものはどれか。
  ①　覆す
  ②　打ち倒す
  ③　裏返す
  ④　反転させる
 問三　③「それ」の示す対象にならないものはどれか。
  ①　空間性
  ②　個性
  ③　宿命感
  ④　人間性
 問四　現にある三鷹天命反転住宅の構造特徴ではないのはどれか。
  ①　仕切り壁の湾曲
  ②　内外色の鮮やかさ
  ③　ぎざぎざな床
  ④　有機野菜栽培場
 問五　次の本文内容と最もあったものはどれか。
  ①　反転住宅は人間が本来持っていた感覚を呼び起こし、死への宿命感を生み出す。
  ②　シャワーブースが長方形の部屋にあり、その裏側にトイレがある。
  ③　その大きな「街」の中で「偶然性」と「不思議」を体感し、「心」の成長がうながされる。

④　無限の潜在能力を目覚めさせる未来人が新しい空間を構築していく。

四、文章（二）を読んで、次ぎの問いに対する最も適当な答えを①・②・③・④から一つ選びなさい。

問一　三菱自動車での欠陥隠しの事情にあっているものはどれか。
①　三菱は利用者から寄せられたトラブルや事故の情報に対して安全を優先した態様をとった。
②　人命を脅かさない危険な欠陥を放置した。
③　欠陥が隠した車種はこれまで明らかになったもので73車種で、28万台を超えている。
④　トラックやバスでは全車種で欠陥が見つかっている。

問二　本文内容とあっていないものはどれか。
①　ヤミ改修とは欠陥をユーザーにも国にも知らせないで定期点検などのついでに密かに部品の交換や修理をする違法の改修だ。
②　ヤミ改修の指示書の中で星一つは緊急改修車ではない。
③　抜打ちで国の担当者が来た場合事細かに報告をする。
④　三菱自動車はヤミ改修を20年以上前から繰り返していた。

五、文章（三）を読んで、次ぎの問いに対する最も適当な答えを①・②・③・④から一つ選びなさい。

問一　本文内容にあっているものはどれか。
①　経済産業省によると男性用化粧水の2005年1～10月の売り上げは前年に比べやく１５％増加した。
②　前の購買層は主に10代から20代だったが、子どもが自立して経済的余裕ができた中高年層の参入も著しい。
③　日本橋のあるデパートでは男性客の７割が５０歳を超えている。
④　結婚後、余裕はあったが老化が目立たなかったため手洗い用のせっけんで洗顔をした。

第七課

読解技法

如何做判断正误题

答题时首先要仔细阅读原文，在充分掌握文章的主要内容和作者的主要观点之后，再逐一对照问题后面的每个选项判断是否正确。

> ①（　）についてこの文章からわかることは何か。
> ②（　）についての文で正しいものはどれか。
> ③ 上の文章の内容と合っているものはどれか。
> ④ この文章の内容と合っている組み合わせを選びなさい。
> ⑤（　）の説明として正しいものはどれか。
> ⑥ この手紙を書いた人のことを正しい説明している文はどれか。

例1：

野口英世（1876～1928）は、黄熱病の研究で有名な学者である。苦労して医学の勉強をしたが、有名な大学を出ていなかったため、当時の日本ではいい仕事が得られなかった。そこで、彼は可能性を求めてアメリカに留学した。アメリカでは研究が認められ、博士号を受け、ロックフェラー医学研究所の研究員になることができた。野口英世は日本で生まれて育ったが、彼を一流の研究者に育てたのは、自由なアメリカの医学界である。日本人は野口英世を日本の医学者と考えているが、アメリカ人は彼をアメリカの医学者と考える。（1993年2級真題）

問題：この文章の内容と合っているものはどれか。

① 野口英世は招かれてアメリカに留学した。
② 彼はアメリカで医学の勉強を始めた。
③ 彼はアメリカで一流の研究者になった。
④ 彼はアメリカでは日本の医学者と考えられている。

从"苦労して医学の勉強をしたが、有名な大学を出ていなかったため、当時の日本ではいい仕事が得られなかった"可以看出野口英世是在日本开始学医的，所以选项②不正确。从"そこで、彼は可能性を求めてアメリカに留学した"可看出野口英世是自己去的美国而不是被邀请的，所以选项①不正确。从"アメリカ人は彼をアメリカの医学者と考える"可看出美国人把他看作美国的医学家，所以选项④不正确。

正确答案是③。

例2：

先日は、旅行の直前に風邪をひいてしまい、大変失礼しました。みなさまからいただいた絵はがきに旅行の楽しいようすが書いてあり、あらためて、参加できなかったことを残念に思いました。

先月、「旅行にいっしょにいきませんか」と誘ってくださったとき、とてもうれしくて、いろいろ準備をしていたのですが、旅行の前日からせきがとまらなくなってしまいました。頭が痛いわけでも、熱があるわけでもなかったのですが、みなさまにご迷惑をおかけしてはいけないと思い、ご一緒するのを遠慮させていただきました。急なことで、本当に申し訳ございませんでした。今度はぜひいきたいと思っておりますので、またおさそいくださいませ、どうぞよろしくお願いします。（1999年2級真題）

問題：この手紙を書いた人のことを正しく説明している文はどれか。

① 風邪をひいて頭も痛いし熱もあったため、旅行に参加できず、申し訳ないとおもっている。

② 頭痛も熱もなかったが、みんなに迷惑をかけてはいけないと思い、旅行に参加しなかった。

③ 旅行に参加したとき、頭痛と高熱のためにみんなに迷惑をかけ、申し訳なく思っている。

④ 風邪をひいて迷惑をかけてしまうのではないかと思ったが、遠慮しながら旅行に参加した。

从"頭が痛いわけでも、熱があるわけでもなかったのですが"可看出选项①和③都不正确。从"みなさまにご迷惑をおかけしてはいけないと思い、ご一緒するのを遠慮させていただきました"可看出作者并没去参加旅行，所以选项④不正确。

正确答案应是②。

例3：

京都大学霊長類研究所には「アイ」という有名なチンパンジーが飼われています。研究所ではチンパンジーに言葉を覚えさせる研究をしているのですが、このアイはすでに約１００の言葉を覚えていて、１けたの数字なら５つまで同時に記憶できるようです。

最近、アイには赤ちゃんが生まれ、「アユム」という名前がつけられました。アイが覚えた言葉や知識をアユムにどう伝えるかなど、研究もさらに広がりそうで楽しみです。(2003年真題)

問題：この文章の内容と合っているものはどれか。
① アイは１００の言葉を同時に記憶することができる。
② アイの覚えた言葉はアユムも覚えることができる
③ アイは数字の３と４を同時に記憶することができる
④ アイはアユムが言葉を覚えるのを楽しみにしている。

从"１けたの数字なら５つまで同時に記憶できるようです"句中可看出选项③是正确答案。选项①错在"同時に"，选项②和④文中并未提到，所以不正确。

答案是③。

例４：
たとえば、メニューに次の二通りがあったとする。
　Ａ　コーヒー３８０円　紅茶３８０円　ミルク３８０円
　Ｂ　コーヒー３８０円　紅茶４００円　ミルク４２０円
どちらのメニューが、すぐれた値段設定かおわかりだろうか。
答えは、Ｂである。

Ａのメニューでは値段に差がないので、どれにも平均的に注文がくるかもしれない。しかし、現実にどの商品も同じぐらいの注文に応じるには、仕入れや準備に手間がかかる。ムダをはぶくには、主力商品を決め、それを集中的に売る方が効率がいい。

つまり、Ｂのメニューでは、意識的にミルクの値段を高く設定することで「おとり商品」としているのである。ミルクの注文は少なくなるだろうが、そのかわり、コーヒーは割安に感じ、注文が集中することになる。

儲かっている喫茶店では、たいていこんな方法でおとり商品をうまく利用している。（２０００年真題）

問題：「おとり商品」の説明として正しいものはどれか。
① 他のよく売れる商品と同じ値段にしてある商品
② 手間や無駄がはぶけるから値段を安くできる商品
③ 値段が安く感じられ、注文が集中するような商品
④ 少し値段を高くして、注文が来ないようにする商品

答案句是"〜意識的にミルクの値段を高く設定することで「おとり商品」としているのである（有意识地提高牛奶的价格，使其成为"掉价品"）。考虑上文，并非指"どれにも平均的に注文がくる（每种都买点儿）"，但是"どの商品も同じぐらいの注文に応じるには、仕入れや準備に手間がかかる（每

个品种都一样受理，相应备料、做准备就要花工夫）"。因此"ムダをはぶくには、主力商品を決め、それを集中的に売る方が効率がいい。（为减少浪费，以确定主推品种、集中促销，才是高效的做法）"。

显然，选项①不对，选项②"値段を安くできる"、③"値段が安く感じられ"都与文意正好相反。

所以正确答案是选项④。

言語文化コラム

お礼

「礼」は中日文化の大切なものであり、「仁」「義」「礼」「智」「信」はそのシンボルである。日本語には次のルールがある。尊敬や丁寧を表すとき、漢語のことばの前に「ご」、和語のことばの前に「お」をつければ良い。「礼」は漢語であるが、「お」をつける。これは日本人が「礼」を和語と認めたからである。すでにそれは日本文化の一部になっている。

「礼」によることばは多い。たとえば、社会礼儀として「礼儀」「礼法」「礼節」「守礼」「礼楽」などがある。儀式制度としては「典礼」「祭礼」「婚礼」「葬礼」「朝礼」「拝礼」「答礼」「巡礼」「礼拝」「礼賛」などで、その反対語として「失礼」「無礼」「非礼」などがあり、また感謝の言葉として「謝礼」「返礼」「礼状」「礼金」「礼物」「お礼」などが挙げられる。

親切にされたり優しくされたりすると、その好意を向けてくれた人に、好意を返したいという心理が働く。これは「好意の返報性」という心理用語で知られている。自分に対して好意を示したり、よい評価をしてくれる人物に対して、好意を持つようになる。また逆に、自分を嫌ったり、悪い評価をする人物に対しては、嫌悪感を持つようになる。

人は自分の気持ちを他人に理解してもらうと、相手のことを知りたくなり、悲しみや苦悩なども一緒に背負いたくなるのである。心理的に、道徳的に、倫理的に、「お返しをしなくてはいけない」という気持ちが駆り立てられるのである。

夏目漱石の小説『坊ちゃん』に次のような描写がある。学校では正直な山嵐と陰謀家の赤シャツが対立している。坊ちゃんははじめ実情がわからなかったので、赤シャツの挑発で、かなり信用できる山嵐を疑う。「山嵐」が悪い奴だということだけ想像がついた。翌日、「おれ」は、山嵐におごってもらった氷水の1銭5厘を「奢られる理由がないから」と山嵐につき返した。

一方的に与えられるのは相手に対して悪い気持ちになり、「交換」という形にすることでそれ（気持ち）を落ち着けることができる。人は「交換」が大好きである。好意の返報性を使って、泣いている人を泣き止ませる方法がある。その（泣いている人に好意の返報性を働かせる）一番の方法は「一緒に泣く」である。

　「一緒に泣いてくれている」と感じるとうれしくなる。共感が生まれる。そして泣き止む。もしこれを「泣くな」と言ったり、泣いている理由とは関係ないことに話題を振ってしまうと、逆効果になってしまう。「人の気も知らないで」と理解されない思いが募り、気持ちを逆撫ですることになってしまう。それは関係が悪化する原因となる。人は自分の気持ちを誰かに理解してもらいたいのである。そして、理解してもらうとその人に好意を持つ。好意の返報性が上手く働く。

　お客様との良い関係を構築する「返報性の原理」。

　返報性の原理というのは、人間には受けた恩を必ず返そうという気持ちがあるということをいう。だから基本中の基本ではあるが、接客において相手に対する「おもてなしの心」「思いやりの心」を大切にすれば、相手から何かしらの形で返報があるはずである。

　日本語のことわざに「情けは人の為ならず」というものがあるが、まさに返報性の原理を表していると思う。なぜなら人に親切にすることは、相手のためになるだけではなく、巡り巡っていずれはよい報いとなって自分に返ってくるという意味を持つからである。

　そういったお互いを思いやる気持ちが絆を生み、長期的で良質な関係を構築することができるのではないだろうか。ちょっとしたことをコツコツと続けて、思いやりの輪を広げ、企業の持続的な成長につなげたい（と思う）。

　つぎはコミュニケーションのときに、「お礼」についてよく使うことばである。

　○感謝、謝意：
・お礼を述べる。
・まことにお礼の申しようもございません。
・厚くお礼を申しあげます。
・お礼のしるしに差しあげます。
　○感謝を表すために贈る品物のとき：
・おみやげのお礼になにをあげればいいだろうか。
・おほねおりのお礼ですからぜひ受けとってください。
・わずかばかりのお礼で恐縮ですが、お受けとりください。

第八課

（一） 練習

　人間は、不可能と思われたことを、つぎつぎと可能にしてきた。たとえば、鳥のように空を飛ぶことは、人類が大むかしから持っていた願いであったが、今日では、飛行機によって、どんな鳥よりもよく空を飛ぶことができるようになった。同じように、魚のように水をくぐることも、むかしは不可能であったが、今は潜水艇などによって、どんな魚よりもよく水をくぐることができるようになった。月の世界に行くなどといえば、むかしは、まったく実行不可能な空想であったが、今は、それが夢ではなく①なろうとしている。

　人間は、どのようにして、不可能を可能にしてきたのだろうか。わたしは、それは発明と練習によって行なわれたのだ、と思っている。飛行機が発明されて、空を飛べるようになったのだが、私は、自分で飛行機を操縦して空を飛ぶことはできない。飛行機を操縦するためのきびしい訓練を受けていないのだから、そんなことができようはずがない。

　わたしは、先ごろ、アメリカの宇宙旅行の研究所を視察した。そこには、われわれが見ても聞いてもわからないような、複雑な機械や装置が設けられていた。それとともに、そこで、飛行士たちがとても厳しい訓練を受けているのを見た。宇宙旅行という不可能を可能にする仕事に、多くの発明が使われるとともに、きびしい練習が積まれているのである。

　練習によって不可能を可能にする例として、水泳のことを考えてみよう。生まれたままの人間は、水に落ちるとおぼれて死ぬ。水泳を練習した者は、すぐに手足を動かして浮かぶ。人は、おぼれて死ぬ動物から、浮かんで生きる動物に変わるのである。これは、考えてみると、別種の生物になるというほどの飛躍だ。

　このように、練習によって不可能が可能になることは、われわれの身のまわりを見わたすと、ほとんど無数になる。野球のことを考えてみよう。野球を習ったことのない人にたまを投げてやると、決まって、たまが通ってしまったあとの空気を両手でつかむ。こうした人には、飛んでくるたまをバットという棒にで打ち当てることは、人間わざとは思えないだろう。投手板から本塁に向かって、ある

第八課

いはまっすぐ、あるいは右に曲げ、左に曲げというように、②思いのままに投げるとあっては、ほとんど信じがたいと言うほかないであろう。

このように、練習によって、われわれは、肉体的な能力を発達させることができる。そればかりでなく、練習によって、精神的な能力を発達させることもできるのである。水泳の高飛びこみの場合を考えてみよう。飛び込みは、高さ十メートルの所から行なうものである。初めてこの台に立った者は、だれでも、恐れずにはいられないだろう。十メートルの高さから落ちたのが水をたたく力は、そうとうはげしいもので、飛びこみの選手がかぶっている布の帽子は、練習を続けているうちに、裂けてぼろになってしまうという。ところが、練習をした青年はこうした衝撃をおそれない。男ばかりでなく、少女も平気である。高い台の端から、身をおどらせて、美しい形で水中に突入する。飛びこみ台の端に立って、足がすくんで座り込んでしまうのがふつうの人なら、彼らは、皆すばらしい勇者である。その勇気は単純なものかもしれない。③しかし、恐れに怯まないということは、立派な人間の美徳である。勇気という徳が、練習によって高められたのである。

ただ、練習というのは、けっして楽なものではない。それは、努力と辛抱とを必要とする。それは、水泳の練習ひとつをとっても明らかであろう。（ ④ ）、努力と辛抱を嫌う者には、練習できない。そのような練習ぎらいはいつの世にもあるが、このごろ、努力すること、辛抱することを嫌う傾向があるのではないだろうか。

前に述べたように、肉体的能力ばかりでなく、われわれの精神的能力も、また、明らかに練習によって高められるのであるから、もし、練習を軽く見るようなふうがあるならば、民族の将来のために、互いに戒めなければならない。

〔東京書籍株式会社、『新しい国語』（6下）〕

注1: 潜水艇（せんすいてい）潜水艇
注2: 操縦（そうじゅう）驾驶

（二） ダル社のエデン XPS

ダル社が薄さ約1cmという1枚のアルミ板のようなノートPCを投入した。「エデンXPS」は最も薄い部分が9.7mmで、最も厚い部分でも10.3mm。これまでの常識を（ ① ）ほどのスリムさを実現している。

（中略）

　センサーを指でなぞるとディスプレイがオープン。スリムな外見も相まって、こうした新しい仕掛けから"近未来ノート"という印象を受ける。液晶を開いた状態ではノート背面部分が高めのスタンドになり、キーボードはかなりの傾斜がつく。入力時にキーボード全体が多少ぐらつく感はあったが、キーピッチには余裕が感じられ、キー自体も安定している。

（『PC　Fan』2010年2月号）

（三）　食器洗い乾燥機で発火事故

　松下電器産業は、10月31日、卓上型の食器洗い乾燥機2機種で、使用中に発火事故が4件発生したと発表した。2001年5月から2002年5月にかけて製造したもので、この機種については使用中中止を呼びかけ、無料で部品を交換する。発火事故のうち1件はぼやを起こしたが、けが人は出ていない。発火の原因は、食器を乾燥させるときに温風を送り込むファンモーター。洗浄中に泡立ちすぎる、モーターがある底部に泡や水分が入り、モーターのコイルに傷がある場合はショートを繰り返すため、コイルの軸の樹脂が発火するということだ。

単　語

（一）

別種（べっしゅ）⓪	（名）	另一种类
身のまわり（みの回り）	（名）	日常生活
見わたす（みわたす）⓪	（他動・一类）	环视
バット（bat）①	（名）	球棒
打ち当てる（うちあてる）③	（他動）	击中
人間わざ（にんげんわざ）⓪	（名）	人力，人的技术
高飛びこみ（たかとびこみ）⓪	（名）	跳台跳水
衝撃（しょうげき）⓪	（名）	冲击、冲撞
突入（とつにゅう）⓪	（名）	突入、冲进
竦む（すくむ）③⓪	（自五）	畏缩

| 怯む（ひるむ）② | （自動・一类） | 畏惧、害怕 |
| 美徳（びとく）⓪ | （名） | 美徳 |

（二）
ディスプレイ③	（名）	液晶显示画面
相まって（あいまって）①	（接続）	互相结合、互起作用
傾斜（けいしゃ）⓪	（名・自動・三类）	倾斜
余裕（よゆう）⓪	（名）	富裕，充裕

（三）
発火（はっか）⓪	（名・自動・三类）	点火、起火
送り込む（おくりこむ）④	（他動・一类）	送到、带到
温風（おんぷう）⓪	（名）	温风
泡立ち（あわだち）⓪	（名）	起泡沫
呼びかける（よびかける）④	（他動・二类）	打招呼，呼吁
機種（きしゅ）①	（名）	机种、机型
無料（むりょう）⓪	（名）	免费
繰り返す（くりかえす）⓪③	（他動・一类）	反复、重复

文法

（一）

1. ～う（よう）としている（それが夢ではなくなろうとしている。）

接続：动词意志形+（う）ようとする；

释义：想要……，就要……，即将……

○ 出かけようとした時に電話がきた。

（正要出去的时候，来电话了。）

○ うちへ帰ろうとした時に、雨が降りだした。

（正要回家的时候，下起雨来。）

2. はずがない（飛行機を操縦するためのきびしい訓練を受けていないのだから、そんなことができようはずがない。）

接続：名词+の+はずがない；用言连体形+はずがない；

释义：不可能……，不会……
○ 今日の朝彼女に知らせたので、知らないはずがない。
　　（刚刚和他说过，他没有道理不知道。）
○ そんなことは子供に分かるはずがない。
　　（那种事小孩子不可能会懂。）

3. まま（思いのままに投げるとあっては、ほとんど信じがたいと言うほかないであろう。）
接续：名词+の；连体词/动词た形+まま；
释义：保持着……原样，就那样……
○ 靴を履いたまま入ってきた。
　　（穿着鞋就进屋了。）
○ メガネをかけたまま寝てしまった。
　　（带着眼镜就睡着了。）

4. がたい（思いのままに投げるとあっては、ほとんど信じがたいと言うほかないであろう。）
接续：动词连用形+がたい；
释义：难以……
○ 今度の体験は忘れがたいものだ。
　　（此次经历真是难忘。）
○ 彼の気持ちは本当に理解しがたい。
　　（他的心思难以理解。）

（二）

5. ほど（これまでの常識を［　］ほどのスリムさを実現している。）
接续：用言连体形+ほど；名词+ほど；
释义：大体，大致的行动；越……越……，再也没有……；没有比……更……
○ 八月も暑いが、七月ほどではない。
　　（8月也很热，但没7月那么热。）
○ 読めば読むほどおもしろい。
　　（越读越有意思。）
○ 戦争ほど悲惨なものはない。
　　（没有比战争更残酷的了。）

(三)

6. にかけて（2001年5月から2002年5月にかけて製造したもので）

接续：名＋から＋名＋にかけて

释义：从……到……，……到……期间；表示对某种工作的评价。

○ 7月から8月にかけてずっと雨の日が続く。

　　（从7月到8月，一直阴雨绵绵。）

○ 日本料理にかけて、刺身は一番の代表的だ。

　　（在日本料理中，生鱼片最有代表性。）

練　習

一、次ぎの漢字に振り仮名をつけなさい。

食器（　　）　　送（　　）り込（　　）む　　常識（　　）　　怯（　　）む

起（　　）こした　　入（　　）り　　　　　相（　　）まる　　帽子（　　）

発火（　　）　　呼（　　）びかけ　　　　印象（　　）　　手足（　　）

機種（　　）　　樹脂（　　）　　　　　潜水艇（　　）　　辛抱（　　）

温風（　　）　　薄（　　）さ　　　　　操縦（　　）　　傾向（　　）

二、次ぎの平仮名に適当な漢字をかきなさい。

テイブ（　　）　　トウニュウ（　　）　シサツ（　　）　　カ（　　）ヨウ

ムリョウ（　　）　シカ（　　）ケ　　モウ（　　）ケル　ヒヤク（　　）

アワ（　　）　　　タカ（　　）メ　　ウ（　　）キ　　　ニクタイ（　　）

カンソウキ（　　）　アンテイ（　　）　ベッシュ（　　）　タンジュン（　　）

ケイシャ（　　）　　クンレン（　　）　ナ（　　）ゲル　　ミンゾク（　　）

三、文章（一）を読んで、次ぎの問いに対する最も適当な答えを①・②・③・④から一つ選びなさい。

　問一　①「なろうとしている」の意味にあったのはどれか。

　　①　なるという状態がこれから始まる。

　　②　なるという状態がもう始まっている。

　　③　なるという状態がもう終わった。

　　④　なるという状態の準備段階である。

問二　②思いのままに投げるとあっては、ほとんど信じがたいと言うほかないであろう」の言い換えできるものはどれか。
　①　思いのままに投げるということでは。
　②　思いのままに投げるとあることは。
　③　思いのままに投げるといっては。
　④　思いのままに投げるとあるものは。

問三　③「しかし、おそれにひまないということは、りっぱな人間の美徳である。」にある「に」と同じ働きのものはどれか。
　①　日本は経済力に富んだ国だ
　②　あまりのおかしさに思わずわらってしまった
　③　昨年に倍する売れ行きである
　④　十年ぶりに先生に会った

問四　（④）の中に、適当なことばを入れなさい。
　①　そして
　②　さて
　③　したがって
　④　つまり

問五　本文内容に練習のよさとして最も適当なものはどれか。
　①　不可能を可能にすることができる
　②　肉体的能力ばかりでなく、精神的能力も高められる
　③　不可能を可能にすることができるとともに、肉体的・精神的能力も高められる
　④　練習は楽しいことだから努力と辛抱なども必要ではない

四、文章（二）を読んで、次ぎの問いに対する最も適当な答えを①・②・③・④から一つ選びなさい。

問一　（①）の中に、適当なことばを入れなさい。
　①　驚く
　②　厳しい
　③　珍しい
　④　覆す

問二　本文内容とあったものはどれか。

① 「エデンＸＰＳ」は１枚のアルミ板のようなコンピュータである
② センサーを指でなぞるとディスプレイがダウンする
③ ノート背面が高めになってキー自体が安定しない
④ 近未来のノートはスリムでキーピッチには余裕も感じられる

五、文章（三）を読んで、次ぎの問いに対する最も適当な答えを①・②・③・④から一つ選びなさい。

問一　本文内容と合わないものはどれか。
①　卓上型の食器洗い乾燥機が使用中に４件の発火事故が発生した。
②　２００１年から２００２年にかけて製造した機種については使用中止を呼びかけ、無料で部品を交換する。
③　発火の原因は、食器を乾燥させるときに温風を送り込むファンモーターである。
④　モーターのコイルに傷がある場合はショートを繰り返すため、コイルの軸の樹脂が発火する。

読解技法

如何做逻辑排序题

　　逻辑排序题主要是测试文章的阅读方向、段落、语句关系。所以，做这种题目要注意空位处的前后关系及整个文章结构。日语二级阅读理解的排列顺序题一般有以下几种：
　　（１）语句顺序。即取出一句话，在文章中设４处空位，要求判断句子填入的空位；或取出４个句子，要求按顺序重新排列。
　　例：
下のＡ～Ｄは、それぞれア、イ、ウ、エのどこかに入る文です。
　七年ぶりに一年生を受け持った。
　入学式後の写真撮影で騒いでいた子も、（　　ア　　）驚いたことに、教室の前からも後ろからも、父母のビデオカメラが廻っている。
　三つのヒントクイズを出した。「私は機械です。この教室にもあります。人間の腕のまいてある時もあります。さあ何だ。
　（　　イ　　）「みんなすごいね。学校で勉強すること、ないんじゃない」

とほめると、（　　ウ　　）久しぶりに子供の口から聞く言葉だ。
（　　エ　　）

A 「勉強、だーいすき」の声が響く。
B 勉強、学校という新しい世界への好奇心でいっぱいなのである。
C 教室に戻ると緊張した目で私を見ている。
D 子供たちは「わかった、時計だ」と口々に言う。

問題：正しい組み合わせのものを選びなさい。
①ア、A　イ、C　ウ、D　エ、B
②ア、B　イ、D　ウ、A　エ、C
③ア、C　イ、D　ウ、A　エ、B
④ア、D　イ、A　ウ、B　エ、C

（1997年2級真題）

从前面内容看，"イ"空位处最容易判断，因为空位前是个谜语，空位后是老师对学生的称赞，显然空位处应是谜底。供选的四句话中只有D是孩子们的答案，所以"イ"空位处应填D。这样就排除了选项①和④。从选项②和③看，重点确定"ア"和"エ"。"ア"前是"入学式後の写真撮影で騒いでいた子も（入学仪式后照相时吵闹的孩子也……）"，那么空位处应是与"騒いでいた子も"相反的反应，只有"C"讲述"回到教室后，都用紧张的眼神看着我"。因此"緊張した目で"和"騒いでいた子も"相对应。所以正确答案为③。

（2）段落顺序题。即把一篇文章按段落切分并打乱顺序，要求重新排列。
例：

次の①～④は挨拶について気をつけなければならないこと、aからdはそのタイトルです。

【タイトル】
a 家族でもきちんと挨拶をしましょう
b 何はおいても「おはようございます」
c 挨拶言葉にひと言付け加えて
d 目は心を伝えます

①ある学校で、家庭で挨拶しているかどうかを調べたら、よく3分の2の家庭が挨拶をしないという結果が出ました。朝起きたら誰からでも「おはよう」と声を掛けましょう。この朝の挨拶がすべての挨拶の基本になります。

②この言葉を家庭でも職場でも気持ちよく出せる人は、「こんにちは」「ありがとう」「すみません」「さようなら」などは簡単に言えます。やさしい挨拶が上手にできれば、応用はスムーズです。

③同僚間の「おはよう」「さようなら」は声だけでもよいでしょう。しかし、ちょっと改まった挨拶には必ず相手に正対し、目をみて挨拶することを心がけましょう。必ず心が伝わります。

④「おはようございます」「こんにちは」の決まり文句に、「寒いですね」「セーターの色、きれいですね」などの一言を付け加えてください。一段と親しみのある光った挨拶になります。相手もぐっと心を開きます。

問題：上のa～dのタイトルと、①～④の文章の正しい組み合わせを選びなさい。

① a—④　　b—①　　c—②　　d—③
② a—②　　b—①　　c—③　　d—④
③ a—①　　b—②　　c—④　　d—③
④ a—②　　b—③　　c—④　　d—①

正确答案是③。

实际上，1999年后就没出过排序题，但并不排除以后出此题型的可能性，所以要求应试者还是适当地了解一下这种题型，并注意其解题方法。

言語文化コラム

ご恩

「恩」の意味を考えてみます。「恩がえし」「恩人」「恩を売る」「恩に着る」など「恩」を用いる表現は、私達の生活に密着しています。

さて、この「恩」の字ですが、辞書をひきますと、他の人から与えられる恵み、慈しみ、また、自分の為に為された有り難い行為とあります。

また、語源からみると、「因」と「心」から構成されていて、「因」には「わけ、もと、ちなみ」の意味があり、「心」が加わることで、原因を心に留めるという意味になるようです。

「恩がえし」と言えば、誰かに親切にされたらその人に対して親切をお返しする、以前貰った恩をお返しする、言えば、ギブアンドテイク的な考えでしょう。「恩を売る」という言葉は、見返りを期待して親切にすると

いう、恩まで売り買いできるの?と何やらいやらしさを感じます。

仏教用語に「四恩(しおん)」という言葉があります。人が生を受けて誰もが受ける四つの恩のことを言いますが、その中の一つに「衆生の恩」があります。これは、自分の周りの生きとし生けるものすべてから受ける恩恵のことです。

人は、誰しも一人では生きていくことができないものです。何をするにも他人の協力が必要です。また、生命を維持していくためには動植物の命を犠牲にしなければなりません。

御恩と奉公(ごおんとほうこう)とは、中世の日本において、主に武士の主従関係を構成した要素・概念です。中世の武士間の主従関係は、決して片務的なものではなく、主人・従者が相互に利益を与え合う互恵的な関係で成り立っていました。ここで、主人が従者へ与えた利益を御恩といい、従者が主人へ与えた利益を奉公といいました。「御恩と奉公」の関係は平安時代中期-後期に武士層で徐々に形成されていきましたが、本格的に(「御恩と奉公」が)成立したのは、源頼朝が関東武士の盟主=鎌倉殿となってからです。以降、「御恩と奉公」の関係性は、鎌倉幕府の成立基盤として機能し続け、その後の室町幕府や江戸幕府にも引き継がれました。

「恩がえし」の物語はたくさんあります。有名なのは「鶴の恩返し」や「山鳩と蜂の恩返し」などです。

「鶴の恩返し」

昔々、ある所に老夫婦が住んでいた。ある冬の雪の日、老爺が町に薪を売りに出かけて、罠にかかった一羽の鶴を見つける。かわいそうに思った彼は、鶴を罠から逃がしてやった。激しく雪が降り積るその夜、美しい娘が夫婦の家へやってきた。親に死に別れ、会った事もない親類を頼って行く途中、道に迷ったので一晩泊めて欲しいと言う娘を、夫婦は快く家に入れてやる。次の日も、また次の日も雪はなかなか止まず、娘は老夫婦の家に留まっていた。その間、娘は甲斐甲斐しく夫婦の世話をし、彼らを大喜ばせた。ある日娘が、顔も知らない親戚の所へ行くより、いっそあなた方の娘にして下さい、と言う。老夫婦は喜んで承知した。

その後も孝行して老夫婦を助けていた娘が、ある日「布を織りたいので糸を買ってきて欲しい」と頼むので老爺が糸を買って来ると、娘は「絶対に中を覗かないで下さい」と夫婦に言い渡して部屋にこもり、三日三晩不眠不休で布を一反織り終えた。「これを売って、また糸を買ってきて下さい」と彼女が夫婦に託した布は大変美しく、たちまち町で評判となり、高く売

れた。老爺が新しく買ってきた糸で、娘は2枚目の布を織り、それはいっそう見事な出来栄えで、更に高い値段で売れ、老夫婦は裕福になった。

　しかし、娘が3枚目の布を織るためにまた部屋にこもると、初めのうちは辛抱して約束を守っていた老夫婦だが、娘はどうやってあんな美しい布を織っているのだろうと、老妻の方がついに好奇心に勝てず覗いてしまった。娘の姿があるはずのそこには、一羽の鶴がいた。鶴は自分の羽毛を抜いて糸の間に織り込み、きらびやかな布を作っていたのである。もう羽毛の大部分が抜かれて、鶴は哀れな姿になっている。驚いている夫婦の前に機織りを終えた娘が来て、自分は老爺に助けてもらった鶴だと告白し、このまま老夫婦の娘でいるつもりだったが、正体を見られたので去らねばならないと言うと、鶴の姿になり、別れを惜しむ老夫婦に見送られ空へと帰っていった。

「山鳩と蜂の恩返し」

　昔、ある夏のこと、日照りが何日も続いて水がなくなってしまった。
　山鳩と蜂のハチ太郎も一緒に水を探していたが、水はどこにもなかった。二匹が疲れて休んでいると、どこからともなく水のにおいがした。
　そこには井戸があった。山鳩は井戸の持ち主であるお百姓に「一滴でもいいから、水を恵んでほしい」と頼んだ。
　最初は「大切な水だ」と拒否していた百姓であったが、「自分はいいから、弱っているハチ太郎にだけでも水を分けてほしい」と懇願する山鳩に感心し、ハチ太郎と山鳩の両方に水を分け与えた。山鳩は大変感謝して、このご恩はいつか必ず、と言ってハチ太郎とともに去って行った。
　そして、その数日後に雨が降り、田んぼや畑は潤った。ところがそのあと、害虫が大量に発生してしまい、村人たちは困ってしまった。
　そこへ山鳩と蜂の大群が押し寄せて、害虫をみんな退治してしまった。害虫退治が終わると、山鳩とハチ太郎は水を分けてもらった、お百姓のところにあいさつに来た。この時にお百姓は、山鳩と蜂が恩返しに害虫退治をしてくれたのだと知ったのであった。
　去っていく山鳩とハチ太郎に対して、何度も礼をいうお百姓であった。その年は大豊作であったという。

第九課

――――（一）　人生は変幻の猫――――

「小説はどのないして書きはりますか？」
とよくきかれるが、これは実に返事に困る質問である。
　私は推理小説を書いているわけではないので、トリックや動機を思いついて、そこから一篇の小説を紡ぎだすというのではない。しかし何となく核のようなものがある。
　それはモヤモヤして、手ざわりは柔らかく、抑えれば逃げ、拋っときに寄ってくる。ちょうど猫のようなものである。
　うまいこと猫をおびきよせ、手のひらの中に捉えて、こちらの意にしたがわせ、思うまま「猫じゃ猫じゃ」をおどらせることができたら、一篇の小説ができあがるのであるが、これが中々うまくいかない。
　猫なで声で近寄り、細心の注意を払って「おいでおいで」を試みるのであるが、するりと逃げられてしまう。私は猫なでに失敗ばかりしてるのである。逃げる猫のシッポをやっとつかみ、逆さ吊りにして手をひっかかれるというような、さんざんのていたらく、という小説が多い。
　（①）、その核であるが、私は新聞の社会面の記事から思いつくことがわりに多い。実際、事実は奇想天外な光耀にみちている。これは私の好きな思い出の一つで、よく人にも話したが、もう十何年前、兵庫県のある所で私営バスと市バスの衝突というのがあった。いや、②物理的にぶつかったわけではない。双方、野なかの一本道を南北から走ってきて、「のけ」「そっちがバックしろ」と口論二時間、それが半日に及び、どっちもあとへひかず、ついに県警のパトカーが出動して、双方の運転手は一晩、「署にとめられた」そうである。
　ほんの小さな記事だったが、私は二時間ケンカ口論していたという生々はつらつたる男たちのエネルギーにいたく傾倒してしまった。
　何というすてきなバイタリティーであろうかと惚れてしまい、その現地へ取材にいった。
　仲裁をした村の駐在さんや、バスに乗客の話を聞いたが、双方の運転手はケン

力にくたびれると、片方はやおら煙草を一服し、片方はバスをおりてトコトコと本社へ電話しにいったそいである。「いまこうこうで相手と交渉しとりますさけ。少々おくれます」といったらしい。電話する手間でバックくらいすればいいのに。ここで折れたら男の一分がすたる。というところであろう。双方の言い分にもどちらも理はある。A車は正規の通路で、B車は先月の颶風で道がこわれ、A側の道を「使わしてもろてる」状態だったそうな。しかしB車にいわせると。A車がバックしたほうが距離的に短い、という。どっちがどうともいえない。双方のバスの乗客同士もそれぞれの運転手につき、バスのうしろに停滞したいろんな車も、わが前のバスの味方につき。威勢のいい播州言葉の口論の応酬は半日、野づらにひびきわたったそうな。

　こんな阿呆らしくもおかしい話が、人間のあたまで考えられるだろうか。
　（中略）
　人間はたのしいなあ。いいところがいっぱいある。人生は変幻の猫である。私はその夢の猫を追いつづけるのである。

（田辺聖子）

（二）　子供の個性

　「①まさか、そんな、冗談でしょ」と笑われそうだが、実は私はとても消極的で（注1）のろまな子供だった。何をするにも人より時間がかかる。（注2）学芸会では一番後列の端で小さくなっていた。それが今や大勢の人前に立ち、一分一秒を争うテレビの世界で仕事をしているのだから、（注3）つくづく不思議に思う。

　私が②変わっていくきっかけを作ってくれたのは、小学校5年生のときの担任の西村先生だった。当時、食べるのも遅かった私は、（注4）給食の時間内に食事を終えることができず、いつも途中で片付けられてしまっていた。それを見て先生は、「まだ残っているんだったら、食べていいよ」と声をかけてくださったのだ。おかげで、私は（注5）5時限目が始まっても、給食を食べていていいことになった。時には、それでも終わらなくて、6時限目も食べ続けていた。人と同じでなくてもいい。大切なのは、最後まで（注6）力を尽くすこと、と③そのとき学んだ。百人の生徒がいれば、百の個性があり、百の（注7）ペースがある。

各人を比較しても仕方がない。（注8）音痴でもいい、投げ出さずに心をこめて歌う。算数ができなくても、自分の持てる力のなかで一生懸命やってみる。その教えはクラス全員に伝わった。私も少しずつ、のろまなりに自分のペースを作り、消極的ながらも一歩ずつ前に出ていくことをスタートさせたのだと思う。

　子供の可能性というのは、限りないものだ。得意な分野だけではなく、（注9）ひょっとすると苦手と思われる領域の内にも、大事に育ててあげれば大きく花開く芽のようなものが（注10）潜んでいるかもしれないことを、忘れてはいけない。

注1　のろま：動作や頭の働きがおそいようす、または、そのような人
注2　学芸会：劇や音楽などを発表する学校の行事
注3　つくづく：心から
注4　給食：学校で出される昼ごはん。みんな一緒に教室で決まった時間内に食べる
注5　5時限目：5時間目。給食の時間のすぐ後の授業
注6　力を尽くす：力いっぱいがんばる
注7　ペース：物事を進める速度
注8　音痴：歌が下手なこと、下手な人
注9　ひょっとすると：もしかしたら
注10　潜む：見えないが、確かに存在する

（三）世代による受益負担の格差

　内閣府の試算では、生涯を通じた社会保障や公共サービスについての受益と負担の差が、世代によって大きくなる。６０代以上は、教育、道路などのための政府の支出や年金、医療、介護などの受益が２億円になる一方、保険料や税金の負担は１億４千万余りで、５６４７万円の受益超。４０代までは受益超だが、３０代では負担が受益を上回る。これについて日本経団連会長らは、厚生労働省にむかって是正の計画策定を求めた。

（一）

トリック①　　　　　　　　　　（名）　　　　　　　　　詭計、骗术，特技
紡ぎだす（つむぎだす）③　　　　（他動・三类）　　　　　纺成，开始纺线

モヤモヤ①	（名・副・自动・三类）	疙瘩，模糊、迷糊
手ざわり（てざわり）②	（名）	手感
散々（さんざん）③	（副・形动）	狠狠地，彻底地
バイタリティー③	（名）	活力、生气
惚れる（ほれる）⓪	（自动・二类）	迷恋，看中
草れる（くたびれる）④	（自动・二类）	疲劳，难看，腻烦
廃る（すたる）	（自动・一类）	成为废物，淘汰

（二）

のろま⓪	（名・形动）	慢性子，迟钝，笨蛋
学芸会（がくげいかい）③	（名）	（小学的）文艺表演会
争う（あらそう）③	（他五）	争夺，斗争
つくづく③	（副）	仔细，深切
力を尽くす（ちからをつくす）	（词组）	尽力
ペース①	（名）	速度，步调
投げ出す（なげだす）③	（他五）	抛弃、放弃
ひょっとする④	（副）	说不定、也许

（三）

受益（じゅえき）⓪	（名・自动・三类）	受益
格差（かくさ）①	（名）	差距，等级差别
世代（せだい）①	（名）	世代，一代，一辈
策定（さくてい）⓪	（名・他动・三类）	筹划制定
公共サービス（こうきょうサービス）⑥	（名）	公共服务
生涯（しょうがい）⓪	（名）	一生、生涯
保険料（ほけんりょう）②	（名）	保险金
求める（もとめる）③	（他动・二类）	寻求，渴望

文 法

（一）

1. ～てしまう（猫なで声で近寄り、細心の注意を払って「おいでおいで」を試みるのであるが、するりと逃げられてしまう。）

接续：动词て形＋しまう；

释义：表示动作、作用全部结束，或者表示无可挽回、感到遗憾的心情。

○ 宿題を忘れてしまった。

　　（忘了写作业了。）

○ あまりにも嬉しくて涙を流してしまった。

　　（实在太高兴，都流出了眼泪。）

2. らしい（少々おくれます」といったらしい。）

接续：体言＋らしい；动词简体／形容词简体／形容动词词干＋らしい；

释义：好像……

○ 春らしい気候になった。

　　（像是春天的天气了。）

○ 学生なら学生らしくしなさい。

　　（既然是学生，就应该像个学生样儿。）

○ 彼はすごく丈夫らしい。

　　（他看起来相当健壮。）

（二）

3. ながらも（消極的ながらも一歩ずつ前に出ていくことをスタートさせたのだと思う。）

接续：前接动词ます形／动词ない／形容词い形／形容动词词干／体言＋ながら；

释义：尽管……却……，虽然……但是……

○ 彼はまだ小さいながらも、きちんと挨拶する。

　　（他虽然还小，但能恰当地打招呼。）

○ ゆっくりながらも作業は少しずつ進んでいる。

　　（虽然慢了点，但是工作在一点点推进。）

○ いやいやながらも掃除を始めた。

　　（尽管不愿意，却还是勉强开始打扫了。）

4. だけではなく（得意な分野だけではなく、ひょっとすると苦手と思われる領域の内にも）

接续：名词＋だけではなく；

释义：不仅……而且……

○ 私だけではなく、父も豆腐が大好きだ。

　　（不仅是我，连爸爸也爱吃豆腐。）

○ 田中だけではなく、大倉さんも今回は行くつもりです。
（不仅是田中，大仓这回也打算去。）

（三）

5. について（内閣府の試算では、生涯を通じた社会保障や公共サービスについての受益と負担の差が、世代によって大きくなる。）

接続：名詞＋について；

釈義：关于……，就……

○ 彼は将来の夢について語った。
（他讲述了未来的梦想。）
○ 事故の原因について説明する。
（对事故原因进行了说明。）

練 習

一、次ぎの漢字に振り仮名をつけなさい。

医療（　）	策定（　）	滑（　）らか	抑（　）える
負担（　）	心地（　）	徹夜（　）	捉（　）える
格差（　）	加減（　）	原稿（　）	試（　）みる
税金（　）	相槌（　）	惚（　）れる	逆（　）さづり
介護（　）	取材（　）	紡（　）ぎだす	交渉（　）

二、次ぎの片仮名に適当な漢字をかきなさい。

シシュツ（　）	コウキュウ（　）	カク（　）	チュウサイ（　）
ケイカク（　）	ナガイ（　）キ	キジ（　）	オ（　）レル
ショウガイ（　）	ドウキ（　）	コウヨウ（　）	カタホウ（　）
ゼセイ（　）	サイシン（　）	ショウトツ（　）	テイタイ（　）
イジョウ（　）	ニ（　）ゲル	ケイトウ（　）	オ（　）ウ

三、文章（一）を読んで、次ぎの問いに対する最も適当な答えを①・②・③・④から一つ選びなさい。

問一　（①）に適切なものはどれか。
　　①　ところで

②　ところが
③　それで
④　ついでに

問二　②「物理的にぶつかったわけではない」と意味が同じなのはどれか。
①　私営バスと市バスの衝突事故は防げない。
②　私営バスと市バスの衝突は偶然である。
③　私営バスと市バスの衝突は私のせいである。
④　私営バスと市バスの衝突は運転手双方とも原因があるわけである。

問三　本文内容に合わないものはどれか。
①　私は推理小説を書くのが上手で、モヤモヤした猫を捉えながら小説を紡ぎだす。
②　猫をおびきよせ、手のひらの中に捉えて、こちらの意にしたがわせ、思ったまま「猫じゃ猫じゃ」をおどらせることができたら、一篇の小説はできあがる。
③　私は人生を変幻な猫のようなものだと主張する。
④　私は事実の社会面から小説の核をつかむ。

四、文章（二）を読んで、次ぎの問いに対する最も適当な答えを①・②・③・④から一つ選びなさい。

問一　①「まさか、そんな、冗談でしょ」と言う人は、筆者をどんな人だと考えているのか。
①　何でも積極的で、速いペースで物事をすませる人。
②　何でも消極的だが、速いペースで物事をすませる人。
③　何でも消極的で、遅いペースでしか物事ができない人。
④　何でも積極的だが、遅いペースでしか物事ができない人。

問二　②「変わっていく」とあるが、筆者はどのように変わっていったのか。
①　苦手なことでも最後まで努力してうまくできるようになった。
②　食べるのが速くなり忙しいテレビの世界に入れるようになった。
③　給食で出る食事を時間内に食べることができるようになった。
④　どんなことでもあきらめずに最後までがんばれるようになった。

問三　③「そのとき」とあるが、いつか。
①　西村先生が心配して声をかけてくださったとき。
②　西村先生の許可で給食を自分の速さで食べ終えたとき。
③　給食をほかの生徒とは別に一人で5時限目に食べたとき。

④　食べるのが遅すぎて給食を途中で片付けられてしまったとき。
問四　本文の内容に合っているものはどれか。
①　子どもは大きくなるとともに変わらなければならない。
②　子どもは食事をしたいときには食べるようにしたほうがいい。
③　子どもは一人一人違っていてその違いを大切にしたほうがいい。
④　子どもは消極的なら消極的なままでいても全く問題にならない。

五、文章（三）を読んで、次ぎの問いに対する最も適当な答えを①・②・③・④から一つ選びなさい。
問一　本文内容に合ったものはどれか。
①　内閣府の試算では、生涯を通じた社会保障や公共サービスについての受益と負担の差が、年によって大きくなる。
②　60代以上は、教育、道路などのための政府の支出や年金、医療、介護などの受益が1.4億円になる。
③　保険料や税金の負担は1.4億余りで、5647万円の受益超である。
④　30、40代までは負担が受益を上回って、厚生労働省に計画策定を求めている。

読解技法

如何做图表题

图表分析是每年日语能力考试N2级的读解中都会出现的题目，分为两种类型，一是选出与图表相适应的说明，另一种是选择与文字说明相符的图表。

做第一种类型的题目时要注意一些表示变化的词语，如：表示变化的、增长的、下降的、停滞的、上升的等一类的词语。

做第二种类型的题目时要注意比较图表的不同之处。

主要设问形式有：

①　グラフの説明として正しいものはどれか。
②　前のページの文章を説明する図として正しいものはそれか
③　次のグラフの中から説明に合っているものを選びなさい。
④　グラフを見て、文章の中の（a）（b）（c）（d）にはそれぞれ何が入るか。

（1）图示图表说明题，即选择与图表相适应的说明文。

例子见 2000 年读解 2 级短文（5）。

（2）图示图表选择题。

例子见 1999 年 2 级读解短文（6）。

言語文化コラム

恩送り

「恩送り」とは誰かからもらった恩を、直接その人にお返しするのではなく、別の人へと送る、そしてその送られた人がさらに別の人へと送る、このようにして「恩」が世の中をぐるぐる回ってゆくことを言う。恩送りとは、相身互い、お互い様精神のことなのである。江戸時代では「恩送り」は日常的に行われていた。『菅原伝授手習鑑』などにも「恩送り」という表現が出てくる。

昔から「情けは人の為ならず（情け（＝親切）は、いずれはめぐりめぐって（他でもない）自分に良いことが返ってくる）」と言う。恩送り精神は日本文化の大事な礎のひとつである。

「恩返し」は誰かの恩に報いることである。「恩知らず」は受けた恩を忘れることである。また「恩着せがましい」は恩を押し付けることである。ここに「恩送り」という素敵な言葉がある。これは受けた恩を直接その人に返すのではなく、誰か別の人に送ることである。私たちの「生」は、その「恩送り」によって脈々と何世代にもわたって、時代を超えて連なっているのではないだろうか。それだけではない。受けた恩を誰かに手渡すことで、私たちは、互いに生かし合い、支えあっているのではないだろうか。そして「恩送り」をし続けて、人々が連なっていくということは、社会という「情海」を凪の状態に保つ役割を果たしてくれるのではないだろうか。

「恩送り」をするためには、恩を感じるしなやかな感性がなければならない。他者に対しての適度の緊張感と柔軟な感受性と豊かな想像力がなければ、他人から受けた行為に感謝することはできない。そのような感覚が昨今の日本では希薄になっているように思えてならない。他者に対する心の距離感覚が麻痺しているとしか思えない出来事があまりに多いのである。「ジコチュウ」の風潮が蔓延しているとしか思えない。明日食べることや、明日寝る場所に思いをめぐらせなければならないのに、他人に構っていられないのは理解できる。ただ、誰かに恩を感じたり、他人に感謝したり、

他者の存在をありがたいと思ったりする心は、決して干からびさせてはいけないと思う。それは人間だけが感じることのできることだからである。人間としての矜持といえる。健全な社会をつくる基本であると思うのである。

一関市のボランティア団体が、「文学の蔵」という資料館を建設したいと考えていた。その建設資金づくりとして井上ひさしを講師とした作文教室を開きたいと思い、それを井上に申し出ると、彼は快く無報酬で引き受けてくれた。「恩送り」のつもりだ。かれは学生時代、恩を受けていた。

生意気盛りの十五歳。<u>少し不良少年だった井上ひさし</u>は、ある日、本屋に入り、こっそり国語辞書を持ち出そうとした。世間ではこれを「万引」と呼ぶ。

店番のおばあさんがそれを見つけ、彼を店の裏手に連れて行った。そこで薪割りをしろという。ひさしはてっきり罰を与えられたと思った。薪割りが済むとおばあさんがやってきて、その国語辞書を彼にくれると言う。「働けばこうして買えるのよ」と言って、労賃として辞書代を差し引いた残りもくれた。

「おばあさんは僕に、まっとうに生きることの意味を教えてくれたんですね」

ここで「謙虚さ」という感覚について考えてみたい。けっこういい教育を受け、いい感覚を持っている若い人（十代から二十代前）でも「謙虚さ」がない。欧米流に自己主張だけはする。そして他人から学ぼうとしない。相手の謙虚さが理解できず、それを本当に力がないのだなと受け取る。

もし、師匠や先輩から教えてもらう、育ててもらうという世界に触れていれば、いやでも謙虚に学ぶという感覚が育っていくはずだ。これは若い世代が悪いのではない。いまの大人たちやもうこの世にはいない（大）人たちがこういう社会をつくったのだから、責任はそこにある。何十年かかってそういう社会に変わっていったのである。

井上ひさしが無償で作文教室の講師を務めたときも、欧米流に考えると「有名作家がタダで教えてくれるはずがない。何か魂胆がある」となる。しかし日本の美徳の一つである「恩送り」だと考えれば、すんなりと理解できる。

第十課

（一） 天気ビジネス明日も「晴れ」

　気象庁の明日の天気予報の的中率は83％である。これにあきたりず民間気象情報会社から高額の値段で予報を買う企業が増えている。気象審議会が今春、天気予報の自由答申を打ち出したこともあり、報道機関の予報競争も本格化しそうだ。緩み始めた「天気ビジネス」の明日を予報してみた。

　「明日は午後4時から雨。最高気温は26度」毎日午後3時、神奈川県茅ケ崎市のスーパー「クラウン」では、①店長が各売り場のチーフに翌日の気象情報を伝える。

　予想来客数1830人、牛乳の仕入れは190本、食パンは125斤と、気象条件によって来客数を想定し、発注する食材の種類や量を決める。天気と来客数の相関関係は、コンピューターに入力してある過去のデータによる。日本気象協会と共同で開発した自慢の来店予測シマテム「客ダス」だ。協会は天気情報を利用した「客ダス」のソフト38万円市販している。

　村越社長「売れ残りの無駄をやっと解決した。来客数の誤差は1％程度、20人と狂わない。常に新鮮な商品をお客に提供でき経営は順調」と（ ② ）。

　ゴルフ場も気象情報会社のお得意様だ。局地天気予報購入し、夏場の夕立や雷に備える。予報価格は詳細なデータなら月間50万円前後だ。

　こうした民間の気象情報会社は、気象庁の外郭団体の日本気象協会を含めて16社ある。これまで船舶用の海洋気象や飛行機向けの航空の気象情報、開発事業の環境影響評価など業務の中心だった。（ ③ ）、今は建設工事、野球やスポーツ大会、野外ショー、花火大会などのイベント、コマーシャル撮影のロケーションなどの、需要が急増している。

　これには、天気予報の精度が格段に向上したことも関係がある。気象衛星ひまわりや富士山頂など20カ所のレーダー、全国1313ケ所の気温や降水量、風向・風速、日照を計測するアメダスのおかげで、直近の短期予報なら、はずれなくなったからだ。

　民間の気象情報会社は、こうしたデータを気象庁から無料で入手、過去の天気

データなども加える独自のノウハウで加工して特定顧客向けに販売する。雷や寒気の通り道は地形によって決まるので、針で一点を突くようなピンポイントの予測も可能だ。ウェザーニューズ社のように、日本のひまわりやアメリカ、ヨーロッパの衛星から世界120カ所気象データを30分～1時間おきに受信する会社もある。

　気象情報の国内市場規模は現在、予報業務だけで年間約250億円。予報ビジネス大国のアメリカは航空や海運、報道需要が中心で、運動会から葬式までの幅広い利用は日本が一番進んでいる。

(『読売新聞』1992年6月8日)

注1　天気ビジネス　　経営气象信息商业
注2　斤（きん）　　日本专以"斤"字表示面包重量，一斤400克左右，按汉语习惯可译成"块""个""包"。
注3　客ダス　　顧客預測数据采集系統
注4　アメダス　　地区气象数据采集系統

——（二）　「言い訳」のメールサービス——

　「今夜飲みに行かないか？」こんな上司の誘いに、どうしても「ノー」と言えないあなた、「言い訳のメールサービス」について知ったら、大喜びするでしょうね。

　今日本で流行している新しいサービスある。顧客の設定した時間に、顧客の携帯電話に指定した内容のEメールを送ってくれるというものだ。なんと至り尽くせりのサービスではないか。

　例えば、ぜんぜん興味がないのに、どうしても出席しなければならない集まりがあった場合、会が始まって30分も経たないうちにあなたのケータイに「緊急事態発生、すぐ会社に戻れ」というメールが届く。そこにいる人たちにこのメールを見せれば、実に円満に抜け出すことができるのだ。

　では、使ってみましょう。まずケータイでネットにアクセスして、会員登録をする。そして専用のメールアドレスに「田中部長」「母親」などの名前を登録しておけばOKだ。70あまりの「言い訳」メールから自由に選択して、受信時間を設定する。さて、10分経ったら、「母親」からメールが届いた。「今日は家族会

議よ。忘れたの？これをそこにいた友達に見せたら大笑いされた。「昼間から家族会議。おい、早く帰れよ」

どう？すごいでしょう？

この定型の「言い訳」を使うだけなら無料である。自分で書いた内容や、録音を流す音声通知サービスを利用する場合は、毎月315円支払う必要がある。現在このサービスの会員は5000人を超えており、その中に女性からメールが来たといつわって、自分魅力があると見せかけている男性もいるのだそうだ。くれぐれも、ばれないようにご用心あれ！

——（三） 振り込め詐欺を防ぐ通帳ケース作成——

警視庁が依然として減らない振り込め詐欺の被害を防ごうと、「だまされないで！！」と大きく書いたイラストつきの通帳ケースを作り、交番などでお年寄りに配っている。同庁が３００万円以上の被害に遭った人から聞き取り調査をしたところ、半数近くが通帳で振り込んでいたことがわかったため、急遽４万８千枚を作成した。今後は金融機関が発行する通帳ケースにも注意書きを入れるように協力を求めるという。「でも、通帳を手にする前に詐欺だと気づいてほしい」と同庁では言っている。

 単　語

（一）

本格化（ほんかくか）⓪	（名）	规范化
緩み始める（ゆるみはじめる）	（自動）	开始松弛
狂う（くるう）②	（自動）	发狂，沉溺
胸を張る（むねをはる）④	（慣用語）	充满自信
夕立（ゆうだち）⓪	（名）	骤雨
備える（そなえる）③	（他動・二类）	具备、具有
レーダー①	（名）	雷达
ロケーション②	（名）	位置，外景拍摄地
おかげ⓪	（名）	帮助、恩惠

第十課

（二）

言い訳（いいわけ）⓪	（名・他动・三类）	借口
抜け出す（ぬけだす）③	（自动・一类）	逃出，脱落
定型（ていけい）⓪	（名）	定型
用心（ようしん）①	（名・他动・三类）	注意、提防

（三）

振り込め詐欺（ふりこめさぎ）	（名）	汇款欺诈
遭う（あう）①	（自动・一类）	遭遇
防ぐ（ふせぐ）②	（他动・一类）	防守，预防
通帳（つうちょう）⓪	（名）	存折，折子
作成（さくせい）⓪	（名・他动・三类）	制作
被害（ひがい）①	（名）	受害、损失
協力（きょうりょく）⓪	（名・自动・三类）	协力、共同努力
交番（こうばん）⓪	（名・自动・三类）	交替、轮换
気づく（きづく）②	（自动・一类）	注意到、察觉

文 法

（一）

1. なら（予報価格は詳細なデータなら月間50万円前後だ。）

接续：动词原形/形容词原形/形容动词词干/名词+なら；

释义：此句型不用于恒常条件（自然条件、真理性的条件，如一到春天花就开这样的自然条件，等等）；名词+なら表示提出话题，意为"说到……的话"。

○ 君が行くならぼくも行こう。

　　（如果你去，我也要去。）

○ そういう話なら引き受けましょう。

　　（如果是那件事的话，就接受了。）

2. 向けに（民間の気象情報会社は、こうしたデータを気象庁から無料で入手、過去の天気データなども加える独自のノウハウで加工して特定顧客向けに販売する。）

接续：名词+向けに；

释义：为适应……而特别制作的。
○ 高齢者向けに、安全や住みやすさを考えた住宅が開発されている。
（面向老人的安全、便利的住宅正在开发中。）
○ この本は子供向けに書いた。
（这本书是面向儿童写的。）

（二）
3. というものだ（顧客の設定した時間に、顧客の携帯電話に指定した内容のEメールを送ってくれるというものだ。なんと至り尽くせりのサービスではないか。）
接续：动词＋というものだ；
释义：表示说话人的强烈肯定语气，相当于"～だ"的强调。
○ 自分のことだけではなく、相手の立場に立って考えることができる人、それが大人というものだ。
（不仅想到自己，同时还能站在对方的立场上考虑问题的人，才是真正的成年人。）
○ 最後までやり遂げないのは、無責任というものだ。
（不做到最后是不负责任的。）
4. あまり（70あまりの「言い訳」メールから自由に選択して、受信時間を設定する。）
接续：名词＋の＋あまり；活用词连体形＋あまり；
释义：过度……的结果，因过于……而……
○ 喜びのあまり、声をあげた。
（因为过于高兴而欢呼。）
○ 私は驚きのあまり口もきけなかった。
（我惊讶得说不出话来。）

練　習

一、次ぎの漢字に振り仮名をつけなさい。

防（　）ぐ　　配（　）る　　　　　　登録（　）　　狂（　）う
半数（　）　　言（　）い訳（　）　　選択（　）　　夕立（　）
作成（　）　　至（　）りつく　　　　定型（　）　　緩（　）み
減（　）る　　興味（　）　　　　　　流（　）す　　備（　）える
詐欺（　）　　抜（　）け出（　）す　用心（　）　　日照（　）

二、次の片仮名に適当な漢字をかきなさい。

コウバン（　　）　コウガク（　　）　ケイエイ（　　）　サツエイ（　　）
ヒガイ（　　）　ツタ（　　）エル　ジュンチョウ（　　）　スス（　　）ム
コキャク（　　）　シハン（　　）　ショウサイ（　　）　ジュシン（　　）
ミリョク（　　）　ムダ（　　）　フク（　　）メル　ツ（　　）ク
キギョウ（　　）　テイキョウ（　　）　ヒョウカ（　　）　トクテイ（　　）

三、文章（一）を読んで、次ぎの問いに対する最も適当な答えを①・②・③・④から一つ選びなさい。

問一　①「店長が各売り場のチーフに翌日の気象情報を伝える」のはなぜか。
　①　気象条件によって商品の価格を変動させるため。
　②　気象条件によって客の人気のあった商品を仕入れるため。
　③　気象条件によって食材の味を変えないと売れないため。
　④　気象条件によって来客数を想定し、発注する食材の種類や量を決めるため。

問二　（②）に適切なものはどれか。
　①　目をつぶす
　②　胸を張る
　③　手をつける
　④　頭を下げる

問三　（③）に適切なものはどれか。
　①　何よりも
　②　なんとなく
　③　つまり
　④　ところが

問四　民間の気象情報会社の営業対象にならないものはどれか。
　①　イベント
　②　コマーシャル撮影
　③　葬式
　④　電車の発車時間

問五　本文内容に合わないものはどれか。
　①　民間の気象情報会社は、気象庁からデータを入手、過去の天気データな

ども加える独自のノウハウで加工する。
　②　日本のひまわりやアメリカ、ヨーロッパの衛星から世界120カ所気象データを30分おきに受信する。
　③　雷や寒気の通り道は地形によって決まるので、針で一点を突くようなピンポイントの予測も可能だ。
　④　予報ビジネスは運動会から葬式までの幅広い利用は日本が一番進んでいる。

四、文章（二）を読んで、次ぎの問いに対する最も適当な答えを①・②・③・④から一つ選びなさい。
　問一　言い訳の「メールサービス」に合っていないものはどれか。
　①　ケータイでネットにアクセスして、会員登録をして専用のメールアドレスに「田中部長」「母親」などの名前を登録しておくだけで設定完了する。
　②　言い訳のメールサービスは無料で楽しく使える。
　③　顧客の設定した時間に、顧客の携帯電話に指定した内容のＥメールを送ってくれるというものだ。
　④　70あまりの定型言い訳の受信時間を自由設定できて便利である。

五、文章（三）を読んで、次ぎの問いに対する最も適当な答えを①・②・③・④から一つ選びなさい。
　問一　「通帳を手にする前に詐欺だと気づいてほしい」とはなぜか。
　①　３００万円以上の被害に遭った人が生じたから。
　②　「だまされないで！！」と大きく書いたイラストつきの通帳ケースを作ったら振り込め詐欺を防いだから。
　③　詐欺された半数以上がお年寄りだから。
　④　通帳ケース付きの通帳を持っても持たなくても詐欺にはいつも気をつけなければならないから。

第十課

読解技法

如何做细节题

所谓细节题，是指问题是针对文章所提供的细节、具体信息进行提问的。一般而言，具体信息包括某人、某事、某地、某时、多少、如何等，是二级阅读理解中出现最多的一类问题。此题目与其他题目比较起来是较容易的，其答案一般在文章中就能找到。

1、常见的设问形式有：

> ①「私」は「女性」の家に電話をかけて、相手に何を伝えたかったのか。
> ②だれがだれに「出るよ。」と声をかけたのか。
> ③３０代の女性で目覚し時計で起きる人は何％ぐらいか。
> ④これはだれに送った手紙と思われるか。
> ⑤「批判される」とあるが、だれが批判されるのか。
> ⑥「ごみといってかたづけてしまわないで」とあるが、ここで「片づけてしまう」とはどういうことか。
> ⑦この会話はどこで行われたか。
> ⑧この客の希望は何か。
> ⑨「発見させられる」とあるが、何を発見させられるのか。

2、解题方法

首先快速浏览文章前后的附加信息，如标题、出处、作者等，以判断文章话题，概括中心思想。同时要留意文章的论述方法并细读有关细节如时间、地点、人物、数目等。

然后仔细看题目，并返回文章中找到问题中出现的关键词的所在位置，仔细阅读上下文寻找答案句。

最后对照选项，选择题目与文章意思一致、文义通顺的答案。

例1：

　　土曜日の午後。玄関のブザーが鳴った。妻も娘も台所で何かやっている。「出るよ」と声をかけた。

　　ドアの向こうの郵便配達員が立っていた。

　　「どなただったの。」台所から妻の声。「うん。小包だ。いなかのおばあちゃんからだ…。」（1991年2級真題）

　　問題：だれかがだれに「出るよ」と声をかけたのか。

①筆者が郵便配達員に。
②妻が筆者に。
③筆者が妻と娘に。
④おばあちゃんが筆者に。
正確答案为选项③。

例2：
　　二十歳以上の男女に朝の目覚め方について聞いたＮＨＫの「生活時間意向調査」によれば、「目覚し時計で起きる」が約２割、「自然に目を覚ます」が七割弱、「家の人に起こされる」が一割弱でした。とくに、女性の２０代、３０代では「目覚し時計で起きる」人が多く、それぞれ４割強の人が目覚し時計の愛好者という結果。同じ年代の男性の３割近くが「家の人に起こされる」のに対して、女性の場合はグッと少なく、２０代でも８％、３０代になるとわずか３％でした。

（大蔵省印刷局『統計よもやま話の本』）

問題：３０代の女性で目覚し時計で起きる人は何％ぐらいか。
①約４０％　　　　②約３０％
③約２０％　　　　④約３％
正確答案为选项①。

例3：
　　小さな子供たちは見るもの、さわるもの、なんでも不思議があります。「あれなあに？」「なぜ？」「どうして？」の連発で大人たちをこまらせます。いざ説明してやろうと思って、どうしてもうまく説明できず、自分ではわかっていると思っていたことが、じつはさっぱりわかっていなかった、と発見させられることがあります。（1999年２級真題）

問題：「発見させられる」とあるが、何を発見させられるのか。
①小さな子供たちが不思議がっているもの。
②自分が理解できていなかったということ。
③自分がうまく説明してやれないということ。
④子供たちが少しも分かっていないということ。
正確答案为选项②。

例4：
　　ピアノの生徒さんがレッスンにみえる前に、自分の為に練習を少ししていました。

第十課

　そのとき、「ちょっとよろしいでしょうか」と、不意に入ってこられた方がありました。

　「いまそこのクリーニング屋さんに参りましたら、ピアノの音が聞こえて、それで、しばらく耳をかたむけていましたの。

　じつは、わたくしの家には古いピアノがありますけれど、誰もひく人がいません。わたくしも、ピアノは大好きですし、自分でひけたらいいなあ、と思いながら、習うきっかけもなくて、今日まできてしまいました。

　今年７４歳になりますけれど、もしかして、今からピアノがひけないものかしらと思いました。

　いま、あなたのピアノを聞いている内に、伺いたくなってしまいました、突然でごめんなさい」

　今まで一度もピアノを習ったことがない、ということでしたけれど、しばらく練習にいらしてみたらいかがでしょう、と申し上げましたら、その方は、とてもうれしそうに帰られました。

　　問題：この会話はどこでおこなわれたか。
　　①クリーニング屋。　　　　②コンサートの会場。
　　③ピアノの先生の家。　　　④ピアノの生徒の家。
　　正確答案为选项③。
　　問題：この客の希望は何か。
　　①ピアノのひき方を教えてほしい。
　　②家の古いピアノを使ってほしい。
　　③ピアノの演奏を聞かせてほしい。
　　④ピアノの先生を紹介してほしい。
　　正確答案为选项①。
　　例５：
　午前３時に電話のベルが鳴った。眠い目をこすりながら電話に出ると、いきなり「いつまでピアノの練習をしているの。うるさくて、眠れないじゃない、」と女性のどなり声。朝の三時に、しかも名前を言わないのは失礼だと思ったが、相手の名前を聞いて、静かに電話を切った。

　翌日の午前３時ちょうど、今度は私が電話をかけた、もちろん、こちらの名前を言ってから話し始めた。「私はピアノを持っていませんし、弾くこともできません。昨日のお電話、何かの間違いではありませんか。」（1991年

2级真题）

　　問題：「私」は「女性」の家に電話をかけて、相手に何を伝えたかったのか。
　　①昨日電話をもらってうれしかったこと
　　②相手の電話が迷惑で失礼だったこと
　　③「私」がピアノの練習をやめたこと
　　④ピアノでとても迷惑をかけたこと
　　正确答案为选项②。

　我が家では「バカ」という言葉をつかってはいけないという禁止令を出しました。それまで何気なく口に出していた言葉、ついつい使ってしまいます。ある時「バ」まで言ってから気がついて、子供はその後「…ビブベボ」。私は「バ…バン、バン、バン」と続けてごまかしました。怒っていた気持ちが笑いに変わりました。

　　問題：「バ」まで言ってから気がついて」とあるが、どんなことに気がついたのか。
　　①「バビブベボ」と「バカ」は同じ意味になること
　　②「バカ」という言葉を言ってはいけなかったこと
　　③筆者が「バカ」という言葉をよくつかってしまうこと
　　④「バン、バン、バン」と言えばみなが楽しくなること
　　正确答案为选项②。

以上简单地介绍了历年国际日语能力考试N2级的读解短文的题目类型及读解方法，但方法也是因人而异，希望能给大家作参考。当然不论什么方法都是建立在一定日语基础、一定词汇积累和一定阅读能力之上的，希望大家在平时就多注意积累，这样在考试时就能临阵不乱，发挥出最佳水平。

第十課

言語文化コラム

義理と人情

　「義理」は字引を引くと、いくつもの意味がある。
　① 物事の正しい道筋。人間のふみおこなうべき正しい道。道理。
　② 対人関係や社会関係の中で、守るべき道理として意識されたもの。道義。（「－を欠く」「－と人情の板挟み」「今さら頼めた－ではない」）
　③ 他人との交際上やむを得ずしなければならないこと。（「お－で顔を出す」）
　④ 意味。わけ。（「苗代（なわしろ）の代といふは，かはるといふ－也／三冊子」）
　⑤ 直接血縁関係のない者の間にある、血縁同様の関係。（「－の父」）
　義理に纏る慣用表現には「義理ある仲」「義理に絆（ほだ）される」「義理と褌欠かされぬ」「義理が立たない」「義理知らず」「義理を立てる」などがある。
　義理の本来の意味は、「物事の正しい道筋」であり、対人関係や社会関係において、守るべき道理のことで、一般には日本の社会において、社交上、礼儀を以て旨とする行動規範を指す。冠婚葬祭などの場に於いては義理を欠く事の無い様、各地域に合わせた礼節に基づく義理の行為が執り行われる事が多い。これは無用なトラブルを極力避ける手法でもあり、義理をスキルとして昇華する意味を持つ。
　一方、本心はやりたくないけれども、仕方なく行わざるを得ない事柄を意味する言葉でもある。義理チョコなどの語は、こうしたニュアンスが強い。
　また、血縁以外の者が、婚姻（縁組）などの儀式を経て、血縁と同等の関係を結ぶことも表す。配偶者の父母を義父母（義理の父母）と呼ぶなどの用例が、これに当たる。
　村社会における相互関係を維持するために定められた行為で、この義理を欠く者は、村八分という制裁を受けることもあった。親戚の間で果されるものと、村社会に対して果さなければならないものとに大別される。
　よく「義理人情」と一括りにされるが、義理と人情は全く別物で、時には両者の板挟みにあうこともある。
　義理とは、簡単に言えば、人間関係のしがらみに基づく義務のことであり、目に見えない貸し借り、力関係だと考えればいい。
　例えば、恩人に対して借りがあった場合、恩人や恩人の家族、遺族が困っている時に、その人を助けてあげることはかつての借りを返す行為であ

り、「義理」にかなった行動なのである。

　これに対して人情とは、損得貸し借りを超えた、まさに「情」である。人間関係のしがらみ、貸し借りは一切関係無い。赤の他人でもOKなのである。見知らぬ国の子どもたちが飢え死にした話を聞いて「かわいそうだ。」とか、「気の毒だ。」と思うのは人情である。例えば、震災にあった人たちに対して、縁もゆかりもない他人が義援金を送る義務はない。しかし、多くの人が、被災者が気の毒だと言って義援金を送る。これは人情に基づく行動である。

　社会学者の源了圓はそこから近松文学に依拠して、江戸の義理人情を次の4つのパターンに分けた。
　1．法律上の近親関係ゆえに生じる道徳的義務
　2．世間の義理にもとづく習俗
　3．人の世の常として他人におこなうべき道（儒教の義理）
　4．パーソナルな信頼・約束・契約にこたえる義理

　かつて義理については、社会学者桜井庄太郎が言った「義理とは、当事者が平等の関係にある場合、すなわち当事者の地位の差なき場合のポトラッチ的・契約的社会意識である」が有名であった。

　GNP（ジーエヌピー）とは、「義理（G）」、「人情（N）」、「プレゼント（P）」の三要素のことである。転じてこの三要素によって商品の販売をする、またはその三要素を主とした営業手段および商売方法のことで、このような営業手段はGNP営業、GNP商法、GNPセールスとも言う。主に保険外交員（生保レディーなどの保険募集人）が保険商品（生命保険が主流）を販売する時に用いる手法である。

第十一課

──（一）目と態度と誠意と言葉で質問する──

　人の話を聞き、そして質問をすること――これは私の生業でもありますが、いつまで経っても難しいなと感じます。たまに「うまくいったな」と思う日もありますが、ほとんどは「ダメだったな…」という反省のほうが多いんです。

　『週刊文春』で連載している対談コーナーは、かれこれ20年近くやらせていただいていますが、いまだに対談に臨むときは不安でたまらないんですよ。それでも、長く続けていると慣れてくるもので、「今日対談する方はテーマ性もあるし、旬の話題もある、以前に会ったときにすごくいい人だったから大丈夫！」と思うこともあります。

　（　①　）、この「大丈夫」と思ったときほど、実は失敗しやすいんです。知っているからこそ馴れ合いになったり、大事な部分で踏みとどまれなかったりと、メリハリのない対談になってしまう。逆に「今日は絶対にダメだ」と思ったときにうまくいったこともあるんです。事前に「無口で難しい人」と聞かされていたものの、いざお会いしたらたくさん話してくれた、なんてこともありました。

　（中略）

　先日、伊集院静さんにお話を伺ったときも大変でした。ちょうど新しい小説を発表されたことがきまったので、私は小説について質問するつもりでした。ところが、まんまと伊集院さんのペースにはめられてしまったんです。

　私が「それは父が…」と話せば、伊集院さん「あっ、お父さんで思い出したけど…」。伊集院さん、私の質問はそこじゃないんです。ふと会話の中で「歯」と言う単語を出してしまったら、「そう言えばこないだ歯医者に行ったらねえ…」いや、歯医者の話じゃないんですってば！結婚の話が出てきても、「そういえば地震でね…」と、こんな調子で次から次へと話題を変えていくんです。私が右にハンドルを切ろうとすると伊集院さんはハンドルを左に切り、私が進もうとすると伊集院さんはブレーキを踏む。おそらく伊集院さんは「真面白に話をしても阿川相手じゃつまらないだろう」と企んでいらしたのでしょうね。（苦笑）

　インタビュー終了後、「果たして、この話はまとまるのか！？」と不安になり

ましたが、意外にも非常に面白い内容になったんです。もちろん、編集者さんたちが苦労して話をまとめてくれたおかげですが、ときとして本題から逸れたほうが面白い対談になることもあるんですよね。

　また逆の例として、予定通りに話が進んだからといって成功するとは限りません。「この話から初めて、それを展開してこっちの話に持っていって、最後はこんな話で締め括ろう」などと進めていたら、本当にその通りに終わってしまうこともありました。

　しかし、このような場合は起承転結がきれいにまとまりすぎた結果、盛り上がりに欠けることが多いんです。質問する側の私も生身の人間なので、予定通りの答えが返ってきたら、特に驚くことも会話全体に躍動感が生まれないんです。こうした現場の空気は、映像になろうと活字になろうと視聴者や読者に伝わってしまうし、何よりも目の前で話している相手に伝わってしまいます。

（『特別インタビュー・阿川佐和子』）

（二）　しゃっくり退治法

　お酒を飲んで酔っ払ったとき、突然しゃっくりに襲われることがある。このしゃっくり、一度始まったら、なかなか思うようにとまってくれない。そこで昔ながらの民間療法が出番だが、これでうまくいくことは、むしろ少ない。同席した人に脅かしてもらったり、あるいはご飯をかきこむといったやり方では、必ずしも、しゃっくりが止まるとは限らない。こうした昔ながらの方法よりは、確実なしゃっくりの止め方がある。大匙いっぱいの砂糖を水なしで一気に飲み込むのだ。このとき、真上を向いて、口を開き、そこに砂糖を流し込むのがコツ。大概のしゃっくりは、これで退治できる。

（三）　クレーム処理のポイント：
　　　　迅速・誠意・正確

　「迅速」とは、解決を急ぐという意味ではなく、素早く対応するという意味。多くの人の場合、不満がたまりにたまって、初めて苦情として持ち掛けてくる。

不満発生からかなり時間がたっています。だから対応は素早いほうがいい。

　これは次の「（①）」にもつながります。ここでいう誠意とは、正直に答えることや、相手の気持ちに寄り添って、真摯に話に耳を傾けることです。そして3番目は「正確」さです。例えば、相手の連絡先を間違えずに聞く、必ずメモを取るなどといった対応です。これらによってこちらの対応でさらに相手の怒りを誘ってしまう「二重苦情」を予防することもできるのです。

（「傷口を広げない『クレーム処理』」）

単　語

（一）

生業（せいぎょう）⓪	（名）	生計、职业
臨む（のぞむ）②	（自五）	面对，朝向
話題（わだい）⓪	（名）	话题
馴れ合い（なれあい）⓪	（名）	合谋、同谋
メリハリ③	（自・他サ）	伸缩，张弛
逆（ぎゃく）⓪	（副）	相反
まんまと⓪	（副）	完全、彻底
ブレーキ②	（副）	刹车
生身（なまみ）⓪	（名）	肉身，活人
展開（てんかい）⓪	（名）	展开

（二）

突然（とつぜん）⓪	（副）	突然
しゃっくり③	（名）	打嗝
退治（たいじ）⓪	（名・他サ）	消灭
脅かす（おどかす）③	（自五）	惊吓、吓唬

（三）

正直（しょうじき）③	（副）	率直
寄り添う（よりそう）③	（自五）	接近、贴近
誠意（せいい）①	（名）	诚意
対応（たいおう）⓪	（名・他サ）	对应

文法

（一）

1. てたまらない（いまだに対談に臨むときは不安でたまらないんですよ。）

接续：接动词／形容词て形后。

释义：表示程度，"……得不得了"。

○ 風邪くすりのせいか、眠くてたまりません。

　　（也许是吃了感冒药的缘故，困得不得了。）

○ 試験のことが心配でたまらず、夜もよく眠れない。

　　（对考试的事我担心得不得了，晚上难以入睡。）

○ どうしたのだろう。今日は朝からのどが渇いてたまらない。

　　（不知怎么搞的，今天从早晨起就渴得不行。）

2. からこそ（知っているからこそ馴れ合いになったり、大事な部分で踏みとどまれなかったりと、メリハリのない対談になってしまう。）

接续：接终止形后。

释义：正因为。

○ 雨の日だからこそ、うちに閉じこもりたくない。

　　（正因为下雨天才不想闷在家里。）

○ かわいいと思っているからこそ、厳しくしつけるのです。

　　（正因为觉得可爱所以才严加管教的。）

○ 彼は英語の成績がよかったからこそ、トーフルの試験に受かったのだ。

　　（正因为他英语成绩好，托福考试才通过了。）

（二）

3. とは限らない（しゃっくりが止まるとは限らない。）

接续：动词辞书形／形容词简体＋とは限らない。

释义：未必。

○ 痩せている人は体が弱いとはかぎりません。

　　（瘦的人不一定就身体虚弱。）

○ 勉強家といっても、毎日本を読んでいるとはかぎりません。

　　（虽说是用功的学生，但也未必每天都读书。）

第十一課

練習

一、次ぎの漢字に振り仮名をつけなさい。

連載（　　　　）　　　臨む（　　　　）　　　馴れ合い（　　　　）
発表（　　　　）　　　調子（　　　　）　　　編集者（　　　　）
起承転結（　　　　）　　出番（　　　　）　　　退治（　　　　）
展開（　　　　）　　　脅かす（　　　　）　　正直（　　　　）
話題（　　　　）　　　読者（　　　　）　　　襲う（　　　　）
確実（　　　　）　　　出番（　　　　）　　　解決（　　　　）

二、次ぎの片仮名に適当な漢字をかきなさい。

人生をハンセイする（　　　）
ジゼンに聞きます（　　　）
ケッコンの話（　　　）
中国にシャザイする（　　　）
テイネイな発表（　　　）
首をタレる（　　　）
セイイを見せる（　　　）
オドロクこと（　　　）
柔らかいメセン（　　　）
だからタイオウは素早いほうがいい（　　　）

三、文章（一）を読んで、後の問いに答えなさい。答えは、①・②・③・④から最も適当なものを一つ選びなさい。

　問一　（①）に入る最も適当な言葉はどれか。
　　① すると
　　② だから
　　③ しかし
　　④ つまり
　問二　なぜ「大丈夫」と思ったときほど、実は失敗しやすいんですか。
　　① 不安でたまらないから
　　② メリハリのない対談になってしまうから
　　③ テーマ性もあるし、旬の話題もある、以前に会ったときにすごくいい人

だったから

④ 知っているから

問三　誰が新しい小説を発表しましたか。

① 筆者

② 伊集院静さん

③ 伊集院静さんのお父さん

④ 編集者さん

問四　なぜ伊集院静さんとの対談は意外に非常に面白い内容になりましたか。

① 編集者さんたちが苦労したから。

② 筆者はまんまと伊集院さんのペースにはめられてしまったから。

③ 本題から逸れたほうが面白い対談になることもあるから。

④ 次から次へと話題を変えていくから。

問五　なぜ予定通りに話が進んでも成功するとは限りませんか。

① 起承転結がきれいにまとまるから。

② 現場の空気は、映像になろうと活字になろうと視聴者や読者に伝わってしまうから。

③ 予定通りの答えが返ってきたから。

④ 躍動感が生まれないから。

四、文章(二)を読んで、後の問いに答えなさい。答えは、①・②・③・④から最も適当なものを一つ選びなさい。

問一　筆者によると、確実なしゃっくりの止まり方はどれか。

① 同席した人に脅かしてもらうこと。

② ご飯をかきこむこと。

③ 砂糖を水なしで一気に飲み込むこと。

④ 砂糖を水と一緒に飲み込むこと。

五、文章(三)を読んで、後の問いに答えなさい。答えは、①・②・③・④から最も適当なものを一つ選びなさい。

問一　（①）に入る最も適当な言葉はどれか。

①迅速

②誠意

③正確

④二重苦情

言語文化コラム

迷　惑

デジタル大辞泉の解説
めい‐わく【迷惑】
［名・形動］（スル）
　1．ある行為がもとで、他の人が不利益を受けたり、不快を感じたりすること。また、そのさま。
　2．どうしてよいか迷うこと。とまどうこと。
　日本人なら誰でも一度は言われた事のある「人に迷惑をかけてはいけません」という言葉は、実はそれは日本人の国民性をよく表した言葉で、長所でもあり短所でもある。日本人は人に迷惑をかける事を極端に嫌がる。
　日本では子どもの頃から「人様に迷惑をかけるんじゃありません」などと言われて育ち、他人の思惑や視線が行動の基準になったりする。迷惑をかけられた時にはひどく立腹して、相手の人間性を否定してしまうこともある。もう二度と付き合わない、などということもおきる。「迷惑をかけられて」トラブルになったり、ストレスを感じたりもする。
　他の人に迷惑をかけることがなぜいけないのかと言うと、相手に迷惑がかかることによって相手の生活や心が乱されるからである。他の人に迷惑をかけないことは、お互いの生活を円滑にするためには必要なことなのである。このような意味で、他の人に迷惑をかけてはいけないということは、だれにでも理解してもらえることなのであるが、次のような意味で他の人に迷惑をかけてはいけないとするならば話は違ってくる。
　すなわち他の人に迷惑をかけてはならない理由が、相手を困らせるからではなく、相手に迷惑をかけることによって自分が面倒に巻き込まれたり、いやな思いをしたくないというときである。相手のことを考えているつもりでも、実は無意識のうちに自分のことしか考えない利己的な発想だからである。最近はこのような理由で「人様に迷惑をかけてはいけない」と言うことが多くはないだろうか。このような考え方で他の人に迷惑をかけていけないのならば、むしろ迷惑をかけて、迷惑をかけるとはどういうことなのかを体験した方がいいと思う。
　迷惑をかけないことは、すでに暗黙のルールとして日本社会の隅々まで浸透している。たとえば、電車のなかで、荷物を抱える乗客は、言われな

くても自ら荷物を棚の上にあげる。それは、他の乗客に迷惑をかけないためである。また、ある店で、店員が「ちょっと…」と難色を示せば、たいていの客はそれ以上無理を言わず、相手を困らせることはしない(ちなみに、日本では相手の要求をストレートに断ることがめったにない。「ちょっと」を「No」と理解しても差し支えない)。このような例は枚挙にいとまがない。

　さらに、「迷惑をかけない」という考え方は、日本人の対人関係のあり方にも大きく影響しているようだ。どんなに親しい間柄でも、超えてはならない一線がある。

　日本では子供のころから、「人さまに迷惑をかけるんじゃありません」などと言われて育つ。しかし、アメリカの場合は、「お互いさま」の論理が先行する。自分は迷惑をかけるかもしれないが、相手の迷惑にも許容範囲が広くなるというスタイルだ。ボストンに20年以上住んでいる日本人が、「迷惑をかけあう、という感覚ですかね」と言っていたが、この思考性に気づかないとアメリカに住むことはストレスになるだろう。

　この世の中を気持ちよく生きていくためには、原則として他の人に迷惑をかけないように努力すべきであるが、程度問題ではあるけれど、他の人に迷惑をかけないで生きていくことは非常に困難なことである。人間が社会的な存在である以上、ある程度は迷惑をかけたり、かけられたりしないと生きてはいけないのではないであろうか。そうだとするならば、誤解を恐れずに言えば、むしろお互いに迷惑をかけ合ったほうが良い。

　東京都は昭和三七年10月11日『公衆に著しく迷惑をかける暴力的不良行為等の防止に関する条例』を公布した。その条例は九条ある。場所、迷惑内容を詳しく規定し、厳しい罰則もある。「常習として違反行為をした者は、二年以下の懲役又は百万円以下の罰金に処する」とある。迷惑行為は法律により規制されるのである。

　つぎは日本でよくみられる飲食店の知らせである。

　おはようございます。ご迷惑をおかけしますが、本日通常のランチ営業はお休みさせていただきます。

　本日はお昼会席の団体様の御予約を頂いております。また本日は料理撮影もございますので、ご迷惑をおかけしますが、通常のランチ営業はお休みさせていただきます。ランチは明日より通常どおりやらせていただきます。どうぞ宜しくお願い申し上げます。

第十二課

（一） 情報と現代社会

　21世紀を迎え、日本企業を取り巻く経営環境は厳しさを増している。今日、企業環境が厳しさを増した最大の要因は、「情報」である。

　情報技術が飛躍的に進歩して、情報が国境を越えて自由に飛び交うようになったおかげで、ベルリンの壁が崩落した。1989年のことだった。強い情報統制によって維持されてきたソビエト連邦などの社会主義国家は、あえなく崩壊していった。（ ① ）、ソ連を仮想敵国としてきた西側諸国の軍事的規制が緩んだ。大幅に規制緩和が実施され、情報公開がますます進んだ。こうして世界は"情報"によって、様変わりし、21世紀を迎えた。

　あふれんばかりの情報が飛ひ交う社会では、企業は情報戦争に巻き込まれる。

　まずいちはやく、消費者が情報に敏感になった。消費者は商品に関する情報を容易に手に入れることができるようになった。より賢い消費をするために、少しでも品質の良い商品を、より安い価格で買おうとする。そのために、消費者は商品情報や価格情報をマスメディアやインタ—ネットや口コミで集める。今では、それが簡単にできる。

　②それに応えて、企業は消費者に誠実な情報を、タイムリーにしかも好感を持ってもらえるような形で提供していかなければ、支持を得られない。支持を失えば満足に売上が上がらない。

　企業と企業の間でも、情報戦争が繰り広げられている。安い価格で商品購入できるように、企業は情報を集める。全世界から、最も低コストで原料を調達したり、製造委託できるように必死になっている。差異化した商品やサービスを提供できない企業は、付加価値をどんどん失っている。

　企業で働く人も情報に敏感になっている。彼らは、少しでも良い働き場所を求めて、求人情報に常に注意を払っている。ヤリガイを感じられる職場や高い処遇条件を提供する企業に、いつも関心を寄せている。ヤリガイが感じられない企業や、従業員に③満足な場を提示できない企業は、優秀な能力を失うことになる。

　株主は成長企業を見分けようとして、経済動向や企業業績といった情報にいつ

も目を向けている。銀行などの債権者は、もうこれ以上不良債権を抱える<u>わけにはいかない</u>ので、企業の健全性を表す指標を注視している。投資家や銀行を納得させるだけの事業構想を描けない企業は、金融市場から見放される運命にある。

現代社会は言うまでもなく、どこを見てもまさに情報の時代である。

（山根節『ビジネスアカウンティング』）

——（二） 母の愛——

愛情深い母親は、地震がグラっと来ただけで、まず子供を抱き上げるだろう。彼女にとって指輪より、貯金通帳よりも子供が大切なのだ。いや、ほかのものに比べて、子供が大切、というようなことではない。比較する前において、子供のことが頭の中にひらめくのである。そして、子供がどんなに悪い人間になっても、母親は最後まで子供の味方である。（ ① ）、私たちは、うまれながら、母親に選ばれた人間である。

——（三） やはり日本の父親は仕事の虫——

朝日新聞が昭和六十二年の「父の日」に総務庁発表の「子供と父親に関する国際比較調査』の資料を取り上げていました。

その中で、日本とアメリカ、西独の父親に「自分はどんな父親と思うか」という質問事項があり、日本の父親は第一位に「（ ① ）」、次いで、やさしい、きびしい、の順に。これに対してアメリカと西独の父親が第一にあげているの「頼りになる」であり、仕事熱心はアメリカでは四位、西独では十七位であった。

（小松左京『雑学おもしろ百科』角川文庫）

単 語

（一）

取り巻く（とりまく）③	（他五）	巻入
要因（よういん）⓪	（名）	原因

飛躍的（ひやくてき）⓪	（形）	飞跃的
飛び交う（とびかう）③	（自五）	交流
維持（いじ）①	（名・他サ）	维持
緩む（ゆるむ）②	（他五）	缓和
敏感（びんかん）⓪	（形動）	敏感
タイムリー①	（形動）	及时的
コスト①	（名）	成本
差異化（さいか）⓪	（名・自サ）	差别化
誠実（せいじつ）⓪	（形動）	诚实

（二）
貯金（ちょきん）⓪	（名・他サ）	存款
比較（ひかく）⓪	（名）	比较

（三）
熱心（ねっしん）①	（形動）	热心
頼り（たより）⓪	（名）	依靠、依赖

文 法

（一）

1．んばかり（あふれ<u>んばかり</u>の情報が飛び交う社会では、企業は情報戦争に巻き込まれる。）

接続：动词未然形＋んばかり；

释义：差一点……，几乎要……

○ 彼女は泣かんばかりに、「さようなら」といって分かれていった。

　（她几乎要哭了，说声再见就分手了。）

○ 彼は嚙みつかんばかりの顔で私をにらみつけた。

　（他双眼瞪着我，几乎要把我吃了。）

2．ようになる（消費者は商品に関する情報を容易に手に入れることができる<u>ようになった</u>。）

接続：动词辞书形/动词可能形＋ようになる；

释义：表示结果，即状态变化的结果，"变得……了"。
○ 例句 ①日本語の敬語が少しわかるようになりました。
　　（日语的敬语，我稍微明白一点了。）
○ 病気がだいぶよくなって、もう歩けるようになりました。
　　（病好多了，已经能走路了。）
3．わけにはいかない（銀行などの債権者は、もうこれ以上不良債権を抱えるわけにはいかないので、企業の健全性を表す指標を注視している。）
接续：动词辞书形＋わけにはいかない；
释义：不能……
○ 母はタバコが嫌いなので、家で吸うわけにはいかない。
　　（妈妈讨厌吸烟，所以不能在家里吸。）
○ いくら友達だからといって、宿題までやってもらうわけにはいかない。
　　（虽说是朋友，也不能连作业都代劳啊。）
○ これは友達から借りたものだから、あげるわけにはいかない。
　　（这是跟朋友借来的，所以不能给你。）
4．までもない（現代社会は言うまでもなく、どこを見てもまさに情報の時代である）
接续：动词辞书形＋までもない；
释义：没必要……，用不着……
○ これは常識ですから、わざわざ説明するまでもないでしょう。
　　（这是常识，所以不必特意说明吧。）
○ わざわざいくまでもない。電話すればけっこうだよ。
　　（没必要特意去一趟，打个电话就行了。）

（二）
5．において（比較する前において、子供のことが頭の中にひらめくのである。）
接续：名词＋において；
释义：在……
○ その時代において、女性が社会へ進出するのは珍しいことだった。
　　（在那个时代，女子进入社会是很少见的。）
○ 最近、人々の価値観において、ある小さな変化が見られる。
　　（近来，人们的价值观发生了某种细微的变化。）

第十二課

練習

一、次ぎの漢字に振り仮名をつけなさい。

飛躍（　　　）　　国境（　　　）　　崩落（　　　）
維持（　　　）　　緩和（　　　）　　実施（　　　）
様変わり（　　　）　敏感（　　　）　　提供（　　　）
賢い（　　　）　　必死（　　　）　　失う（　　　）
職場（　　　）　　表す（　　　）　　味方（　　　）
熱心（　　　）　　貯金通帳（　　　）　金融（　　　）

二、次ぎの片仮名に適当な漢字をかきなさい。

日本企業を取り巻く経営環境はキビしさを増している。（　　　）
情報技術が飛躍的にシンポする。（　　　）
消費者が情報にビンカンになった。（　　　）
シジを失えば満足な売上が上がらない。（　　　）
ショウヒンに関する情報（　　　）
優秀な能力をウシナウことになる。（　　　）
ヒカクする前において、子供のことが頭の中にひらまくのである。（　　　）
母親は最後まで子供のミカタである。（　　　）
彼女にとってユビワより、貯金通帳よりも子供が大切なのだ。（　　　）
ヒッシになっている。（　　　）

三、文章（一）を読んで、後の問いに答えなさい。答えは、①・②・③・④から最も適当なものを一つ選びなさい。

問一　なぜ消費者は商品情報や価格情報をマスメディアやインターネットや口コミで集めますか。

①　消費者が情報に敏感になったから。
②　消費者は商品に関する情報を容易に手に入れるから。
③　より賢い消費をしたいから。
④　今はそれが簡単にできるから。

問二　（①）に入る最も適当な言葉はどれか。

①　すると

②　そのおかげで
③　しかし
④　つまり

問三　②「それ」は何を指していますか。
①　品質の良い商品をかうこと。
②　より安い価格で商品を買うこと。
③　消費者は商品に関する情報を容易に手に入れること。
④　消費者が情報に敏感になったこと。

問四　なぜ企業と企業の間でも、情報戦争が繰り広げられているのか。間違っているは次のどれか。
①　安い価格で商品購入したいから。
②　最も低コストで原料を調達したいから。
③　最も低コストで製造委託したいから。
④　差異化した商品やサービスを提供できないから。

問五　③「満足な場」はどういう意味ですか。
①　情報に敏感になっている所。
②　ヤリガイが感じうれない所。
③　優秀な能力を失う職場。
④　高い処遇条件を提供できる所。

四、文章（二）を読んで、後の問いに答えなさい。答えは、①・②・③・④から最も適当なものを一つ選びなさい。

問一　（①）に入る最も適当な言葉はどれか。
①　すると
②　だから
③　しかし
④　つまり

五、文章（三）を読んで、後の問いに答えなさい。答えは、①・②・③・④から最も適当なものを一つ選びなさい。

問一　（①）に入る最も適当な言葉はどれか。
①　頼りになる

② やさしい
③ きびしい
④ 仕事熱心

言語文化コラム

御遠慮ください

　「遠慮」という語の意味は、はじめ（は）「遠い先までも見通すこと」であった。これは、現代の「深謀遠慮」という言葉と同じ意味である。この用法は、平安時代以来、漢文の記録や漢文訓読体の軍記物などで使われていた。その後、室町時代から近世にかけて、「言動を差し控える」という意味で使われるようになってきたようである。またさらに、「自分から断わる、辞退する」という意味でも使う。この用法はさらにすすんで、現代でいう、お祭りなどを「自粛する」ことにも使われ、また、江戸時代には、「謹慎」の刑罰のことや、病や物忌を理由に、出仕や面会を「自重」する意味でも用いた。江戸幕府法では武士と僧に科せられる刑で、屋敷の門を閉じ、昼夜とも当人および内外の者の出入りを禁じ、ただ病気のときだけ夜中に医師を招くことができ、また出火、類焼にあたっては消防、避難することは許されていた。

　これら「辞退・自粛・謹慎・自重」は、なんらかの自分の行動を差し控える行為である。その根底には、いわば、世間をはばかる精神が流れているのかも知れない。しかし、用語や語法そのものには、謙譲の用法（あえて言い換えてみれば、「差し控えさせていただく」の「させていただく」の部分）、すなわち「待遇の本義がある」というわけではない。

　さて、「御～くださる」は相手の行為を高める、尊敬語に属する敬意表現である。「御遠慮」は和語でいえば「お控え」にあたり、全体に「お控えください。」と言い換えられる。それでは「御遠慮ください。」ばかりが罪深いように言われるのは、どうしてだろうか。第一に、和漢の語種の違いがある。和語には、言葉を柔らかく感じさせ、その分、婉曲の度合いが大きくなり、禁止の度合いも、より弱く感じられる、という効果があるのかもしれない。

　たとえ漢語の「遠慮」を使ったとしても、さらに敬意表現を伴った「御遠慮いただいております。」などの方が、紋切り型の「御遠慮ください。」よりも、少しは"まし"に思われるだろう。これは、「御遠慮ください。」と言い切っていないので、話し手の謙譲の心持ちが、少しでも聞き手に伝

わるからだろう。

　「御遠慮ください」が不適切な表現だと判断されるのには、おそらく、いくつかのことが同時に複合していて、全体の表現として「心地よくない」からだと解釈できるかもしれない。「間違いかどうか」の範囲を、用語本来の厳密な意味・用法に限定せずに、表現やその効果にまで拡大するとしたら、「やめておくに越したことはない」という話である。

　このことを、商業的な応接マニュアルなどで、理由もなくルール化する必要はないかも知れない。が、言葉の性質を見極めて、よりよい別の表現（例えば、「飲食物のお持ち込みは、御容赦願います。」など。）を積極的に探すのがよいだろう。

　まず、「ご遠慮」という言葉であるが、よく聞く「タバコはご遠慮ください」とか「携帯電話はご遠慮ください」など、相手に対しての使いかたは、本来の日本語としては間違いであることを頭に置いておいてほしい。

　「遠慮する」という言葉は、自分の行為（言動、行動）を控えめにするという意味なので、相手の行為に対して使う言葉ではない。だから

　×「ご遠慮ください」

　○「遠慮させていただきます」←自分に対してなので、「ご」はつけない。

　いまは、他人に対して、控え目に振る舞うこと、言動を控え目にすること、「発言を-する」や、（「遠慮なく」の形で相手を誘ったり、相手からの勧めに応じたりする場合にも用いる。「-なく召し上がれ」「-なくあがらせていただきます」「ご相談のご希望がございましたらご遠慮なくご連絡下さい」…

　または、（事情や状況を考え合わせて）やめること、辞退することなどに用いる。そして「喪中につき新年の御挨拶は遠慮させていただきます」「遠慮してほしい」「車内での喫煙は御遠慮ください」などの形で相手に対して退去や行為の中止を求める場合にも用いる。「しばらく遠慮してほしい」「おタバコは御遠慮ください」「コーナーでの携帯電話のご使用はご遠慮ください」…

　次の言い方もよく見られる。「路上駐車はご遠慮ください。」「当院周囲への路上駐車はご遠慮ください。」「自家用車でお越しの方は、かならず当院専用駐車場をお使いください。また、長時間エンジンをかけていると近隣への迷惑になります。特に、夜間には窓を開けてお休みになられる方も…」。

第十三課

（一） ジョブズ氏、アップル社ＣＥＯを辞任

　カリスマ経営者がその表舞台から姿を消します。「ｉＰｈｏｎｅ」など世界的なヒット商品で知られる「アップル」の創業者スティーブ・ジョブズ氏がＣＥＯ（最高経営責任者）を辞任しました。

　新商品の発表は、いつも予告なく、突然でした。①おなじみの光景がもう観られなくなります。カリスマ経営者からもたらされた情報は今日も突然でした。

　「ＣＥＯとして職務と期待に応えられなくなるような日が来たときは、私からまず皆さまにお伝えすると申してきました。残念ながら②その日が来ました」（アップル社のホームページ）

　アップル社のＣＥＯ（最高経営責任者）のスティーブ・ジョブズ氏。関係者への手紙で辞任が明らかになりました。後任にはティム・クックＣＯＯ（最高執行責任者）を指名。自らは会長職にとどまるとしています。

　「来るべきときが来たと。いずれはとは思っていたが、今日か、みたいな」（街の人）

　ジョブズ氏はこれまで、すい臓がんや肝臓の治療を受けるなど、長年、健康問題を抱え続けていました。ジョブズ氏は健康悪化が辞任の理由であることを示唆しました。

　「アップルはこれから、もしかして止まってしまうような感じがする」

　「周りにすばらしい方がいると思うので、（辞任の影響は）大して心配していない」（街の人）

　アップル社の歴史はジョブズ氏とともにありました。ジョブズ氏は１９７６年に友人らと共同でアップル社を創業。コンピューター「マッキントッシュ」などを発売。アップル社を世界的な企業に育てました。その後、社内対立で一度は退社しましたが、1997年にＣＥＯに復帰。経営危機に陥っていたアップル社の再建に着手しました。

　「アップル社は厳しい日々を送っていました。難しい決断でした。あなたはお子さんをお持ちですか？いわば私はアップルという会社を子どものように感じて

いるんです。（ ③ ）最終的に引き受けざるを得なかったんです」（スティーブ・ジョブズ氏）

そして、斬新なデザインのパソコン「iMac」や携帯音楽プレーヤー「iPod」など、次々とヒット商品を発売。2007年に発売した多機能型携帯電話機「iPhone」は、業界がスマートフォンの販売競争に舵を切る発端となりました。

アップル社は今月、株式の時価総額が全米でトップに立つなど、ジョブズ氏のもとで急成長を遂げてきました。その一方で、「ジョブズ氏頼み」の危うさもアップル社は抱えていました。ジョブズ氏の辞任がもたらす影響は？

「製品1つ1つの色合いとか、デザイン、コンセプトとか、あらゆる面でジョブズ氏の考えが反映されている。今後、そういったものが何年先まで出てくるのかというところは興味深い」（ITジャーナリスト、石川温氏）

ジョブズ氏は手紙で、こうつづっています。

「アップル社の最も輝く、最も革新的な日々は、これからだと信じています」（スティーブ・ジョブズ氏の手紙）

──（二） ブラックホール──

ブラックホールは、巨大な恒星がその一生の最後に起こす超新星爆発によって生まれると考えられている。恒星は核融合反応によってエネルギーを作り出しているが、その明るさと質量、そして寿命の間には一定の関係がある。われわれの太陽のような極標準的な星は約百億年が寿命だが、太陽の約三倍ほどの質量をもつ恒星はわずかに五億年しかない。

さらに太陽の20倍となると、その寿命はわずかに一千万年という短い間しか輝いていられない。なぜなら、巨大恒星ほど中心の温度が（ ① ）、それだけ核融合反応が（ ① ）進んで、（ ① ）「燃え尽きでしまう」からである。この「燃え尽きる」時にかなり重い星だと、超新星爆発という大爆発を起こして自分の質量の外層部分を宇宙空間に放出する。一方で爆発の力まで、圧縮されると、表面の重力が極端に大きくなって、光さえ脱出できないほどになる。これがブラックホールだ。

（三）コンピューターウイルス

　気になるのは、コンピューターウイルスと言うやつがなにものかということだ。
　もちろんウイルスといっても、自然界に存在する本物の病原体のことではない。正体は意図を持って作られたプログラムだ。だから、われわれ人間に感染する心配はない。しかし、このプログラムが、もはや無視できないほど現代社会で猛威をふるっているのだ。
　ウイルスは、知らないうちにコンピューターに巣くい、増殖していく。これに感染するシステムが正常に動作しなくなったり、ファイルが消去されたりする。ひどいものになると、ハードディスクやパソコン本体までも破壊してしまうことがあるというから侮れない。
　こうした被害はもちろん深刻だが、背後にはもっと根の深い怖さが潜んでいる。じつはコンピューターウイルスは、その気になれば誰でも作れてしまうのだ。ネットワークやフロッピーディスクを介して、コンピューターからコンピューターへと感染を繰り返す。（ ① ）、自分で自分自身のプログラムをコピーする機能さえ備えていればコンピューターウイルスになりうるわけだ。

単　語

（一）

辞任（じにん）⓪	（名・他サ）	辞职
自ら（みずから）⓪	（名）	自己
示唆（しさ）⓪	（名・自サ）	暗示
光景（こうけい）⓪	（名）	光景
斬新（ざんしん）⓪	（形動）	崭新
再建（さいけん）⓪	（名・他サ）	重建
危機（きき）①	（名）	危机
トップ①	（名）	首位
遂げる（とげる）②	（他一）	完成、达到
色合い（いろあい）⓪	（名）	颜色搭配
あらゆる③	（連体）	所有

（二）

恒星（こうせい）⓪	（名）	恒星
寿命（じゅみょう）①	（名）	寿命
圧縮（あっしゅく）⓪	（名・他サ）	压缩

（三）

ウイルス①	（名）	病毒
本物（ほんもの）⓪	（名）	真东西
猛威（もうい）①	（名）	来势凶猛
被害（ひがい）①	（名）	被害

文 法

（一）

1. 大して…ない（周りにすばらしい方がいると思うので、［辞任の影響は］大して心配していない。）

接续：大して+形容词/动词否定形；

释义：并不那么……

〇 僕は、生魚は大して好きではない。
　　（我并不那么喜欢吃生鱼。）

〇 この問題は大して難しくないので、数学の嫌いな私でもできる。
　　（这个问题并不那么难，连讨厌数学的我都会。）

〇 良子さんが結婚しようがしまいが、わたしは大して興味を持っていない。
　　（良子结不结婚，我没有多大兴趣去了解。）

2. ざるを得ない　（ですから最終的に引き受けざるを得なかったんです。）

接续：动词未然形+ざるを得ない；

释义：不得不……

〇 化学は好きではないが、必修だからとらざるを得ない。
　　（我并不喜欢化学，但因为是必修课，不得不选。）

〇 資金不足のために、この開発計画も今後大幅な修正をせざるをえないだろう。
　　（因为资金不足，这项开发计划今后也不得不进行大幅度修改。）

(二)

3. によって（恒星は核融合反応に<u>よって</u>エネルギーを作り出しているが、その明るさと質量、そして寿命の間には一定の関係がある。）

接续：名词＋によって；

释义：因为，由于。

○ 女性の社会進出が進んだことによって、女性の社会的地位もだんだん向上してきた。

（由于越来越多妇女参加社会活动，妇女的社会地位也逐步提高了。）

○ 渋滞によって、三時間以上も遅れた。

（由于堵车，迟到了3个多小时。）

(三)

4. ほど（しかし、このプログラムが、もはや無視できない<u>ほど</u>現代社会で猛威をふるっているのだ。）

接续：形容词／动词简体形＋ほど；

释义：副助词，表示程度。

○ 心配しているとはいっても、寝られないというほどではない。

（虽说担心，但也并没有睡不着觉。）

○ 会社は赤字だが、今のところは人員整理をするほどではない。

（公司虽然出现赤字，但现在还不到进行人员调整的程度。）

練習

一、次ぎの漢字に振り仮名をつけなさい。

発表（　　　）　　光景（　　　）　　指名（　　　）
治療（　　　）　　示唆（　　　）　　斬新（　　　）
寿命（　　　）　　感染（　　　）　　対立（　　　）
影響（　　　）　　復帰（　　　）　　輝く（　　　）
質量（　　　）　　極端（　　　）　　意図（　　　）
動作（　　　）　　機能（　　　）　　増殖（　　　）

二、次ぎの片仮名に適当な漢字をかきなさい。

新商品の発表は、いつも予告なく、トツゼンでした。（　　　）

難しいケツダンでした。（　　）
ＣＥＯとして職務とキタイに応えられなくなるような日が来た。（　　）
おなじみのコウケイがもうみられなくなります。（　　）
その明るさとシツリョウ、そして寿命の間には一定の関係がある。（　　）
一方でバクハツの力まで、圧縮される（　　）
人間にカンセンする心配はない。（　　）
もはやムシできないほど現代社会で猛威をふるっているのだ。（　　）
こうした被害はもちろんシンコクだ。（　　）
正体はイトを持って作られたプログラムだ。（　　）

三、文章（一）を読んで、後の問いに答えなさい。答えは、①・②・③・④から最も適当なものを一つ選びなさい。

問一　①「おなじみの光景」とあるが、何を指すか。
① 新商品の発表が突然でした。
② カリスマ経営者がその表舞台から姿を消します。
③ CEO（最高経営責任者）を辞任しました。
④ カリスマ経営者からもたらされた情報はきょうも突然でした。

問二　②「その日」は、何を指すか。
① カリスマ経営者になった日。
② 新商品を発表した日。
③ CEO（最高経営責任者）を辞任した日。
④ 「アップル」を創業した日。

問三　筆者によると、ジョブズ氏が辞任の理由は次のどれか。
① 新商品の発表。
② 健康悪化。
③ 経営危機。
④ 周りにすばらしい方がいること。

問四　（③）に入る最も適当な言葉はどれか。
① すると
② だから
③ しかし
④ つまり

四、文章(二)を読んで、後の問いに答えなさい。答えは、①・②・③・④から最も適当なものを一つ選びなさい。

問一　（　①　）に入る最も適当な言葉はどれか。
① 高く　遅く　早く
② 高く　速く　早く
③ 低く　速く　早く
④ 低く　遅く　遅く

五、文章(三)を読んで、後の問いに答えなさい。答えは、①・②・③・④から最も適当なものを一つ選びなさい。

問一　（　①　）に入る最も適当な言葉はどれか。
① その一方で
② すると
③ 要するに
④ ですから

言語文化コラム

ご苦労様

　苦労とは物事がうまくいくように、精神的・肉体的に励むことである。逆境にあって、つらい目にあいながら努力すること、また、あれこれと苦しい思いをすることで、「苦労が絶えない」「苦労を共にする」「苦労して子供を育てる」などと使う。
　また、（多く「ごくろう」の形で）人に世話をかけたり、厄介になったりすることも表し、「親に苦労をかける」「ご苦労をかける」「ご苦労さま」などとも使う。
　苦労人は苦労を経験して、世の中の事や人情に通じている人を指す。
　「若い時の苦労は買ってでもせよ」という諺がある。それは（若い時の苦労は買ってでもせよとは）、若い時にする苦労は必ず貴重な経験となって将来役立つものだから、求めてでもするほうがよいということである。若い頃の苦労は自分を鍛え、必ず成長に繋がる。苦労を経験せず楽に立ちまわれば、将来自分のためにはならないという意味で、「若い時の苦労は

買ってでもしろ」「若い時の苦労は買うて（こうて）でもせよ」ともいう。
　山内一豊は戦国武将で苦労の末に土佐一国の城主となったという。
　「苦労は成功するための糧」は有名な起業家達が事業を成功させるまでを表した名言である。
　落語家の古今亭文菊は　大学卒業後、落語界に「就職」し、10年目にして師匠と呼ばれる「真打ち」に昇進した。苦労しなければ一人前の落語家にはなれないという主義を貫いていた。彼の名言は「人間が人格完成しようと思えば、30歳になるまでは苦労してみなければならないと考えます。」である。
　御苦労は名詞または形容動詞で、相手の骨折りをねぎらっていう語であり、「どうも御苦労さん」などと言う。御苦労様は感動詞または形容動詞であり、相手の骨折りをねぎらって、丁寧にいう語である。「遅くまで御苦労様でした」などと言う。ただし目上の人に対しては「お疲れ様」を使うほうが自然である。
　つぎは江戸以来の「御苦労」の対象者の変遷である。

	目上	同等	目下
江戸	76%	12%	12%
明治	36%	34%	30%
大正	42%	10%	38%
昭和	25%	25%	50%

　明治前期までは目下への使用は少なかった。しかし、明治から大正に移る頃を境に目下への使用が完全に上回っている。上記の数値は％表示のため、昭和の初期までは使用の実数が減ったという訳ではない。依然として多い目上への使用を、さらに増加した目下への使用が上回ったということである。
　明治（1860年代）から昭和（1950年代）までの「御苦労様」使用対象者は目上へが33%で、目下へが46%、同等へは21%であり、たしかに目下への使用例が最も多い。しかし、目上と同等を合わせると、（目下以外の使用は）53%となり、目下への使用を上回る。すなわち、明治以降も「御苦労」のような労い言葉は必ずしも上司が部下に掛ける言葉とは言えない。
　文化庁の平成17年度調査によると、職場で別れるとき、自分より職階が下の人に対して60代の41.3%が「ご苦労さま（でした）」と声をかけるとした。これは、「お疲れさま」の42.9%とほぼ同じである。さらに、自分より階級が上の人に対しても60代の20.2%が「ご苦労さま（でした）」を選んでいる。（これにより）「ご苦労さま」は、50代より年配者がよく使う傾向が見て取れる。

第十三課

　「ご苦労様」を略さずに意味が伝わるように書くと、「ご苦労をおかけしています」である。苦労をかけている、つまり、その苦労の原因となっているのは、「ご苦労様」といっている本人である、ということである。決して「ご苦労していますね」という第3者（同情者）や仲間の発言ではないのである。これを踏まえて、「ご苦労様」のニュアンスと言うと、「私のために（私の代わりに）働くことで、苦労をかけてますね、ありがとう」となり、この言葉が、ご主人様→召使い、雇い主→被雇用者、師匠→（ただ働きをする）弟子などの関係を前提としたねぎらいの言葉なのである。転じて、上司→部下の場合などでも、仕事は、上司のためにやっているわけではないが、上司は、会社のかわりに仕事の命令を出しているので使うことができる。

　夫が仕事から帰宅した際、妻から「お帰りなさい。ご苦労様」と言われれば嬉しいものである。「家族のために働いてくれてありがとう」というニュアンスが伝わってくるからである。これが「お帰りなさい。お疲れ様」だと、共働きならともかく、夫は自分の値打ちを下げられているような気持ちになる。

　定年退職者の送別会などにおいて、長年の勤務に対する感謝とねぎらいの意味で「長い間ご苦労様でした」とよく言う。実際に管理職などのキャリアがない万年平社員であったとしても、送別会という主役を持ち上げる場面では「長い間ご苦労様でした」が適切だと思う。

　よく駅前で市会議員などが「皆さん、朝早くからのお勤め、ご苦労様でございます！」と街頭演説をしていることがあるが、彼らは自分が有権者より目上だと思っているわけではない。その時間帯の駅利用者の多くは、一家の大黒柱として勤めに出ているわけで、その「役割」をねぎらっている言葉なのである。

　昭和天皇の「大喪の礼」の日（1989年2月24日）、前夜の午後8時から葬列を待っていた74歳の男性は「『心からご苦労様でした』といって見送らしてもらいました」と話したことが記事となっている。

　要するに、これは公的な役割に対する感謝とねぎらいの言葉なのである。こう考えてみると、「ご苦労様」は、むしろ目上の人に対して使うべき言葉である。

第十四課

――― （一） 大局観を持つために ―――

　経営者が適切な意思決定をするためには、大局観を持たなければならないとよく言われる。だが、どうすれば大局観を持てるのかについて、教えてくれる人はあまりいない。

　大局観とは、物事を遠くから、長期的に見る視点をもつことである。まず物理的に距離を置く典型的な例として、世界各国で高台に城がそびえていることが多いことを思い起こしてほしい。滅びた文明の廃墟にも、高い場所に城跡がある。

　昔の支配者は、町の一番（　①　）ところに居を構えて、そこから下を見て暮らしていた。「あそこに教会がある」「そこに集会所がある」などと、上から見た方が全体がよくわかるのだ。大局観は、少し現場から離れ、一呼吸置いてみることで得られるのである。

　高台から見れば町の様子全体がよく見えるが、混雑した市場の真の中で日々活動していたり、市役所の前で抗議活動をしたりしても、目の前のことに気を取られ、全体から見たらどのようになっているかはまずわからない。

　空間については、例えば人の意見を聞いてみることからでも始められる。自分の会社について、自分も現場にどっぷりとつかっていると全体のことがよくわからない。だが、全く違う業種の人にどう見えるのかを聞いてみたりすると、新たな「空間」の視点が生まれる。地上に住んでいると地球の美しさをなかなか実感できないが、宇宙から地球をみた宇宙飛行士はほぼ全員が、地球の美しさに一番感嘆している。地球を離れて初めて全体としての美しさを知ったのだ。

　また物事は、空間だけではなく、時間的にも距離を置いて眺めることで全体像がよくわかり、大局観を得られると思う。

　（中略）

　今悩んでいることについて空間的距離を置いて考えるには、唐の太宗が魏徴を登用して諫言させたように、自分のことをボロクソに言う部下をそばに置くのが一番いい。そうした日々の積み重ねの中で、予測不能な現代社会を生き抜くため

の大局観が、少しずつ得られるのではないだろうか。

(出口治明『日経ビジネス』)

——（二） 借りる時の地蔵顔——

　日本のビジネスマンは、よく会社の帰りに仲間と一緒にお酒を飲んだりカラオケで歌ったりして、仕事のストレスを解消すると言われています。中にはお酒が苦手で、早く家へ帰りたい人もいますが、仲間や上司に誘われると嫌でも、付き合わざるを得ないことがあります。時には「行くのは面倒だけど、いかないと同僚から悪口を言われたり、会社内部のことがわからなくなったりして、仲間外れにされる恐れがあるから。」という話を聞いたこともあります。

　皆さんがもし日本人から「一杯飲みに行こう。」と誘われたら、この機会を利用して、日本人と友達になってみてはいかがでしょうか。

　（①）、中国ではこのような場所、ほとんど誘った方がお金を支払いますが、日本では割り勘で支払うことが多いようです。もちろん誘った人がみんなの分を支払うこともありますが、自分の分を支払う用意をしておいたほうがよいでしょう。

　日本では「借りる時の地蔵顔、返す時の閻魔顔」という諺があります。つまり、借金する人は借りる時、とても穏やかな顔をしているが、返済するときにはひどく不愉快な顔をしているということです。仕事においても、個人的な関係においても金銭に関する問題は、はっきりしておいた方がお互いに気持よく付き合うことができるという考え方です。そこで、たとえ仲間同士でお酒を飲む時でも割り勘にしたほうが後にしこりが残らず長い付き合いができると考えるのです。

——（三） ダイエットの方法——

　若い頃はいくら食べても太る心配がなかった人も、３０代、４０代になると、太り始めてくる。このまま太って、若い子から「中年太り」と冷やかされるのも嫌だし、だからと言って食事制限はしんどい。こんなとき、肥満を解消しようと思ったら、一日一万歩を目標に歩くのがベスト。歩くというのは相当の運動であり、毎日歩けば、かなりのカロリーを消費したことになる。（①）、歩くだけなら、

トレーニング・ジムに行く必要もなく、いつでもどこでもできる。通勤にしろ、最寄りの駅の一駅手前で電車を降りて、歩いて行くなど工夫すれば、一万歩はそう難しい数字ではない。

単 語

(一)

大局観（たいきょくかん）⓪	（名）	大局观
距離（きょり）①	（名）	距离
廃墟（はいきょ）①	（名）	废墟
混雑（こんざつ）⓪	（名・自サ）	混杂
抗議（こうぎ）①	（名・自サ）	抗议
眺める（ながめる）③	（他動）	眺望，注视
感嘆（かんたん）⓪	（名・自サ）	感叹
予測（よそく）⓪	（名・自サ）	预测

(二)

仲間（なかま）②	（名）	伙伴
悪口（わるくち）⓪	（名）	坏话
割り勘（わりかん）⓪	（名）	AA制
返済（へんさい）⓪	（名・他サ）	还钱

(三)

肥満（ひまん）⓪	（名）	肥胖
目標（もくひょう）⓪	（名）	目标
トレーニング②	（名）	训练
カロリー①	（名）	热量
通勤（つうきん）⓪	（名）	上班

文 法

(一)

1．だけではなく（また物事は、空間だけではなく、時間的にも距離を置いて眺

めることで全体像がよくわかり、大局観を得られると思う。）

接続：名词+/动词辞书形+だけではなく；

释义：不仅仅……也……

○ 美智子さんは、ただ踊ることができるだけではなく、演技もできる。

（美智子不单会跳舞，还会表演。）

○ 品物が高いのはただ電気製品だけではなく、食料品もあがる一方だ。

（物价高的不仅是电器商品，粮食价格也越涨越高。）

（二）

2．恐れがある（行くのは面倒だけど、いかないと同僚から悪口を言われたり、会社内部のことがわからなくなったりして、仲間外れにされる恐れがあるから。）

接続：名词+の/动词辞书形+恐れがある；

释义：有……可能，有……危险。

○ この本は子供に悪い影響を与える恐れがある。

（担心这本书会给孩子带来不良影响。）

○ 工場が増えると、川の水が汚くなる恐れがある。

（工厂增多，恐怕河水就会被污染。）

（三）

2. だからと言って（だからと言って食事制限はしんどい。）

接続：接活用词终止形后；

释义：虽说……但是……，不能因为……就……。常与"とは限らない""わけではない"等结构呼应使用。

○ 簡単に見えるからといって、すぐにできるとは限らない。

（虽然看起来简单，但也不一定马上就会做。）

○ まだ卒業論文が完成していないので、就職が決まったからといって、喜ぶわけではありません。

（虽说工作已经落实，但毕业论文还没有完成，不能太高兴。）

○ 体が丈夫だからといって、衛生には注意しないわけにはいかない。

（虽然身体不错，但是不注意卫生也不行。）

練　習

一、次ぎの漢字に振り仮名をつけなさい。

適切（　　　　）　　物事（　　　　）　　典型（　　　　）
支配者（　　　　）　空間（　　　　）　　眺める（　　　　）
仲間（　　　　）　　穏やか（　　　　）　制限（　　　　）
感嘆（　　　　）　　混雑（　　　　）　　廃墟（　　　　）
現場（　　　　）　　解消（　　　　）　　割り勘（　　　　）
返済（　　　　）　　用意（　　　　）　　通勤（　　　　）

二、次ぎの片仮名に適当な漢字をかきなさい。

高いバショに城跡がある。（　　　　）
あそこにキョウカイがある。（　　　　）
地球の美しさに一番カンタンしている。（　　　　）
少しゲンバから離れ、一呼吸置いてみることで得られるのである。（　　　　）
仲間やジョウシに誘われるといやでも、付き合わざるを得ないことがあります。
（　　　　）
ヘンサイするときにはひどく不愉快な顔をしているということです。
（　　　　）
若い頃はいくら食べても太るシンパイがなかった。（　　　　）
肥満をカイショウしようと思った。（　　　　）
毎日歩けば、かなりのカロリーをショウヒしたことになる。（　　　　）
食事セイゲンはしんどい。（　　　　）

三、文章（一）を読んで、後の問いに答えなさい。答えは、①・②・③・④から最も適当なものを一つ選びなさい。

　問一　（①）に入る最も適当な言葉はどれか。
　　①　低い
　　②　高い
　　③　危ない
　　④　安全な
　問二　筆者によると、大局観を持つためにどうすればいいのか。

① 現場から離れること
② 一番高いところにいること
③ 自分のことをボロクソに言う部下をそばに置くこと
④ 時間的に距離を置いて眺めること

四、文章(二)を読んで、後の問いに答えなさい。答えは、①・②・③・④から最も適当なものを一つ選びなさい。

問一　なぜ日本では酒が苦手でも酒に誘われたら、いかざるを得ないのか。
① 仕事のストレスを解消するから。
② いかないと同僚から悪口を言われたり、会社内部のことがわからなくなったりして、仲間外れにされる恐れがあるから。
③ 行くのは面倒だから。
④ 上司に誘われるから。

問二　（①）に入る最も適当な言葉はどれか。
① だから
② まず
③ しかも
④ ただし

五、文章(三)を読んで、後の問いに答えなさい。答えは、①・②・③・④から最も適当なものを一つ選びなさい。

問一　（①）に入る最も適当な言葉はどれか。
① おまけに
② しかし
③ だから
④ つまり

言語文化コラム

ただいま

　感動詞の「ただいま」「お帰りなさい」「行ってきます/行ってまいります」「行っていらっしゃい」は日本の家庭でよく使われている言葉である。

　「ただいま」はもとは副詞である。「ただいまは八時五十二分三十一秒だ」、「今日ただいまから禁酒する」のただいまは今現在、いますぐにの意味である。「只今、電燈を点けますからどうかそこからおはいり下さい」のただいまはごく近い未来、ただちになどの意味である。「ただいまお出かけになったところです」のただいまはごく近い過去、つい先ほどなどの意味である。ただいまは感動詞で、帰宅のときの挨拶であり、帰宅した側が用いる。そして、在宅していた側は「おかえり」を用いる。

　「おかえり」は感動詞であり、「おかえりなさい」の略で、帰宅のときの挨拶である。これは目上又は相当に親しい関係にある、待っていた側が用い、目下のほうは「おかえりなさい」をよく用いる。

　また、「只今帰りました」を略したものである。「ただいま」「おかえりなさい」も大切な言葉で、「いってきます」の「言霊による約束」を果たした言葉が「ただいま」である。それに対して、「おかえりなさい」は「約束を守って帰ってきてくださった。ありがとう」の感謝の言葉である。

　「行ってらっしゃい」は感動詞であり、よく見られる日本の朝の会話で（あり）、自宅など本拠とする場所から出発するときに、見送る側が用いる挨拶である。別に重要なことを言っているわけではないのであるが、このようなあいさつは日本人にとって、とても気持ちのいいものである。「いってらっしゃい」は、安全に、そして元気で過し、無事に帰ってきてほしいという思いがこもった言葉である。つまり「いってらっしゃい」は、目的地に行ったのち、無事に帰ってこいという、「引き戻し」の言霊なのである。「いってらっしゃい」という、一見ただの習慣や社交辞令のように思える言葉も、口に出したとたん強いエネルギーとなる。

　「いってきます」は感動詞であり、出発のときの挨拶で、出発する側が用い、どこかに行っても再び帰ってくるという意味である。「行ってきます」と「帰ってきます」を合わせ、「今から出かけます、そして帰ってきます」と再び帰って来ますという意味が込められた言霊である。昔は旅をするのも命がけで「いってきます」と言うことにより「必ず帰ってきます」という誓いをしたらしい。

　外出するとき、多くの人は今や何も考えず「いってらっしゃい」「いっ

てきます」と言っているだろう。古来、言葉には霊力が宿ると考えられてきた日本において、「いってらっしゃい」「いってきます」には強い「言霊パワー」が秘められていると言われる。このように「無事帰りますように!」という願いが込められた「いってきます」と「いってらっしゃい」のような良い言葉を発すると、相手を元気づけ、心を明るくし、災難から守ってやることもできる。これでこれからは元気に、「いってらっしゃい」「いってきます」が言えるだろう。

　1945年の特攻隊員が出陣するときの挨拶は「いってきます」や「いってまいります」ではなく、帰らない決心を込めた「いきます」だった。特攻隊員は片道の燃料しか与えられず、帰還すれば恥とされた。

　どの国にもあいさつの言葉はあるが、日本人はあいさつをとても大切にし、季節や天候までも話題にする。人に会ったときや別れるときなど、外国人から見たら驚くほど、大切にして生きている。それは日本人の感性の表れなのである。

　たとえば、もしあなたが朝、会社で上司に会ったとき、「おはようございます」と言わずに黙っていたら、その上司は、あなたは体の具合が悪いのか、それとも自分に何か不満をもっているのか、と考えるだろう。逆に自分があいさつしたのに、相手が返事をしてくれなかったら、とても気になる。それほど日常生活の中であいさつは大切なものなのである。

　あまり深く考えることなく、日本人はあいさつすることで、お互いに相手の存在を認め合っているのである。特に会社などでは、仲間同士で「行ってらっしゃい」「おかえりなさい」と言うことで、みんなが「うち(家)」「みうち(身内)」の意識を持つという意味もあるだろう。

　日本人はこのようなあいさつをすることを小さい頃から「しつけられている」ため、毎回意味を考えて言っているわけではなく(ても)、習慣として自然に口から出てくるのである。

第十五課

（一）ボッコちゃん

　「ボッコちゃん」という名のそのロボットは、うまくできていた。女のロボットだった。人工的なものだから、いくらでも美人につくれた。あらゆる美人の要素を取り入れたので、完全な美人が出来上がった。もっとも、少しつんとしていた。だが、つんとしていることは、美人の条件なのだった。

　他にはロボットを作ろうなんて、だれも考えなかった。人間と同じに動くロボットを作るのは、無駄な話だ。そんなものを作る費用があれば、もっと能率のいい機械ができたし、やとわれたがっている人間は、いくらもいたのだから。

　それは道楽で作られた。作ったのは、バーのマスターだった。バーのマスターというものは、家に帰れば酒など飲む気にならない。彼にとっては、酒なんかは商売道具で、自分で飲むものとは思えなかった。金は酔払いたちが儲けさせてくれるし、時間もあるし、それでロボットを作った。まったくの趣味だった。

　趣味だったからこそ、精巧な美人ができたのだ。本物そっくりの肌ざわりで、見分けがつかなかった。むしろ、見たところでは、その辺の本物以上に違いない。

　（　①　）、頭は空っぽに近かった。彼もそこまでは、手が回らない。簡単な受け答えができるだけだし、動作のほうも、酒を飲むことだけだった。

　彼は、それが出来上がると、バーに置いた。そのバーにはテーブルの席もあったけれど、ロボットはカウンターの中に置かれた。ぼろを出しては困るからだった。

　お客は新しい女の子が入ったので、いちおう声をかけた。名前と年齢を聞かれた時だけはちゃんと答えたが、あとは駄目だった。（　②　）、ロボットと気がつくものはいなかった。

　「名前は。」
　「ボッコちゃん。」
　「としは。」
　「まだ若いのよ。」
　「いくつなんだい。」
　「まだ若いのよ。」

「だからさ…」
「まだ若いのよ。」
　この店のお客は上品なのが多いので、だれも、これ以上は聞かなかった。
「きれいな服だね。」
「きれいな服でしょ。」
「なにがすきなんだい。」
「なにがすきかしら。」
「ジンフィズのむかい。」
「ジンフィズ飲むわ。」
　酒はいくらでも飲んだ。そのうえ、酔わなかった。
　美人で若くて、つんとしていて、答えがそっけない。お客は聞き伝えてこの店に集まった。ボッコちゃんを相手に話をし、酒を飲み、ボッコちゃんにも飲ませた。
「お客の中で、誰がすきだい。」
「誰が好きかしら。」
「僕を好きかい。」
「あなたが好きだわ。」
「今度映画へでも行こう。」
「映画へでも行きましょうか。」
「いつにしよう。」
　答えられない時には信号が伝わって、マスターが飛んでくる。
「お客さん、あんまりからかっちゃあ、いけませんよ。」
と言えば、たいていつじつまがあって、お客はにが笑いして話を止める。
　マスターはときどきしゃがんで、足のほうのプラスチック管から酒を回収し、お客に飲ませた。
　だが、お客は気がつかなかった。若いのにしっかりした子だ。べたべたお世辞を言わないし、飲んでも乱れない。（ ③ ）、ますます人気が出て、立ち寄る者が増えていった。
　（略）

（二）　スープにハエ

　レストランで出されたスープは、ハエがはいっていた。

お客さんが日本人だったらどうするだろう。

顔を顰め、無言でスープ皿を押しやって席を立つ。さもなければウエイターを呼びつけて、「何だ！このスープ？」

ロシア人なら？おそらくフッとハエを吹き払ってそのままスープを飲む。

さて、英国人なら？スプーンでハエを掬って皿の端に置き、おもむろにウエイターを呼んでから、ニッコリ笑ってこういうだろう。

「今日のスープはまことに結構だ。ただこの次にハエはハエで別の皿に持ってくれないかね。そうすれば好きなだけふりかけて食べるから。」

（三）人間とチンパンジー

人間とチンパンジーを遺伝子のレベルで比較すると、非常に差が小さい。（ ① ）、人間とチンパンジーとは外見上大変な違いがあるのは驚くべきことだといわれる。

ところが面白いことに、人間はチンパンジーの成獣には似ていないものの、赤ん坊にはよく似ているのである。生まれたばかりのチンパンジーは、頭には毛が生えているが体にはほとんど生えていない。それに口もおなじみの突き出した格好をしておらず、人間に近い顔つきをしている。このことから人類の進化の過程は類人類猿の幼形化であると考えられる。

単　語

（一）

ロボット①	（名）	机器人
つんと⓪	（自サ）	架子大、不和蔼
要素（ようそ）①	（名）	要素
能率（のうりつ）⓪	（名）	效率
費用（ひよう）①	（名）	費用
道具（どうぐ）⓪	（名）	道具
本物（ほんもの）⓪	（名）	真东西
プラスチック④	（名）	塑料

ぼろ ⓪	（名）	破绽
ジンフィズ ①	（名）	杜松子酒
つじつま ⓪	（名）	条理，道理

（二）

ハエ ①	（名）	苍蝇
無言（むごん）⓪	（形動）	无言
ウエイター ①	（名）	服务生

（三）

チンパンジー ③	（名）	黑猩猩
驚く（おどろく）⓪	（自五）	吃惊
過程（かてい）⓪	（名）	过程
顔つき（かおつき）⓪	（名）	长相

文法

（一）

1. ～に違いない（むしろ、見たところでは、その辺の本物以上に違いない。）

接续：名词／动词简体形＋に違いない；

释义：表示一定、肯定。

○ あの成績なら、必ず合格するに違いない。

（照那样的成绩，肯定会合格。）

○ あそこは若者のあつまるところだから、にぎやかに違いない。

（那是个年轻人聚会的地方，肯定很热闹。）

（二）

2. おそらく～だろう（おそらくフッとハエを吹き払ってそのままスープを飲む）

接续：おそらく＋名词／动词简体形＋だろう。

释义：恐怕……吧。

○ 次の電車はおそらく満員だろう。

（下一辆电车恐怕满员吧。）

○ 来るといっても彼はおそらく来られないだろう。

（虽然说要来，可他恐怕来不了吧。）

（三）

3. ものの（人間はチンパンジーの成獣には似ていないものの、赤ん坊にはよく似ているのである。）

接続：动词基本形＋ものの；

释义：表示转折，"虽然……但是……"。

○ 引き受けはしたものの、どうしたらいいかわからない。

（接受是接受了，但是不知怎么办才好。）

○ 値段は高いものの、質があまりよくない。

（价格很高，可质量却不怎么样。）

練習

一、次ぎの漢字に振り仮名をつけなさい。

人間（　　　）　　費用（　　　）　　機械（　　　）
本物（　　　）　　回収（　　　）　　無言（　　　）
人類（　　　）　　過程（　　　）　　能率（　　　）
動作（　　　）　　上品（　　　）　　信号（　　　）
遺伝子（　　　）　非常（　　　）　　驚く（　　　）
進化（　　　）　　顰める（　　　）

二、次ぎの片仮名に適当な漢字をかきなさい。

あらゆるビジンの要素を取り入れた。（　　　）
答えられない時にはシンゴウが伝わって、マスターが飛んでくる。（　　　）
ヒョウを持つ。（　　　）
顔を顰め、ムゴンでスープ皿を押しやって席を立つ。（　　　）
ヒジョウに差が小さい。（　　　）
人類のシンカの過程。（　　　）
もっとノウリツのいい機械ができた。（　　　）
酒をカイシュウし、お客に飲ませた。（　　　）

ドウサのほうも、酒を飲むことだけだった。（　　　）

三、文章(一)を読んで、後の問いに答えなさい。答えは、①・②・③・④から最も適当なものを一つ選びなさい。

　問一　（①）に入る最も適当な言葉はどれか。
　　① すると
　　② だから
　　③ しかし
　　④ つまり

　問二　なぜバーのマスターは、家に帰れば酒など飲む気にならないか。
　　① 時間はないから。
　　② 飲むものとは思えなかったから。
　　③ ロボットを作ったから。
　　④ 酒は商売道具だから。

　問三　（②）に入る最も適当な言葉はどれか。
　　① すると
　　② だから
　　③ それでも
　　④ つまり

　　問四　（③）に入る最も適当な言葉はどれか。
　　① すると
　　② そんなわけで
　　③ それでも
　　④ つまり

四、文章(二)を読んで、後の問いに答えなさい。答えは、①・②・③・④から最も適当なものを一つ選びなさい。

　問一　英国人はスープのことどう思ったか。
　　① まことに結構だ。
　　② ハエはハエで別の皿に持ってくれればいい。
　　③ スープにはハエがはいっていてはいけない。
　　④ ハエを好きなだけふりかけて食べてもいい。

五、文章（三）を読んで、後の問いに答えなさい。答えは、①・②・③・④から最も適当なものを一つ選びなさい。

問一　（ ① ）に入る最も適当な言葉はどれか。
① それなのに
② つまり
③ ですから
④ それに

言語文化コラム

いただきます

「いただき」は日本語の五段活用動詞「頂く・戴く」の連用形である。山や頭の一番高いところを「頂（いただき）」と言うように、本来は「いただく」は頂上に載せる意味を表した語である。そして上位の者から物を貰う際に、それを頭の頂上に載せるような動作をしたことから、やがて「いただく」に「もらう」という意味の謙譲用法が生じた。

中世以降、上位の者からもらった物や神仏に供えた物を飲食する際にも、それを頂上に載せるような動作をした後に食べたことから、飲食をする意味の謙譲用法が生まれた。

日本の食事のあいさつには、2つの素晴らしい言葉がある。

「頂きます」には、「私の命のために動植物の命を頂きます」の意味がある。

古くから人は自然の恵みをもらって生きてきた。自然の恵みとは、言い換えれば、数々の動植物の生命をもらうことで、これらの行為は生きているものすべてに共通の行為である。いのちがつながり合ってみな生きている（生かされている）のである。「多くの生き物を犠牲にして生きている」こと、偉大な自然への感謝の気持ちを表したものである。

「ご馳走様」は「馳走になりました」のことで、「馳」、「走」ともに「はしる」の意味がある。昔は客人を迎えるために走り回って獲物をとってきてもてなしたが、そんな命がけの働きに客人が「有難う」と心からの感謝の気持ちを表したものである。

外国では、食事どきに宗教的なあいさつがよくみられるが、この2つは日本独特のあいさつである。食べ物への感謝と、大変な思いをして食べ物を用意してくれたことへの感謝の気持ち、食事への敬虔な気持ちを表すあ

いさつの言葉であり、日本の食文化の素敵な一面だと思う。
　「いただきます」、「ごちそうさま」のあいさつとともに毎日の食事を重ねていくなかで、日本の素晴らしい食文化が、心と体に染み渡っていくのではないだろうか…
　食事の際の挨拶は、信仰に基づくものとそうでないものに分けられる。「いただきます」という単純な言葉では、どこまで信仰に根ざしているのか疑問だが、一般に日本で広く知られているのは、アイヌや浄土真宗のようなアニミズム的な解釈、食材となった動植物に対しての感謝の言葉であるというものである。浄土真宗による説では、食材となる動植物の命を絶って調理し、それを食べる人間がそれらの命をもらって自分の命を維持し生存することへの感謝を表すこととしているが、その真偽は不明である。この説では、それら生き物たちが、彼らの命を我ら人間にお布施として与えてくれているとしている。また、食事後は「ご馳走さま（ごちそうさま）」と言い、いずれも合掌と共に言うのが浄土真宗における正式な作法である。「馳走」は食材の調達や調理に「走り回る」事を意味し、それをしてくれた人達への感謝であるとされる。
　食前の「いただきます」の発声がいつ頃始まったか関しては、熊倉功夫により1983年に明治・大正生まれの人々を対象とした食卓生活史の調査が行われているが、対象者が子どもの頃に「いただきます」と言ったかどうかは、家庭ごとに異なり、今ほど一般的ではなかったとされている。一般化したのは昭和初期で、当時の学校では帝国主義的な教育が行われており、食事の際に「箸取らば、天地御代の御恵み、（主）君や親の御恩あぢわゑ」〔出典：江戸後期刊の生活訓『孝行導草』〕と、天の恵みと「君」つまりこの時代の主君たる天皇陛下、そして自分の父母に感謝して食べることを誓った後、それに続いて「いただきます」と唱えさせられた世代がいた。そして、それが習慣となったその世代の人々が大人になって家庭教育をほどこすようになってからのことであるとの指摘もある。

第十六課

（一）　サクラが春に咲く不思議

　冬の寒さも緩み、春の陽気が感じられるようになってきました。春は花の季節。サクラをはじめ、ウメやモモなど多くの木々が花を咲かせます。

　ところで、これらの花は、なぜ春に一斉に咲くのでしょう。花なんて暖かくなれば咲くものだと（　①　）。確かに、気温の上昇も重要です。ただ、皆さんは、春に花を咲かせる木がいつその準備をしているかご存じですか。（　②　）、開花する前の年の夏には、すでに花となる芽（花芽）が作られ、花を咲かせる準備ができているのです。そう考えると、春まで待って一斉に咲くというのは不思議ではありませんか。一体どういう仕組みなのでしょう。

　サクラやウメなどの木は夏に、成長を抑える休眠物質を葉で作ります。それが花芽にたまると、葉が落ち、花芽は「休眠」という期間に入ります。（　③　）花芽は成長しません。休眠から目覚めるには、一定の低温期間を経験することが必要です。「一定の低温期間」とはどれくらいかというと、それは花によって違うことがわかっています。例えば、サクラのソメイヨシノでは、5度前後の気温が約900時間（　④　）。そして休眠から目覚めると、成長を抑えていた休眠物質が減り始めます。それがなくなると成長が再開し、春になって、1日の平均気温が12～13度になると開花するのです。

　春に一斉に咲く花の仕組み、（　⑤　）。冬の間、私たちは寒さが去るのを待つばかりですが、春に咲く花のためには、その寒さは必要なものなのです。

（二）　色の恒常性

　本来、異なる種類の光源（たとえば太陽光と蛍光灯）のもとでは、同じイチゴでも異なる色の見え方をするはずです。ところが、私たちはふだん生活している中で、つまり太陽の光のもとで見たとき、イチゴがどんな色をしているのかを知っています。そのため、光源の色や明るさが太陽の色とは変わっても、その変化

した照明のもとで見るイチゴの色を、すでに知っているイチゴの色に近づけて知覚（注）してしまう、といったことが起こります。これを色の恒常性といいますが、意識することなく行われている、視覚のみごとな仕組みのひとつです。

（近江源太郎監修『色の名前』）

（注）知覚する：感じ取る

（三） 知的好奇心

他人にわかるように教えることは、実は大変むずかしい。自分がよくわかっていないと相手にわからせることはできないからだ。「何かを学ぶもっともよい方法は、それをおしえてみることだ」。こういった人がいるが、まさに至言（注）だろう。とすれば、一見理解したようでいて実はまだあいまいさがのこっている——こんなときには、他人におしえようとすることにより、逆に、自分の知識の不完全さに気づかせ、よく自分で考えなおしてみることを動機づけることになるだろう。これは、知識を安定したものにするのに役立つ。

（波多野誼余夫・稲垣佳世子『知的好奇心』）

（注）至言だろう：ここでは、その通りだろう

（四） 練習とは

「練習のための練習」が行われているというチームがたくさんあります。練習は本番の試合のために存在すべきものです。本番で最高の実力を発揮させるためにすることを、練習と呼びます。すなわち、休養することが試合にとって、今、最もするべきことだとすれば、休養こそ勝つための練習といえるときがあるのです。休養はサボることではなく、時として練習なのです。

（辻秀一『スラムダンク勝利学』）

（五） 試食キャンペーン

大手ハンバーガー店が今月１６日から３０日まで、新商品がまずかったら全額

返金するというキャンペーン（注）を実施する。通信販売などでは、注文した商品が気に入らなければその代金を客に返金するという保証制度は一般的だが、ハンバーガー店のような外食産業では非常に珍しい試みだ。味への自信を示すことが目的で、全国で一斉に行われる。返金は当日限りで、期間中1人1回のみ、それから商品を半分以上食べていないことが条件だ。

（注）キャンペーン：ここでは、販売方法

（六）新商品の案内

以下は、ある会社が新商品の発表会で来場者に渡した案内である。

> ご案内
> 　本日は東西インテリアの新作ベッド発表会にご来場くださり、まことにありがとうございます。
> 　商品購入(注1)をご希望のお客様は、受付でお渡ししたご来場者カードに商品番号をご記入いただき、販売スタッフにお渡しください。販売スタッフがお届け先やご希望日をお伺いし、その後、お会計となります。なお、その際に会員証を提示(注2)されますと5％割引とさせていただきます。
> 　何かご不明な点がございましたら、お気軽に販売スタッフにお声をおかけください。

（注1）購入（こうにゅう）：買うこと
（注2）提示（ていじ）する：見せる

単　語

（一）

緩む（ゆるむ）②	（名）	缓和，松懈
陽気（ようき）⓪	（名）	季节，时令
花芽（かが）①	（名）	花芽
休眠（きゅうみん）⓪	（名・自サ）	休眠
抑える（おさえる）③	（他一）	压抑、抑制

第十六課

（二）

異なる（ことなる）③	（自一）	有所不同
普段（ふだん）①	（名・副）	平素、日常
光源（こうげん）③	（名）	光源
明るい（あかるい）③	（形）	明亮的
知覚（ちかく）⓪	（名・他サ）	感觉

（三）

相手（あいて）⓪	（名）	对方
至言（しげん）⓪	（名）	至理名言
正に（まさに）①	（副）	的确
曖昧（あいまい）⓪	（形动）	含糊、模糊
逆（ぎゃく）⓪	（副）	相反地
不完成（ふかんせい）②	（形动）	不完整
動機（どうき）⓪	（名）	动机
安定（あんてい）⓪	（形动）	安定
役に立つ（やくにたつ）④	（词组）	起作用

（四）

チーム①	（名）	组，团体，队
本番（ほんばん）⓪	（名）	正式值班,（电影和广播等的）正式开始拍摄或播出
サボる②	（他五）	旷工、缺勤

（五）

キャンペーン③	（名）	宣传活动,本文特指"贩卖方法"
通信販売（つうしんはんばい）⑤	（名）	函售，邮购，网购
代金（だいきん）⓪	（名）	贷款，价款
試み（こころみ）⓪	（名）	尝试、试一试、试试看
一斉（いっせい）⓪	（副）	一齐、同时，普遍

（六）

| インテリア③ | （名） | 室内装饰，室内陈设 |

日语泛读 1

スタッフ②	（名）	工作人员
届け（とどけ）⓪	（名）	报告（书），申请（书）
伺い（うかがい）⓪	（名）	拜访，问候的自谦语
割引（わりびき）⓪	（名・他サ）	打折、折扣、减价
気軽（きがる）⓪	（形动）	轻松愉快，舒畅、爽快，随随便便

文 法

（一）

1. をはじめ（春は花の季節。サクラをはじめ、ウメやモモなど多くの木々が花を咲かせます。）

接续：名词＋をはじめ；

释义：以……为首。

○ 上野動物園にはパンダをはじめ、子供たちに人気がある動物がたくさんいます。

（上野动物园里有大熊猫等极受孩子们欢迎的动物。）

○ 父をはじめとして家族全員がその案に反対した。

（以父亲为首，全家都反对那个方案。）

2. とされる（例えば、サクラのソメイヨシノでは、5度前後の気温が約900時間必要だとされています）

接续：用言简体形＋とされる；名词＋（だ）＋とされる；

释义：被认为，被看成、被视为。

○ 当時歌舞伎は風俗を乱すもの（だ）とされる。

（当时歌舞伎被视为败坏风俗之物。）

○ 地球の温暖化の一因として、大気中のオゾン層の破壊が大きく関わっているとされている。

（臭氧层的破坏被视为全球气候变暖的重要原因之一。）

3. ばかり（冬の間、私たちは寒さが去るのを待つばかりですが、春に咲く花のためには、その寒さは必要なものなのです）

接续：名词＋ばかり；用言连体形＋ばかり；

释义：只、仅。

○ あとは出発を待つばかりだ。

（接下来只要等待出发就好了。）

○ 料理もできた。ビールも冷えている。あとは、お客の到着を待つばかりだ。
（饭菜已做好，啤酒也冰镇上了。只等客人来了。）

（二）

4. のもとで（本来、異なる種類の光源［たとえば太陽光と蛍光灯］<u>のもとでは</u>）

接续：名词+のもとで；

释义：在……之下（范围）。

○ 子供は太陽のもとで思い切り跳ね回るのが一番だ。

（小孩子在阳光下尽情地欢蹦乱跳是最开心的。）

○ 彼は優れた先生のもとでみっちり基礎を学んだ。

（他在优秀老师的指导下，扎扎实实地打了基础。）

○ 先生のあたたかい指導のもとで、生徒たちは伸び伸びと自分らしい作品を作り出していった。

（在老师热心的指导下，学生们不断地拿出了有自己特色的作品。）

5. はずだ（同じイチゴでも異なる色の見え方をする<u>はずです</u>）

接续：用言简体形+はずだ；名词+の+はずだ；

释义：指说话人的判断，"应该""按说"。

○ あれから4年たったのだから、今年はあの子も卒業のはずだ。

（那时起已经过了4年，按说那个孩子今年应该毕业。）

○ マニュアルを何回も読んだからできるはずなのだが、どうしてもコンピューターが起動しない。

（看了好几遍说明书了，应该是会用了，可是计算机就是不启动。）

（三）

6. まさに（こういった人がいるが、<u>まさに</u>至言だろう）

接续：副词，用于句首；

释义：真正，确实，正是。

○ 警察に届けられていたのは、まさに私がなくした書類だった。

（有人交到警察那里的正是我丢失的文件。）

○ その絵は実際の幽霊を描いたものとして有名で、その姿にはまさに鬼気迫るものがある。

（那幅画因描绘了实际的幽灵而出名，那一形象确实给人阴森可怕的感觉。）

7. により（他人におしえようとすることにより）

接续：名词+により；

释义：根据……，通过……

○ 水質汚染がかなり広がっていることが、環境庁の調査により明らかになった。

（经环境厅调查，查明水质污染已大面积扩展。）

○ 佐藤さんのご紹介により、お伺いに参りました。

（承蒙佐藤先生的介绍，前来拜访您。）

（四）

8. すべき（練習は本番の試合のために存在すべきものです）

接续：由动词"する（做）"变化而来；

释义：应该做。

○ もともとこうすべきなのだ。

（本来就该这样做。）

○ 若いうちにいろいろ（と）勉強すべきだ。

（应该趁着年轻的时候多学点。）

9. すなわち（すなわち、休養することが試合にとって、今、最もするべきことだとすれば、休養こそ勝つための練習といえるときがあるのです）

接续：接续词，置于句首；

释义1：即；也就是说，换言之。

○ 金陵即ちいまの南京である。

（金陵也就是现在的南京。）

释义2：即是，就是，正是。

○ そこが即ち私の指摘したい点だ。

（这就是我想指出的地方。）

（五）

10. 限り（返金は当日限りで、期間中1人1回のみ、それから商品を半分以上食べていないことが条件だ）

接续：名词+かぎり；

释义：仅限于……，到……为止，以……为限。

○ 彼女は今年限りで定年退職することになっている。

（过了今年她就要退休了。）

○ 勝負は一回限りだ。たとえ負けても文句は言うな。

（比赛就这一次，即使输了也不许发牢骚啊。）

○ 今の話はこの場限りで忘れてください。

（刚才这话咱们就在这儿说，说完就忘了吧。）

（六）

11. とさせていただく（なお、その際に会員証を提示されますと５％割引とさせていただきます）

接续：名词＋とさせていただく；动词辞书形＋こととさせていただく；

释义：是"～とする"的谦让语的表达形式，相当于"～と決めさせていただく"，表示决定。"请允许我（们）以此……""定在……"。

○ 簡単ながら、これを開会の挨拶とさせていただきます。

（言语虽然简短，但以此表示我对大会开幕的祝贺。）

練 習

一、次(ぎ)の漢字に振り仮名をつけなさい。

不思議（　　）	陽気（　　）	一斉（　　）
上昇（　　）	抑える（　　）	花芽（　　）
気温（　　）	仕組み（　　）	季節（　　）
異なる（　　）	種類（　　）	光源（　　）
照明（　　）	視覚（　　）	意識（　　）
恒常性（　　）	蛍光灯（　　）	知覚（　　）

二、次(ぎ)の片仮名に適当な漢字をかきなさい。

休眠からメザメルには、一定の低温期間を経験することが必要です。（　　）

冬の寒さもユルミ、春の陽気が感じられるようになってきました。（　　）

成長がサイカイする（　　）

子がセイチョウする（　　）

イッタイどういう仕組みなのでしょうか。（　　）

大阪の夏はキオンはほんど２８度くらい。（　　）

春にサク花は桜が一番綺麗だと思う。（　　　）
見通しはアカルイ（　　　）
生活にヤクダツ（　　　）
練習はシアイのために存在すべきものです。（　　　）
全国でイッセイに行われる。（　　　）
商品番号をキニュウする（　　　）
本日の商品は５％ワリビキする。（　　　）
おキガルに販売スタッフにお声をおかけください。（　　　）

三、文章（一）を読んで、後の問いに答えなさい。答えは、①・②・③・④から最も適当なものを一つ選びなさい。

　問一　（①）に入る最も適当な言葉はどれか。
　　①　思うせいです
　　②　思うかもしれません
　　③　思うほどです
　　④　思うことにしました
　問二　（②）に入る最も適当な言葉はどれか。
　　①　また
　　②　こうして
　　③　実は
　　④　一方
　問三　（③）に入る最も適当な言葉はどれか。
　　①　この期間は
　　②　あの期間では
　　③　これくらいの期間では
　　④　あれくらいの期間は
　問四　（④）に入る最も適当な言葉はどれか。
　　①　必要かどうか調査されます
　　②　必要かどうか明らかになります
　　③　必要だとされています
　　④　必要だと気づかされます
　問五　（⑤）に入る最も適当な言葉はどれか。

①　ご存じでしょうか
②　ご存じだったのですね
③　おわかりいただけるのですね
④　おわかりいただけましたか

四、文章(二)を読んで、後の問いに答えなさい。答えは、①・②・③・④から最も適当なものを一つ選びなさい。
　問一　すでに知っているイチゴの色とあるが、ここではどのような色か。
　①　異なる照明のもとで見た色。
　②　太陽や蛍光灯のもとで見た色。
　③　蛍光灯のもとで見た色。
　④　太陽のもとで見た色。

五、文章(三)を読んで、後の問いに答えなさい。答えは、①・②・③・④から最も適当なものを一つ選びなさい。
　問一　この文章で筆者の言いたいことは何か。
　①　他人におしえてもらうことで、学ぶ動機が高まる。
　②　他人におしえてもらうことは、効果的な学びにつながる。
　③　他人におしえることで、おしえるむずかしさを学ぶ。
　④　他人におしえることは、自分自身の学びにつながる。

六、文章(四)を読んで、後の問いに答えなさい。答えは、①・②・③・④から最も適当なものを一つ選びなさい。
　問一　筆者は、試合で実力を出すために何が大事だと述べているか。
　①　「練習のための練習」をすること。
　②　練習でも最高の力を出すこと。
　③　必要であれば休養を取ること。
　④　試合の前に休養を取ること。

七、文章(五)を読んで、後の問いに答えなさい。答えは、①・②・③・④から最も適当なものを一つ選びなさい。
　問一　大手ハンバーガー店が今月１６日から実施するのは次のどれか。

① 新商品がまずければいつでも全額返金する。
② どの商品でもまずければ条件つきで全額返金する。
③ 新商品の味が気に入らなければ条件つきで全額返金する。
④ どの商品でも味が気に入らなければ１回だけ全額返金する。

八、文章(六)を読んで、後の問いに答えなさい。答えは、①・②・③・④から最も適当なものを一つ選びなさい。

問一　商品を買いたい場合はどうすればいいか。
① 来場者カードに商品番号と届け先および希望日を記入して販売スタッフに渡した後、代金を支払う。
② 来場者カードに商品番号と配達希望日を記入して販売スタッフに渡し、商品が自宅に届いたときに代金を支払う。
③ 商品番号と希望日などを書いた来場者カードを販売スタッフに渡し、商品を届けてもらった後で代金を支払う。
④ 商品番号を書いた来場者カードを販売スタッフに渡して配達日などを確認した後、代金を支払う。

言語文化コラム

もったいない

　たとえば、お菓子をちょっと食べただけで残りを捨ててしまったり、少ししみがあるだけの服を捨てたりしたとき、「まだ食べられるのに…」とか「まだ着ることができるのに…」と思うが、その惜しむ気持ちを表す言葉が「もったいない」である。
　例１　こんなに涼しいのにクーラーをつけるなんてもったいない。
　例２　試験の前なので、おしゃべりする時間ももったいないと思う。
　使えるもの、食べられるもの、有益なものなど、価値があると思われるものが無駄になるのを惜しむ気持ちを、「もったいない」と言う。日本はもともと自然の資源が多い国ではなく、昔から日常生活において、物を大切に使うように、無駄づかいをしないように、という考え方が強調されてきた。だから、昔は米一粒を残すのも「もったいない」と言われ、茶碗の底に残ったご飯粒も全部きれいに食べなさいと親から注意された。

第十六課

　「もったいない」は物だけでなく、人に対しても使われる。
　例3　彼のような優秀な人材をあそばせているなんて、実にもったいない。
　例3は、人が能力を生かさないままでいることを注意したり、批判したりするときには使われるが、次の例は、少しニュアンスが違うので、注意が必要である。
　例4　あの奥さんは、彼にはもっいないような素晴らしい人だ。
　例5　こんな高価なものをいただくなんて、もったいない。
　例4は、彼に比べて奥さんはすばらし過ぎるので、彼にふさわしくない、という意味になり、例5は、自分の身分に比べて高過ぎる、自分にふさわしくないものをいただいた、という謙遜の表現で、お礼を言うときによく使われる。いずれも、「その価値がわからない、その価値を生かすことができない」ので「もったいない」という発想から生まれた表現である。
　「もったいない」という日本語は、英語の「wasteful」や、中国語の「可惜」などでは、そのまま置き換えられないニュアンスをもっている。
　ノーベル平和賞受賞者で、ケニアの環境副大臣だったワンガリ・マータイ氏は、2005年に来日した際、日本語に「もったいない」という言葉があるのを知った。そしてそれが、資源を大切に継続的に利用していくための考え方、「Reduce（廃棄物を減らし）」、「Reuse（再使用する）」、「Recycle（再資源化する）」の「3R」をたった一語で表していることに深い感銘を受け、「もったいない」を環境保全の標語として世界に広めようと呼びかけた。
　日本の環境庁発行の「平成一七年版環境循環型社会白書」では、「もったいない」という日本語が、単に物を惜しむだけではなく、物が持つ本質的な値打ちや役割が生かされないことを惜しむ、という意味を持っていることを指摘し、エネルギーの無駄をなくす、物の持つ値打ちを余すことなく使い切る、という「もったいない」の精神を大切にすることを提言している。

附录一 课文译文

 第一课

（一）步行

年轻的时候，我爱好步行。并非步行到特别的地方。如果一定要去某一个地方时，我就经常提前一站下车，然后一边看地图一边走。途中，如果有寺院、神社或公园之类的地方，就顺道去看一看。

某日，我看到一个小寺院的水池里，有古莲花在开放。听是听说过，但不知道那个寺院里就有。别的人肯定也不知道。以前我就一直想观赏（开放着的古代莲花），所以很高兴。

回到家里，我会一边回忆步行的路线，一边用铅笔在地图上涂上红色。这是件乐事。由于我步行的几乎多为东市京内，因此东京地图多年后都成了红色。

走得最远的一次是我22岁的时候，和朋友一直步行到镰仓。夜里12点离开家，开始时健步如飞，原以为这样很快就会到达目的地，结果错了。镰仓离我家有50多公里，走着走着就疲惫起来。我们沿着宽阔道路的边沿走，不时就有汽车来来往往，空气很差。走到四分之三时感到很累，就想休息休息。坐在路边休息了一会儿后，起来想继续走时，就抬不动腿了。过了很久才能正常行走，到了能够像平时那样走的时候，已经过了好几分钟。我还是第一次经历这样的事情。那时候，我才知道在真正疲劳的时候是不能坐下的。这之后，要休息的时候，我们就站着休息。快到镰仓的时候有些路是上坡，然后是下坡。由于很累，上坡的时候很是吃力。即使这样也没有中途停步，一直走到镰仓，走了12个小时左右，到镰仓的时候已经是中午了。

如今我只是在附近悠闲散步，一边观赏种植的花木一边散步，也是一种雅趣。

（注）古代荷花：2000年以前的莲花。

（二）夏季学校

去年暑假，上小学的3个孙子来我家住了10天。在我家，我们将这段时间称作"夏季学校"。只有孩子们来家住这种事情虽然还是开天辟地第一回，但似乎制造了美好的回忆。他们预约并拜托我们今年继续举办"夏季学校"。

每天规定值日生，整个上午都学习。（值日生）说："请看木下老师（就是指我），

接下来开始学习。"之后他们就写作业、写作文、看电影。虽说我不能给他们什么特别的指导，但能够给他们营造"有干劲"的欢乐气氛。下午，到附近的市营游泳池上"体育课"。傍晚开始是自由时间，他们可以做自己喜欢干的事情，比如说玩电脑、听CD、看录像、看书、给庭院里的草木洒水，等等。

大家都来帮忙准备晚饭，这之后是"生活类课程"。他们的饺子也包得越来越娴熟了。

孩子们在这段时间里写的作文和画的画参加了少年少女部作文比赛和希望绘画展，分别获得了希望奖和银奖。

他们因为每年都得奖，从而大大增强了自信心。

我一直认为"文化素质应从爷爷奶奶开始培养"，所以我和丈夫也开始一起画画。"虽然有点儿累，但也要努力办好今年的夏季学校"，我和丈夫都期待着。

（三）动漫形象

点心包装、儿童衣服或书包等上大多印有动漫形象，这是因为许多孩子渴望得到印有动漫形象的东西。如果味道和价格都不错，孩子选这些东西，大人也不会有什么意见。

最近，不仅是这些东西，以前和动漫形象毫无关联的产品也都印上了动漫形象。某家公司在自己的电器产品上印上动漫形象出售，因为印有动漫画像显得很可爱，因而很受欢迎。这家公司过去不太有名气，随着动漫人物名气上涨，这家公司的名字也开始家喻户晓。他们家的电器产品很是畅销。也许是无论什么产品都要印上动漫形象的时代已经到来了。

说起动漫形象，迪斯尼乐园的动漫形象过去一直很受欢迎。可是近来，其他漫画里的人物形象也很受欢迎。如果漫画受欢迎，人们就会拍电影、制作电子游戏，同时出售许许多多和漫画形象相关的各种产品。接着，在点心的包装或其他各种产品上印上这种动漫形象，动漫形象就可以产生经济效益。

因此，除了已有的漫画作品，越来越多新的动漫形象被创造出来。于是就诞生各种各样的动漫形象，但是一直持续不断受欢迎的动漫形象却很少。能够保留下来的多是些可爱的动漫形象。

不仅是孩子，在大人，尤其是女性中，深受欢迎的，多为那样的动漫形象。也许有人认为，都是成年人了，还喜欢动漫形象，真是有些怪怪的。但是，大人也有大人的动漫形象。据说，这些动漫形象可以安慰人心、愉悦心情。似乎只是看一看就能使人心平气和下来。

从这一点来看，动漫形象无论是出于经济意义也好，社会效应也好，都会变得越来越重要。

（四）日本汉字

在日本，当下使用的文字有3种：中国传来的汉字和日本创造的平假名、片假名。假名只表示音，没有意义。由于汉字很难，所以曾有人提出只用假名书写。可是，如果不使用汉字，就会很麻烦。书也好，报纸也好，页数、页码数都会是现在的2倍左右。

还有，语义会变得模糊不清，这是因为日语的同音词很多的缘故。比如说，河流上的桥"はし"和吃饭用的箸"はし"用平假名写，都是一样的。

另外，有时候意思会完全不同。比如日本人都知道的"ここではきものをぬいでください"和"ここでは、きものをぬいでください"，外国人则不知道这两者的区别。"はきもの"指的是鞋子之类的，如把可以脱的"はきもの"错认为是"きもの"的话，则意义相差巨大。如果用汉字来写，就会分得很清楚，"ここで履き物を脱いでください（请在此处脱鞋）"或是"ここでは着物を脱いでください（请在此处脱衣服）"。这样也不用空格成"ここで　はきものを　ぬいで　ください"，或是"ここで、はきものをぬいでください"。不用加标点符号"、"，也能立刻分清，一目了然。

（五）忘年会

日本有各种各样的习惯，忘年会便是其中之一。来到日本这2年时间，给我印象最深的就是忘年会。我经常从朋友那儿听到有关忘年会的事。大家一边吃饭一边闲聊，将这一年的悲伤、懊悔、寂寞等都忘得一干二净，互增友谊。

去年年底，我第一次参加忘年会。一进会场，就感到气氛热烈，老师们对我都很亲切。很担心是否能习惯日本生活的我，听了老师的一席话，顿时有一股热流涌上心头的感觉。

至今，我还会回忆起忘年会的情景。过去的时间绝对不会倒流，新的一年在如此美好的氛围中开始。倘若能够忘记过去不开心的事或者艰辛的生活，那么就会为了新的生活而精神抖擞去奋斗。也许，这就是日本忘年会的宗旨所在。

（一）日本最近的农作方式

目前，日本从事农业的人大约有200万人。与40年前相比，减少到了原来的三分之一以下。而且，从事农业的人口里，60%以上是老年人。据说，为了改变这种状况，最近人们正在考虑各种农作方式。

其一是不再像过去那样进行家族农业经营，而是以多人工作的"公司"形式经

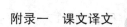

营农业。有一家这样的公司叫做"青空公司"。"青空公司"想了各种点子创造出适合年轻人工作的环境,迄今未有。

第一个点子是"支付固定工资"。农业的对象是大自然,因此,不管怎样都有收入多收入少的时候。可是,他们一年中种好几种蔬菜,所以即使一种蔬菜砸了锅,其他蔬菜可以顶替上来,每个月都能发放同样的工资。

第二个点子是"可以休假"。职员们可以在不同的日子里休假。由于公司职员人多,如果采用轮番休假的话,每天休假的人也不是很多。大家都能得到充分的休息。

第三个点子是"教授农业知识"。有经验的人从零开始给完全没有接触过土地的人传授农业知识。

这样的方式也传递给年轻人,据说每年都有许多年轻人抱着向农业挑战的理想加入到"青空公司"里来,其经营状况也非常顺利。

另外,它作为一种新的农业形态正备受人们期待。

(二)图书馆

我经常去车站附近的图书馆。有时候去借书,不过更多的时候是去看报纸和杂志。那里不仅有日本的报纸,还有英文报纸、韩语报纸、中文报纸,等等。所以,外国人也来这里看报纸。由于此处冬暖夏凉,有人每天都来这里。

在阅读报纸和杂志的地方,放置有柔软的椅子,令人心情舒畅。不过,不管什么时候去,几乎都没有座位坐。因为总是有许多老爷子坐在那里看报纸。在图书馆不允许睡觉,可是偶尔那里也有人看着看着就睡着了。

图书馆有学习的地方,也有孩子的活动场所。学习的地方挤满了学生,大家都在认真学习。

儿童区要脱鞋进入。在那个地方可以看到妈妈在给小孩子读书。

由于每次去人总是很多,我有时候会坐在角落的硬椅子上或是去儿童区。在那里看体育报纸和杂志,因为最新的报纸和杂志是不能借回家看的。

图书馆的工作人员都很亲切,如果要查阅什么,他们会提供帮助,有时候还会将图书馆没有的书从其他图书馆借调来。图书馆非常方便。

(三)我的力量

地球在逐渐变暖。因此,海水上涨,听说南方小岛快要消失了。无论哪个岛,都有很多人居住。那些人的生活该怎么办呢?也许可以搬到其他岛屿上生活。但是长期以来一直生活在那里,不能说搬就搬走的。

我们的生活越是方便,全球气候变暖问题就越来越严重。乘车、用电等我们的生活方式是主要原因。

感到苦恼的不仅仅是岛上的人。地球变暖和了,就会产生各种各样的问题。最

近的天气变得有点儿不正常。有时候某些地方大雨下个不停，有时候又长期干旱。也许地球会变得不适合人类居住了。

　　国家和社会为了减缓地球变暖，想采取许多措施，我们也是一样。也许你认为，一个人的力量微不足道。可是，大家的力量集聚在一起，就会形成一股强大的力量。因为在每天的生活中，我们能够立即做到的事情有很多，比如说尽可能不坐车、尽可能将暖气温度打低一些、尽可能不开灯，等等。

（四）日本文化

　　日本的动漫节目不仅仅在亚洲各国，在美国、欧洲等地也很受欢迎。到国外旅游的时候，发现饭店的电视在播放孩童时期看的动漫节目，我大吃一惊。何况我所追捧的动漫人物说着很标准的外语，用外语唱着过去经常唱的同一首歌曲，对此我确实有点感动。

　　最近，不仅仅是动漫，日本的漫画书也很受欢迎，听说盗版书满天飞。在日本向世界传送日本传统文化，如插花、茶道、能剧、歌舞伎等之后，日本还能走出国门的文化可以说也许就是漫画了。

　　话虽如此，作为日本代表艺术受到世界公认的浮世绘，在江户时期，对于百姓来说，它就起到漫画的作用。在现代日本大受欢迎的动漫和漫画，即便受到世界的欢迎，也并不是多么不可思议的事情。

（五）日本的食物变化

　　近年来，日本的食物发生了很大的变化。超市里卖着各种各样的食物。可是，以前日本人的食物和如今有相当大的不同。早饭只是米饭、酱汤和咸菜，中午和晚上是米饭、酱汤和少量的鱼及蔬菜。肉只有很少的一点点。牛奶或黄油等乳制品几乎不吃。著名的日本料理如寿司、天妇罗和日式寿喜锅，普通日本人却不怎么吃。

　　1955年前后，日本突然富裕起来，食物内容变化了。现在，大量吃肉、大量吃乳制品了。比起大米饭，孩子们更喜欢吃面包，还经常吃汉堡包、披萨和意大利面。

　　食物丰富了，身高的平均值也高了许多。可是，食物的变化也影响了人们的身体健康。最近得糖尿病和痛风的人多了起来。

（六）有钱的日本人

　　长期以来，日本人几乎都过着普通人的生活。可是，最近好像人被分成了富人和穷人。因此，衣服和其他商品从便宜的到很贵的都有卖的。百货公司和银行也开始出现仅为富人服务的项目。比如说，某个百货商店给特别客人提供悠闲休息的场所和饮料，备有专门店员陪同购物。这是一种为享受特别待遇的特殊客人考虑的做法。难道有钱人会买很多东西吗？

 第三课

（一）"办公职位·一般职位"求职必胜讲座

只限寻求一般职位的女性求职者参加的求职研讨会

"办公职位·一般职位"求职必胜讲座

管理部门的专家讲师以其实际经验为基础，讲解企业在采用一般职位时所重视的事项，对一般职位的意义、价值目标予以说明，希望能指引大家充满自信地去就职。

①一般职位要的就是一个人的综合魅力！迈出珍视工作和平衡生活的精彩人生的第一步吧。

研讨会概要

有的是自己创造工作机会，做到管理层的综合职位。有人是暗中出力的专家级的一般职位。这两类工作并没有高低之分。各种各样的人都有，有人适合一般职位，也有人适合综合职位，不找到适合自己的工作方式就无法度过一个充实的人生。

②这次讲座的目的是希望能指引一些以一般职位为目标的女性，让她们去理解一般职位的意义，找到目标和自身的价值，从而自信参与就职活动。

管理部门的在职专家讲师，实际上会更偏向录用一般职务人才，并以构建公司组织的经验为基础进行研修。

③有人认为，比起充实自我的私人生活，还是在事业上成为公司的战斗力，发挥其巨大作用、作出贡献为好。他们逐渐培养出了这样的人才。

④实施要领

【日期】2016 年 8 月 30 日（必须在 8 月 29 日之前进行电话申请）

【会场】

株式会社 IZEST 本部

地址：124-0001 東京都葛饰区小菅 4-11-6 优和大厦 4 楼

从東京麦德龙千代田线"绫濑"车站东口徒步 30 秒

电话：03-6662-7336

【讲座费用】

3000 日元（可事先缴纳，也可当天现金支付）

【携带物品】

文具、笔记本，服装自由搭配。

（二）东武百货店门童（购物）向导

有关东武百货店的门童（购物）向导的介绍（门童会悉心帮助客户，并就购物

为客户提供建议。)(免费)

● 帮助客人购物

回答店内物品相关的问题。另外,与客户同行介绍店里各部门的专职导购员。

● 帮助行动不便的顾客购物。

● 帮助来店的海外顾客。

※ 当接待多位顾客或预约顾客时,也可能需要请您等待。若难以满足客户的要求时,也请予以谅解。

接待人员的预约

在门童向导处,为了能够帮助顾客更加快捷舒适地购物,可以接受预约。

还烦请您在计划购物的前一天进行预约。(受理时间到下午6点)

预约的时候

1. 预约接待人员的服务时间请控制在两个小时以内。

2. 仅给到店的客人提供本店的服务。

3. 根据预约的情况,有可能无法在您指定的日子给您提供服务,敬请谅解。

4. 如果您无法如约来店,我们可能会取消您的预约,请知悉。

(三)垃圾处理方案

给广大市民:

有关垃圾处理的指导

2015年8月5日刊登

1. 厨房及可燃物垃圾需放入市指定的黄色垃圾袋(大超市、药房、便利店均有售)、并于假日以外的周一、周三、周五早上8:30前拿到垃圾收集站。

2. 塑料类垃圾请放入购物塑料袋或透明塑料袋、并于假日以外的周二早上8:30前拿到垃圾收集站。

3. 可回收垃圾(塑料瓶、空易拉罐、玻璃瓶、报纸、纸箱、衣物类)请于周四(包含假日)早上8:30前拿到垃圾收集站。另外,塑料瓶盖和喷雾式罐(压缩喷射罐请于底部先开洞),请于每月第一个周六(包括假日)早上8:30前拿到垃圾收集站,作为不可燃垃圾处理。

4. 不可燃垃圾(锅、餐具等),请于每月第一个周六(包括假日)早上8:30前拿到垃圾收集站。

咨询处　○○市环境部　总务系

附录一 课文译文

第四课

（一）使用南大川车站的各位市民

平成 23 年 7 月 31 日

一、使用南大川站的市民们

感谢大家对南大川站的使用。　　①＿＿＿＿＿＿＿＿＿＿

现在，南大川站正在进行工程改良。伴随着工程的进行，从 8 月 27 日（星期六）开始，车站南侧的楼梯将不能使用。给使用该楼梯的市民的出行造成不便，深表歉意，麻烦大家使用东出口的楼梯和东侧的电梯。感谢大家的理解和配合。

工程内容：南侧楼梯改造替换工程

　　　　　南侧电梯设置工程

工程时间：平成 23 年 8 月 27 日～平成 23 年 12 月 25 日

（二）品川区立图书馆的使用指南

办理借书卡

想要借出或预定、查看资料，借书卡是必不可少的。请持有效的、记载了住址、姓名、出生日期的身份证明材料（可参照下面，复印件不可）至最近的品川区立图书馆办理借书卡。

在品川区立图书馆，无论是否区内居住、就业(就学)，任何人都可以办理借书卡。借书卡在所有品川区立图书馆都可以使用。

此外，从 0 岁开始就可以申请借书卡。即使是儿童，也需要提交身份证明材料。请家长带领孩子一起来图书馆。

办理借书卡所需的证明材料
驾驶证、健康保险证、住民票的副本（自发行日开始 3 个月内）、住民基本登记卡（附照片的）、学生证、学生手册、残疾手册、特别永住者证明书、在留卡、护理保险证、儿童医疗证、幼儿医疗证等

因为护照没有记载住址等事项，因此不能作为身份证明材料。

借书卡每两年更新一次有效期，长期未使用（没有借出）的话，借书卡将失效。在行政服务窗口不能发行借书卡。

借出数量和借出期限

图书资料、视听资料共计 20 件，借出期限为 2 周。

资料的种类	借出数量	借出期限
图书、CD、盒式磁带、连环画剧、连环画系列、杂志	共计 20 件	2 周

但是，在上述的范围内，以下资料借出数量有限，借出的期限也根据资料的种类而不同。

资料的种类	借出数量	借出期限
影像（仅限品川、荏原）（不可延长）	共计4件	2周
DVD(仅限品川、荏原、大井、五反田)（不可延长）	共计4件	2周
地域资料（查阅代码前有"T"的） （品川图书馆原则上是不允许借出的，仅有部分可外借，其他图书馆也有一部分不允许借出）	共计8件	1周
参考资料（查阅代码前有"R"的）（品川图书馆、大崎图书馆的商务窗口不可借出）	共计8件	1周
特定资料（查阅代码前有"I"的） （课题图书、年末年始特集本等）	共计4件	1周

（三）申请日本在留期间更新许可

手续名称	申请日本在留期间更新许可
手续根据	《出入境管理及难民认定法》第21条
申请手续的对象	想要继续从事现有在留资格活动的外国人
申请期限	在留期限到期之前（具有6个月以上在留期限者在期限结束的3个月前）
申请人	1. 申请人本人（希望在日本逗留的外国人本人） 2. 代理人 申请人本人的法定代理人 3. 代办人 （1）地方入境管理局局长处申请代办并获批的受申请人委托的如下人员： a 申请人所经营的机构或该机构所聘职员 b 申请人接受研修或教育机构的职员 c 监督管理外国人掌握技能、知识等活动的团体 d 以顺利接受外国人为目的的公益法人的职员 （2）向地方入境管理局局长申报登记过的律师或行政文员，并且受申请人委托的 （3）申请人本人未满16岁或是有疾病的（注）或因其他事由自己无法到场的情况下，其亲戚或者同居者，或是类似此类的人，地方入境管理局局长认定合理的人士。 注意事项：有疾病的话，作为证明资料请务必把诊断书带过来。 ○由申请人以外的人（符合上述2或3的），进行该申请人的在留期限更新许可时，虽然该申请人不需要亲自去地方入境管理局（在当局觉得有必要当面咨询的情况下还是要亲自出面的），但此期间需在日本逗留。

附录一　课文译文

处理时 在留卡的领取者	同上。（注）申请人本人所属的公司、学校的职员、配偶、孩子、兄弟姐妹等，只要不属于上述3个条件的，则不能够代领在留卡。
手续费	得到允许的情况下，必须交纳4000日元（通过印花票税来支付）。手续费支付书请提交PDF、EXCEL格式。
必要的材料	●申请书 ●照片（1张，要求背面写上姓名，和申请书一并提交） ●出示与在日活动相关的材料 ●出示在留卡（包括被视为在留卡的外国人登录证，以下一样） ※ 仅限于领到该类卡的人。 ※ 非申请人本人在进行有关该申请人的在留期限更新的申请时，请让该申请人随身携带原件并留下复印件。 ●提交护照或在留资格证明 ●无法提供护照和在留资格证明时，请记录原因，提交理由书 ●提供证明身份的文书（代理申请者提交申请时）
申请地	管辖该居住地的地方入境管理局（具体请咨询地方入境管理处或外国人在留综合信息中心）
办理时间	工作日上午9:00～12:00，下午1:00～4:00（部分手续会有时间或日期限制，具体请咨询地方入境管理处或外国人在留综合信息中心）
咨询窗口	地方入境管理外或外国人在留综合信息中心
标注处理时间	2周～1个月

第五课

（一）AI革命的开始

当前不只是电子计算机行业，在整个产业界都掀起了AI（人工智能）热，几年前还被看成一种理想的AI机现在已逐步成为现实，并开始投入应用。

1985年4月起，富士通公司销售了AI专用机"FACOMa"，同年5月日本电器公司也打出了AI产品的第一炮——自动翻译系统"PIVOT"。美国IBM公司也于同年8月制造出了供专门人员用于组合的软件。其他绝大部分的电子计算机厂商也都在1985年加入了AI的经营活动。

目前，可以说AI在电子计算机行业之中，最为引人注目。据估计，10年后AI的营业额将达到十万亿日元。它将对社会结构以及日常生活产生很大的影响。

那么，到底 AI 是什么呢？它并无学术上的明确定义。如果借助一般说法，可以说它是"能够根据存储的信息进行推理，并可以做出判断的、极为方便又智能的信息处理器"，另外，AI 的应用范围大致可分为 6 个方面。

随着科学技术的发展，人类所具有的能力已由各种工具和机械来代替。于是，20 世纪 40 年代出现了电子计算机，成为代替人脑的机器。在 1956 年，已有了 AI 这个名词。但实际上，当时距离真正的 AI 还相当遥远。为此人们甚至说："电子计算机是个伟大的傻瓜。"

电子计算机从大的方面可以分为硬件和软件两个部分。硬件是由 LSI 的大规模集成电路构成的，它具有存储和运算的机能。另一方面，指示计算机如何运算的指令部分就是软件。电子计算机可根据软件的指令，高速而准确地进行无数次重复的作业。

软件是由程序语言组成的，这种语言同人类语言一样也有很多种类。从最接近硬件的机器语言到 FORTRAN、BASIC.C 等高级语言，可谓是多种多样。

但是，即便是所谓的最高级语言，如果不能把那些人类认为极其普通的常识性指令准确地下达给计算机，计算机也不可能运转。另外，计算机可以无数次忠实地执行程序的指令，却不会改变进行作业的方法。这一点造成计算机很难操作。因此已制造出的 400 多万台个人用计算机大多数沦为游戏机，或落满灰尘闲置在那里，这在很大程度上是计算机的上述弱点造成的。

于是，人们便开始考虑能否制造出更接近人类的计算机。后来研发出的程序语言就是人工智能语言，它们可以进行推论，名字叫 LISP 和 PROLOG。

但是，只研发出这种人工智能语言，还不能产生优秀的 AI。它虽然在一定程度上确实能起到人工智能的作用，但使用目前的计算机硬件结构，很快就会受到限制。

现在的计算机，硬件十分昂贵，而且本质上和不发达时代的结构没有什么变化。也就是说，人们的设计思想是，在简单的计算机硬件的条件下，那些复杂的处理全部由软件来弥补。所以，要想让它像 AI 那样具有高级技能，软件就会变得十分庞大，实际处理起来也会十分困难。

目前 AI 的开发大多侧重于软件方面。为了 AI 下一步能往更高阶段发展，就应当朝硬件、软件两方面努力。

（二）饲养猫狗等宠物的人剧增

饲养猫狗等宠物的人剧增。但是在大都市楼房、公寓居多的地方，一整天都把宠物关在屋子里的家庭也很多，从而被生出的跳蚤、虱子等小虫困扰着的人也不少。就此，引人注目的商品——宠物用"除虫项圈"应运而生。日本大阪宠物用品公司 DoggMan 生产的"DoggMan 驱蚤和虱子项圈"可以说是抓虫项圈的代表商品。外

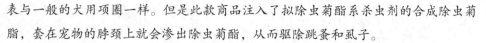

表与一般的犬用项圈一样。但是此款商品注入了拟除虫菊酯系杀虫剂的合成除虫菊酯，套在宠物的脖颈上就会渗出除虫菊酯，从而驱除跳蚤和虱子。

（中略）

但是除虫菊酯中含有致癌物质。根据美国环境保护局（EPA）在1987年发布的研究报告，除虫菊酯在动物实验中显示出致癌性，已被判定为致癌物质。美国科学奥斯卡上也将除虫菊酯列为致癌危险性高发的杀虫剂。

（三）晚上吃宵夜使人发胖的科学证明

减肥时，可以在下午3点吃东西，但应该避免在晚上吃任何东西。这个研究的结果是由日本大学药学系讲师辛巴等老师研究出来的。人体生物钟使我们的生活方式调整适应体内的某一种蛋白质，这也有助于堆积脂肪。这种蛋白质在下午3点左右量非常小（在人体内），但是在晚上10点到凌晨2点之间分布最广，约超过白天的量的20倍。Mr. Shinba说："多年来，人们一直在说晚上吃东西会导致体重增加，而现在这已经被科学证实。但是，当一个人的生物钟由于不规则的生活习惯出现异常，即使在下午3点吃零食，也可能导致体重增加。"

第六课

（一）他们是空间人——广告空间战

东京有一种人被称作"空间人"。他们是广告代理店的职员，经营店内及车站的广告业务，他们竞相争夺地铁和日本铁道（JR）繁忙地段以及车站的有限广告空间。

10月1日上午9时半，JR东日本企划总公司在东京麴町本部召开了别具特色的抽签会。这个公司总揽JR交通广告，每月月初都以抽签方式决定分配给各个代理店的广告牌数额。广告共有1万张，分别贴在首都地区的300多个车站内。

"电通公司第3号牌。"86名空间人首先要从一个木箱里抽签，然后各店按照抽到的顺序牌，领取自己需要的广告牌数额。如果大广告代理店抽到了第1、第2号，就会使中小代理店的广告数量大减。

处在这个公司6层的"车内广告一部"的一角上设有"JR空间人俱乐部"。从星期一到星期五，每天中午大约有20名空间人来这里活动。

他们相互交换和协商，争取通融车内悬挂广告与框内广告的小小空间。遇到顾主紧急要求，常常不得不去求竞争对手给予通融。在桌上，他们一边记录一边做交易。这些人总是清晨到自己公司上班，得到消息后再到俱乐部，谈判常常进行到下午4点多钟。

一个干了10年的"空间人"说:"广告空间是很狭小的,不能只顾自己、一味蛮干。这个世界是讲究互惠互利的。"

乘客们从五光十色的广告牌子上看到的是广告主的信息,而空间人看到的则是代理店的名字。

据JR东日本企划总公司的人士分析:每天上学、上班的人平均乘坐JR列车往返的时间为1小时13分。在调查"您在车上做什么?"时,回答"看车内广告"的占30%,回答"读书"的占32%。车里越拥挤,看广告的人就越多。于是企业绞尽脑汁,加深广告在早晚上下班时间给人留下的印象。

在地铁、JR、私营电车以及车站张贴的广告,叫做"交通广告"。它作为一种定期、向广大地区提供相同信息的媒体,正在不断发展。据日本电通公司统计:1990年,日本的广告费用总共为55600亿日元。其中交通广告占4.5%,达到2480亿日元,已居广告媒体的第4位,超过电台广告,仅次于电视、报纸、杂志。

(二) PARAPARA漫画赛

应该听说过"PARAPARA漫画"吧?孩提时代在教科书的书角上,画上动作连续的画,然后极快地翻动书页,看上去就像动画片一样有趣,结果被老师狠狠地教训一顿的经验,每个人都有过吧?这种难登大雅之堂的"创作",现在一下子在"动画""佣人咖啡"等日本新潮文化的发源地——秋叶原大受欢迎。从7月3日至10月31日,一个叫"秋叶原PARAPRA漫画活动2006"的比赛将要举行。

这是由著名的文具厂商"KOKUYO S&T"和"秋叶原西口商业街振兴组合"共同举办的比赛。任何人均可参加,优秀作品将在秋叶原UDX里的"东京动画片中心"上映。

优胜者由大众投票和审查员评选来选定。据称,审查员们将从"故事性""独创性"和"艺术性"三个角度进行评分,决定各项获奖作品。担任审查委员长的漫画家YAKUMITVRU和他的助手HOSHINOAKI日前在记者见面会中,还就"代代木动画学院"学生的作品进行了模拟审查。

在数码艺术全盛的今天,刻意关注一张张的手绘作品,多少让人感到有些意外,主办方正是期待这种关注能给新文化创造吹来一股新风。

(三) 10～30年后科学技术发展的预想

在大学和企业从事最新研究的300位专家已编制预测出,在未来10～30年经济、贸易和工业部的科学技术进步。据他们说,在20年后,家庭清洁将由无须人工操作的扫地机和能够移动家具物品的清洁机器人承担。残疾人将由机器人帮助从床上挪到轮椅上。在医学领域中的先进抗癌药物将达到5年存活率,比目前提高20%。

附录一　课文译文

第七课

（一）降落地面的飞船

　　球形、圆柱形、立方体，五花八门，色彩斑斓……这新颖的、改变了日本传统集合住宅面貌、令人产生"天外来客"错觉的建筑物，有一个同样独特的名字，叫做"三鹰天命反转住宅"，取这个名字是为了纪念海伦·凯勒。

　　它坐落在东京都三鹰市的住宅街。3层的总面积达761平方米，有两室一厅和三室一厅两种，面积分别为52㎡至61㎡，共9户。

　　这是国际美术家荒川修作和诗人麦德林·银图共同设计的集体住宅，目的在于"感受空间、解放个性、转向人类死亡的宿命"。为此，"唤醒人类原有的感觉，以派生出更加新鲜的感觉"十分重要，而要实现这一点，就"需要有真正的可以好好使用身体的场所"。让我们来看看究竟是怎样的建筑吧！

　　外部和内部，都分别使用14种鲜艳的涂料涂饰。住宅的中央，是厨房和用餐空间，形形色色的房间环绕在周围。淋浴室也是圆柱形的房间，它的背面设有卫生间。顶棚是混凝土制成的，那里安置有电线和金属挂钩。同时，内线对讲机也是倾斜的，在高达2米处安装有照明用的开关。

　　住宅内用来分隔每个房间的墙壁全部是弯曲的。地板也微微倾斜，并且表面凹凸不平。在这个小小的"市街"里，每天习以为常地亲身感受"偶然性"与"惊奇"，不仅可派生"好奇心"与"热情"，更会引发"心灵"的成长。而"不再孤独的房间"那球形的构造，使得发出的声音几层重叠，久久回响。同时，"三鹰天命反转住宅"还拥有绿化屋顶、修筑梯田般的农场和栽培有机蔬菜等未来设想。

　　作为三鹰市和"城市制作三鹰"公司的SOHO支援事业的一环，其中的3户将出租给在家工作的自由职业者。在这个不同凡响、乍看上去好像不自由的艺术空间中，人们将会有怎样的新发现呢？说不定发掘无限潜能的未来人会在三鹰市诞生呢。

（二）被忽略的"安全"

　　生产安全的车当然是汽车制造商的责任。如果您发现汽车中的缺陷，需要证实其缺陷并广泛呼吁用户加强注意。而且，法律已规定汽车制造商应召回并免费更换缺陷零部件。然而，三菱对客户的故障和事故信息没有采取安全性优先的对策。隐藏危及人生命的危险缺陷并任凭此状况持续发展而不作为。目前隐患车种已明确的有28种，超过7300万台。卡车和巴士中，所有车型都被发现存在缺陷。由缺陷引起的事故和火灾至今已有160起，造成两人死亡。缺乏安全意识的三菱汽车已失去了客户的信赖。

三菱汽车选择暗地整修,而不是召回。这种修理行为是违法的。所谓暗地整修,是指如定期检查时不通知用户和国家而顺带偷偷更换或维修配件的违法行为。暗地修理指令文的标题是用外界人士不懂的数字标记的。旁边星标志表示事故的风险系数:2 颗星是需紧急修理的指示标记。三菱汽车重复这些非法维修各种汽车至少超过 20 年。此外,它一直详细下达指令,以逃避国家的审查,。如果国家负责人突然来袭时,首先是泡茶啊,请客、招待,是为了赚取隐藏文件的时间。

(三)男性化妆水销售增额

根据经济、贸易和工业部的报告,男士化妆水的销售较上年同期,从 2005 年 1 月至 10 月上升了 15%。以前,大多数买家年龄在 20 到 30 多岁,但现在中年及以上的老年人购买化妆水,推高了销售量。该部认为,这些群体有更多的可支配收入,现在他们的孩子已经长大,也独立了。在某日本桥百货商店,70% 购买化妆水的男性超过了 50 岁。一个客户承认,他上一次使用化妆水时,还是单身,当时用化妆水是时髦的。结婚后,经济没有余裕,所以他就用洗手肥皂洗脸。但最近由于意识到自己的皮肤已经明显老化,他又开始使用化妆水,为他的皮肤做一种投资。

(一)练习

人类正在将原本被认为是不可能的事一个一个地变为可能。例如,像鸟一样在空中飞翔,是人类很久以前的愿望。而如今,依靠飞机,人类已经能够比任何鸟飞得都高。同样,在以前,像鱼一样潜入水中也是不可能的,而现在依靠潜水艇,人类已经能够在水中比任何鱼潜游得都深。说到登月这类活动,以前也是完全不可能实现的空想,而如今那将不再是梦想。

人类是怎样将不可能变为可能的呢?我认为这都是依靠发明与联系来实现的。发明了飞机之后,尽管能在天空中飞行了,但是我自己却不能驾驶飞机在天上飞。因为我没有接受过驾驶飞机的严格训练,自然不会驾驶飞机在天上飞。

不久以前,我曾经考察过美国的太空飞行研究所。在那里安装着我们既看不懂也听不明白的复杂机械和设备。同时,我还看到飞行员们正在接受极其严格的训练。在将太空飞行从不可能变为可能的过程中,人们在应用大量发明的同时,也在持续着严格的训练。

说到通过练习可以将不可能变为可能的例子,我们来看一下游泳吧。出生后从未经过练习的人,一旦落水就会溺水而亡。而学过游泳的人,会立即运动手脚,浮上水面。人可以从一种溺水而亡的动物变为浮出水面而生的动物。试想一下,这种

变化可以说是从一种生物演变成另一种生物的飞跃。

　　看一看我们的身边，就会发现无数个这样通过练习将不可能变为可能的例子。拿棒球来说吧，如果我们把球投向一个没有练过棒球的人，他两手抓到的肯定是球飞过的空气。对于这样的人来说，让其用球棒击打迎面飞来的球简直是不可想象的，更别说从投手板朝向本垒，或是笔直地，或是向右、向左随心所欲地投球了。

　　通过练习能够使我们的体能发达。不仅如此，练习还能增强我们的心智。我们来看一看跳台跳水的情形吧。跳台跳水是在10米高的地方进行的。如果是第一次站在这个台子上，恐怕没有人不害怕。据说，从10米高处落入水中时的冲击力是相当强烈的，所以跳水运动员戴的布制泳帽在练习的过程中会变得破碎不堪。可是，经过练习的年轻人却不怕这种冲击，不仅男孩，就连女孩也满不在乎，他们从高台的边缘腾身而起，姿态优美地跃入水中，可以说他们都是了不起的勇者。也许那种勇气是单纯的，但是无所畏惧却是一个出色的人的美德。而勇气这一品德通过练习是能够提高的。

　　但是，练习绝非易事，它需要努力与耐力。这一点，即使只通过游泳训练这一个例子也会一清二楚。因此，不愿努力与忍耐的人是不能坚持练习的。虽然在任何时代都有这种不喜欢练习的人，但是现在不愿努力、不愿忍耐的倾向愈发明显。

　　如上所述，不仅体能，就连我们的精神潜能也都是可以通过练习来提高的。因此，如果存在轻视练习的风气，会产生很大的危害，为了民族的未来我们必须互相诫勉。

（引自《新国语》（6下），东京书籍株式会社）

（二）戴尔公司的EdenXPS

　　戴尔公司推出了薄度约1cm的、像铝板一样的笔记本电脑。"EdenXPS"最薄的部分为9.7mm，最厚的部分才10.3mm，实现了迄今为止超越想象的超薄模型。

　　（中略）

　　用手指触摸传感部分，桌面就自动开机。与超薄的外表相称的这款新型产品令人对未来笔记本印象深刻。在打开液晶屏的状态下，笔记本背面形成凸出面，键盘也会倾斜。打字时键盘整体虽然有晃动，但是键盘距离刚好，按键也很稳定。

（《PC Fan》2010年2月号）

（三）洗碗机引发的火灾

　　松下电器产业公司在10月31日宣布，两种机型的洗碗机在使用中曾发生4次火灾事故。有关机器是在2001年5月和2002年5月间生产的。松下呼吁中止使用这种机型并免费更换有缺陷的零件。火灾的"罪魁祸首"是干燥碟子时输送暖风的风扇电机。当机器起泡过度，泡沫和水就会浸泡到机器的底部；如果电机的线圈裂

缝了，还会出现反复短路，从而烧坏树脂的线圈轴，引发火灾。

（一）人生如同变幻的猫

常有人问我："你是怎么写小说的？"这确实是个难以回答的问题。

我不是推理小说作家，因此并不是先虚构一个情节或动机，再编织成一篇小说。不过，总是要有一个类似核心这样的东西。

这个东西就如同猫儿一样，总是朦朦胧胧，触之十分柔软，一抓便逃，但当你不去搭理它时，它又主动靠近你。

如果能够巧妙地把猫引逗过来，抓在手掌中，让它顺从你的意愿，任你叫着"猫咪，猫咪"，在你的招呼下跳来跳去，这样一篇小说也就诞生了。然而，做到这点很不容易。

常常是我一边讨好地叫着，一边小心翼翼地靠近并试图抓住它，不料却让它一下子溜掉了。在哄猫时，我常常是失败者。有时好不容易才抓住逃跑的猫的尾巴，将它倒提起来时，手却被抓得血迹斑斑的，十分狼狈。我的小说也多是如此。

还是回到核心这个话题上来吧。一般我是从报纸的社会新闻栏的报道中得到素材的。实际上，事实本身就充满了激发创作灵感的光辉。下面是我常常忆起的、也常对人讲述的一件事。十几年前，在兵库县某地发生了一次市营公共汽车与私营公共汽车冲突的事件。不过，并不是真的撞上了，而是两辆车分别从南北开来，在一条窄路上相遇，一个喊"你躲开"，一个喊"你倒车"，争吵了两个小时乃至半日之久，各不相让。结果县警察局出动巡逻车，两个司机均被拘留一夜。

这本是个小小的报道，但两个男子汉唇枪舌剑达两个小时的旺盛精力却使我佩服得五体投地。

多么伟大的生命力啊！感慨之余，我到现场去做了采访。

我采访了处理这个事件的警察和当时汽车上的乘客。据说当时两个司机吵累了，一个不慌不忙地抽起了香烟，另一个下车急匆匆地去给自己公司打电话。大概说："现在正如此这般地与对方谈判，要晚一点回去……"我想，有打电话的功夫，把车子倒一下不就万事大吉了吗？大概是觉得一让步就会丢掉男子汉的面子吧。双方是公说公有理，婆说婆有理。A 车行驶的是正规车道，B 车是由于上月台风毁坏了道路，经允许暂时使用 A 侧道路的。但是 B 车认为，如果 A 车倒退，距离近得多。总之，说不清谁是谁非。两辆车上的乘客也分别站在自己司机这边，公共汽车后堵塞起来的各种车辆也都支持自己前边的那辆。就这样，劲头十足的播州方言大舌战，响彻

原野，达半日之久。

这么糊涂而又可笑的事情，难道人的脑袋能编造出来吗？

（中略）

活在人世间真快活啊，佳话随处有。人生如同变幻的猫儿，我就是在不停地追寻这只理想中的猫儿。

（二）孩子的个性

"怎么可能，开玩笑的吧。"虽然好像会被如此嘲笑，但我确实曾是个既消极又迟钝的孩子，做任何事都要比别人花更多的时间。在（小学的）文艺汇演上，我总是在最后一排的角落里，逐渐变得越来越渺小。如今在争分夺秒的电视圈里站在众人面前工作，（大家）定会深感不可思议吧。

带给我改变契机的是小学五年级的班主任西村老师。当时连吃饭都很慢的我，不能够在规定的时间内吃完饭，食物总是在中途就被收走了。看到这个之后，老师对我说了声"因为还有剩饭，继续吃也没关系的"。多亏了他，即使第五节课（下午的课）已经开始了，我也可以继续吃饭。有时即使是第五节课没能吃完，也能在第六节继续吃。那个时候我明白了，即使和别人不同也可以，重要的是自己尽力了。有一百个学生就有一百种个性，就有一百种步调，没办法进行比较。是音痴也好，也不放弃用心去歌唱。即使不会算数，也要用自己所拥有的力量努力尝试。他将这个道理教给了班里的每一个学生，也让我学会了一点点地、虽然缓慢但按照自己的步调走着，有点消极但也一步步向前迈进了。

所谓孩子的可能性，是无限的。所以，我们不能忘记：不仅在擅长的领域，说不定在被认为是不擅长的领域，如果非常用心地去培养的话，也许潜藏着能开出美丽的大花一样的东西。

（三）世代间的受益差距

据内阁府估算，公民一生中从社会保障和公共服务中的受益和自己负担的费用差距，随着年龄的变化呈现扩大趋势。60岁以上的人，一方面，他们从政府为他们的教育、老年人道路设施的投资中受益，同时他们还从养老金、医疗、护理等方面获益，获益额超过2亿日元。然而他们通过保险缴费和税收支付的有1亿4千万，共计净增5647万元。40多岁的人也将获得净收益，但是30多岁的市民付出的比得到的多。日本经济团体联合会的董事长已经要求卫生劳动和福利部制订计划，以纠正这一赤字。

第十课

（一）看好气象生意

气象厅的"明天天气预报"准确率可达83%，但是依然不能令人满意。越来越多的企业都以高价从私人气象信息公司购买预报。由于气象审议会今春提交了"天气预报自由化"的报告，所以宣传报道机构也正式掀起预报竞争，争相预测放宽了的"气象商业"前景。

"明天下午4时有雨，最高温度26度。"每天下午3点，在神奈川县茅崎市的自选商场的最高指挥台，总经理如此向各柜台主任传达第二天的天气信息。

于是，根据天气情况估计出顾客人数，决定订购的食品种类和数量，比如开发来客1830人，（进货）牛奶190瓶，午餐面包125个。天气情况与来客的相关资料是根据过去储存在电脑中的数据得知的。这是该店与日本气象协会共同研制并引以为豪的预测系统，名叫"顾客预测器"。这个协会正以每个38万日元的价格出售这种利用气象信息研发出的"顾客预测器"软件。

该商场总经理村越先生非常满意地说："总算解决了卖不完造成的浪费问题。来客人数的误差只有1%左右，不超过20人。这样可以经常为顾客提供新鲜的商品，经营十分顺利。"

高尔夫球场也是气象信息公司的常年顾客。他们买进地区天气预报，对夏天的阵雨、雷电可早作准备。预报的价格，如果是详细数据，每月为50万日元左右。

包括日本气象厅的外围组织——日本气象协会在内，上述私营气象信息公司共有16家。过去业务的主要内容是船舶用海洋气象和飞机所需的高空气象信息，以及新开事业的环境影响的咨询等，而现在迅速增加的业务内容是建筑施工、棒球等体育赛事，野外演出活动、焰火盛会等文娱活动，以及广告外景拍摄方面的要求。

这些与天气预报精准度的大幅提高也有很大关系。由于有了气象卫星向日葵号以及设在富士山顶等20余处的雷达，加上可以预测全国1313个地区的气温、降水量、风向、风速、日照的"地区气象数据采集系统"的作用，附近地区的短期预报已很少出现失误。

那些私营气象公司免费得到上述数据后，加上过去的天气数据，并利用自己独特的技术窍门进行加工，就可以向特定的顾客出售。由于雷电、寒冷气流的行走路线都是由地形决定的，所以能够预测到针尖大小的精确程度。还有像维扎细兹公司之类的商社，它们是从日本的向日葵号卫星和美国以及欧洲的气象卫星接收信息，每隔30分钟到1小时就接收一次全世界120个地区的气象数据。

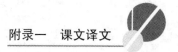

气象信息的国内市场规模,目前仅预报业务一项,一年就可收入250亿日元。在"预报生意"大国的美国,是以航空、海运、报道方面的需求为主的,而日本则率先把气象预报业务应用到从运动会到葬礼的广泛领域。

(二)"借口"邮件服务

"今晚陪我喝一杯,怎么样?"对来自上司的劝诱,怎么也说不出"不"的朋友们,知道了这种"找借口的邮件服务"一定会欣喜若狂的。

这是一种最近在日本流行的新服务,在您设定的时间内,它会向您的手机发送您所指定内容的电子邮件。这可是一种相当"贴心"的服务哟。

比如,您毫无兴趣却不得不出席的聚会,开始不到30分钟,您的手机会接到"紧急事态发生,速返回公司"的信息,将它给聚会的人们看看,便可以顺理成章地开溜啦!

那么,我们就试试看吧!先用手机在网站上进行会员登录,然后在专用邮箱的地址栏里,登记上"田中部长""母亲"等名字即可。有70多种可以供您自由选择的"借口",选中后设定收信时间。搞定!经过约10分钟,便收到"母亲"的邮件——"今天开家庭会议,你忘了吗?"然后把他递给在座的朋友看。朋友笑笑说:"大白天开家庭会议?喂,还是早点回去吧。"

怎么样?很棒吧!

如果仅使用这些"借口",是免费的。要是想发送自己编写的内容或传达录音邮件的服务则需每月交纳315日元。现在这项服务的会员已经超过5000人了。据说,其中也有男性假装接到女生的来电,以显示自己具有吸引力呢。但愿他们别露了马脚哟。

(三)作成防止诈骗的存折套

大都市的警察局正在发放刻着"谨防诈骗"几个大字的存折套,企图阻止银行转账诈骗,防止人们继续成为受害者。现在正将它们分发给警察局的高级公民和其他地区人民。根据MPD的调查,一半受害者中被诈骗三百万元及以上的,是在使用他们的存折过程中被诈骗的。因此,大都会的警局工作人员紧急制作了48000个新存折套。MPD还计划从现在开始向金融机构提出发行有警示标志的存折。MPD表示:"希望人们取出他们的存折之前,首先想到预防诈骗。"

第十一课

(一)用眼睛、态度、诚意、语言进行提问

虽然我的职业就是听别人说话然后提出问题,但不论经过多久,我一直感到这

份工作的艰难。偶然有的时候会觉得采访很顺利，但大多数情况下都觉得做得还不够。

成为《周刊文春》访谈专栏作者已将近20年，但每次访谈都让我感到很紧张。即便如此，毕竟这是我长期从事的工作，所以经常在访谈前心里也会想"今天的采访有主题、有内容，采访的对象以前也见过面，是个很不错的人，这次应该会很顺利吧"。

但实际上，越是觉得没问题的访谈，越是容易失败。正因为你和被采访的对象很熟悉，相互会故意迎合对方，或者对重要的部分浅尝辄止，使得整个访谈没有深度。相反，有些访谈事先感觉很不好，但结果却很顺利。有一次，事先听闻采访对象不喜言辞，但实际见了面后，却聊得很开心。

（中略）

前几天，采访伊集院先生的时候就遇到了大麻烦。那时伊集院先生正决定发表新小说，我本打算围绕这个话题展开提问，却完全被伊集院先生牵着鼻子走。

我只不过说了"那是您的父亲……"，伊集院先生便马上接过话茬"是啊，提到我父亲，我突然想起来……"。（伊集院先生，那不是我想问的。）对话中无意提到"牙"这个单词，伊集院先生会突然来一句"说起来，上次我去医院看了牙医……"。（伊集院先生，我们现在谈的不是牙医啊。）我刚要谈婚姻方面的话题，他却聊起了地震。如此这般，我们之间的谈话内容就这么不断跳跃着。好比开车，我要往右转，伊集院先生却往左打方向；我想往前走，伊集院先生却踩了刹车。莫非伊集院先生觉得和我没法进行有趣的对话吗？（苦笑）

采访结束后，我很担心没法整理这次对话。但结果却很意外，这次采访的内容很有趣。当然首先要感谢编辑们辛辛苦苦地对这次采访内容进行整理，但也说明了有些采访虽然跑题，却会有意外的惊喜。

作为相反的例子，有些采访就算完全按照计划进行，却未必能获得成功。"采访从一个话题切入，然后展开，再谈谈另一个，最后以某个内容结束"。访谈有时果真像这样完全按照自己的计划进行。

这种采访虽然整理起来非常完美，但结果却少了点精彩。提问一方也是活生生的人，如果回答完全在预料之中，整个访谈就会缺少惊喜和跃动感。现场的气氛不论通过影像还是文字，都会传达给观众或读者，但首先会传达给面前接受你采访的人。

（二）打嗝治疗法

喝酒喝醉时，突然打起饱嗝，而且一打起来，很难如愿地止住。于是，自古以来的偏方就出笼了，但是真能治好打嗝的很少。其方法是让旁边的人吓唬自己，或

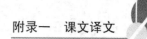

者硬咽下几口饭，这些未必能止住。比起这些陈旧的方法来，也有切实可行有效的方法，那就是不用水一口气吞下一勺砂糖，其窍门是仰起头，脸朝天，张开嘴，把一大勺砂糖送进去。大多的饱嗝能用此法止住。

（三）处理投诉的重点：迅速、诚意、正确

所谓"迅速"，并非匆忙地解决，而是指快速地应对。大部分投诉的人都是积攒了很多的怨气后才开始联系商家的。也就是说，从不满产生之时算起，已经过了很长的时间。所以，应对一定要快速。

这和第二点"诚意"也是有关联的。这里的"诚意"指的是诚实地回答、站在对方立场、真诚地听取对方的抱怨。第三是"正确"。例如准确无误地听取对方的联系方式，并且将"要点"记录下来。通过以上方式可以防止进一步激怒对方而产生"二重怨气"。

第十二课

（一）信息与现代社会

21世纪即将到来，日本企业所面临的经营环境更加严峻。今天，使企业的生存环境变得更加严峻的最大因素便是"信息"。

正是由于信息技术的飞跃发展、信息可以跨越国界自由传播，柏林墙才会崩塌。那是发生在1989年的事。依靠严格的信息管控维护其统治的苏联等国家分崩离析。随着苏联的解体，把苏联当作假想敌的西方国家在军事方面的管制也缓和了。大幅的制度缓和导致信息更加透明化。就这样，整个世界因"信息"而发生着改变，迎来了21世纪。

在这样一个信息急速膨胀、纵横交错的社会中，企业也被迫参与到信息战争中。

首先，消费者对信息的敏感度提高了。有关商品的信息，消费者较之前更加容易获取。为了能够更聪明地消费，每个消费者都会尽量购入质量更好、价格更便宜的商品。于是，消费者会通过大众媒体、互联网、口碑等收集商品信息。这在今天已经是件很简单的事情了。

相对应的，企业如不能诚实地、及时地用给自己带来好感的方式向消费者传递信息，就会失去消费者的支持。得不到支持，也就无法实现满意的销售业绩。

企业与企业之间，信息战也愈演愈烈。为了低价购入商品，企业需收集信息。企业拼命地从全世界用最低成本购入原材料，寻找制造委托企业。无法提供具有差异性（特色）商品、服务的企业会逐渐失去附加值。

在企业工作的人对信息也变得更加敏感。他们为了找到更好的工作场所，经常

关注招聘启事。他们只对能体现自己价值的职场以及能提供更好待遇的企业感兴趣。不能体现员工价值、不能让员工满意的企业会逐渐失去优秀的人才。

股东为了发现有潜质的企业，目光总是投向有关经济动向、企业业绩这类信息。像银行这样的债权人因为不希望增加自己的不良债务，会关注能体现企业健康性的各项指标。不能向银行、投资家们描绘出具有说服力的事业蓝图的企业，便会被金融市场抛弃。

现代社会毫无疑问，已经进入了信息时代。

（二）母爱

深爱子女的母亲在地震突然到来的时候，肯定会首先抱起自己的孩子吧。对她而言，比起戒指、存款这类贵重物品，孩子无疑更加重要。其实刚才这么说是不完全正确的。而是在进行这种比较之前，母亲的脑子里就只闪现了自己的孩子。对母亲来说，自己的孩子无论好坏，她们始终都只站在自己的孩子这边。换句话说，我们一生下来便可看作是被母亲选中的人。

（三）果然日本的父亲是工作狂

朝日新闻在昭和62年父亲节登载了总务厅发表的"子女与父亲关系的国际对比调查"。

在这份资料中，针对日本、美国和德国的父亲有这样的提问："你认为自己是怎样的父亲呢？"结果，日本的父亲将"热衷工作"排在第一位，其次是"温和""严厉"等。与此相对应，美国和德国的父亲将"可以依靠"排在首位，"热衷工作"在美国排在第四位，在西德只有第十七位。

第十三课

（一）乔布斯辞任苹果公司 CEO

经营天才乔布斯将从舞台上消失。苹果公司的创立者，开发了"iPhone"等世界热卖商品的史蒂夫·乔布斯辞去了 CEO（首席执行官）一职。

新产品总是不做任何预告地突然发布。随着他的辞职，以后这种熟悉的场景再也看不到了吧。今天从这位经营天才处得到的这则消息也是那么突然。

"我一直都说，如果有一天当我已不能再作为苹果首席执行官履行职责和满足人们对我的期望之时，我将首先告诉你们。遗憾的是，这一天真的来了。"（苹果公司官网）

苹果公司的 CEO 史蒂夫·乔布斯是通过信件表明自己辞职态度的。他的职位由蒂姆·库克接任，而乔布斯本人则被任命为董事长。

"该发生的总是会发生。虽然以前也设想过，但没想到会是今天。"（街上行人）

乔布斯长期接受肾脏癌、肝脏的治疗，一直有着健康问题的困扰。这次辞职也主要出于健康方面的考虑。

"我觉得苹果也许会止步不前。"（街上行人）

"乔布斯周围有很多厉害角色，所以我不担心（辞职的影响）。"（街上行人）

苹果公司的发展史少不了乔布斯的身影。1976年，乔布斯与朋友一起创立了苹果公司，开始销售电脑"Apple-1"，它最终成长为世界级的企业。乔布斯之后由于公司内部矛盾而离开，但在1997年重新执掌苹果，着手重建陷入经营危机的苹果公司。

"那是苹果公司经历的非常严峻的时刻。这是一个很难的决定。您有孩子吗？对我而言苹果公司就像自己的孩子。所以，最终不得不接受这一切。"（史蒂夫·乔布斯）

接下来，依靠崭新的设计，笔记本电脑"iMac"和随身听"iPod"等成为热卖商品。2007年开始销售的多功能智能手机"iPhone"站在了智能手机业界的顶端。

苹果公司本月在全美股票市场市值处于榜首。这一成绩与乔布斯是分不开的。另一方面，"乔布斯依赖症"也一直威胁着苹果公司。乔布斯的离任会带来怎样的影响呢？

"产品的色调、设计、概念等几乎所有方面都反应了乔布斯的想法。今后，这些东西要到多少年之后才能再出现呢？"（IT记者 石川温氏）

乔布斯的信中还这样继续写道："我坚信，苹果最光明和最具创新力的日子是从现在开始。"

（二）黑洞

黑洞被认为是巨大的恒星在其生命的末期发生的超新星爆炸而产生的。恒星通过核裂变发出能量，并且恒星的亮度、质量以及寿命之间有一定的关联。像太阳这种极其标准的恒星约有100亿年的寿命，但如果质量是太阳3倍的恒星的话，寿命就只有5亿年。

如果质量是太阳20倍的话，其寿命则只有一千万年。原因在于越大的恒星，其中心的温度也会越高，使得核反应速度加快，导致更早的"燃尽"。如果"燃尽"发生在有着相当重量的恒星上时，便会造成超新星爆炸，这种爆炸将恒星自身质量的表层部分释放到外太空。另一方面，爆炸的力量都被压缩的话，表面的重力会变得极大，甚至连光都无法逃离。这便是黑洞。

（三）电脑病毒

令人好奇的是电脑病毒究竟是什么呢？

当然了，虽说是病毒，但绝不是存在于自然界的真正病毒。它本质上是有目的的、被人为编写出来的电脑程序。所以，不必担心会感染到人类。但是，这种程序对现代社会极具破坏力，已经到了不容忽视的程度。

病毒会在不知不觉间进入电脑，筑巢、繁殖。被感染的系统往往会出现无法正常运行、文件被无故删除等现象。更严重的，甚至会破坏硬盘和电脑主机，所以绝对不容小视。

这种危害虽然已经很严重了，但背后还潜藏着更大的危险。实际上只要愿意，谁都可以做出电脑病毒。通过网络、软盘，病毒可以从一台电脑感染到另一台电脑，不断重复。关键在于，一个程序只要具备复制自身的能力就可以成为电脑病毒。

第十四课

（一）如何培养大局观

通常经营管理者为了做出正确的决断，必须要有大局观。但关于如何培养大局观，却几乎没有人告诉我们。

所谓大局观，指的是从长远处看待事物。首先从物理的距离来考虑，希望大家能够想起各个国家的城市大部分都是建在高台上。已经消亡的文明留下的废墟也往往在高处。

过去的统治者总让自己位于高处，俯视天下。哪里是教会，哪里是集会场所，只有从上往下才能看得全面。大局观就是要与现场保持距离，从容地观察后才可以获得。

从高处往下看，整个城市可以尽收眼底。如果每日混迹于嘈杂的市场，或在市政府前进行抗议活动，注意力只会关注眼前，是无法明白城市的整体究竟如何的。

关于空间，也可以从听取别人的意见开始。在自己的公司，若自己也置身于工作现场，难免看不清公司整体的运行。但是，如果能听取不同行业的人的意见，你也许能发现新"空间"的观点。居住在地面上的人是无法感受到地球的美丽的，但从宇宙空间观察地球的宇航员几乎都会为地球的美丽发出感叹。

观察事物，不但是空间，时间上也需要保持一定的距离才能看清整体，进而拥有大局观。

（中略）

如果你有烦恼，保持空间上的距离，就好像唐太宗启用魏征给自己提出谏言一样，你可以在自己身边安排一名说话苛刻的下属。这样日积月累，一点点地获得在这个多变的世界能够生存下去的大局观。

（二）借时菩萨

日本的公司职员经常下班后和好朋友相约喝酒唱卡拉OK，以此解除工作带来的身心疲劳。不过其中也有些人不喜欢喝酒而想早点回家，但是又不敢拒绝同事或上司的邀请，也只能不情愿地跟着去。听说有人这样说："去虽然麻烦，可是不去的话会被别人说坏话，同时也会不了解公司内情，还可能被大家冷落。"

不过，如果日本人邀请你去喝一杯的话，最好利用这个机会和日本人交个朋友。

在中国，遇到这种场合，几乎都是邀请人付账，而在日本，一般则是各自付账。虽然有时邀请人也会为大家付账，但最好还是做好AA制的打算。

日本有句谚语是"借时菩萨，还时阎王"，意思是借钱时态度很好而还钱时则满脸不高兴。其实，无论是工作关系还是私人关系，在金钱问题上相互结清的话，大家就能够心情愉快地继续交往下去。因此，即使是同事之间，各自付账喝酒，相互间心里便不会产生疙瘩，交情才能更长久。

（三）减肥方法

年轻时吃多少都不担心发胖的人，到了三四十岁也可能开始胖起来。这样胖下去的话虽然讨厌年轻人嘲弄自己"中年发福"，但要控制饮食也是很吃力费劲的。这种情况下要减肥的话，一天以1万步为目标行走是再好不过的了。走步是相当好的运动。每天走1万步能消耗相当多的热量。更何况只是走步，不需要场馆，不论何时何地都可以办到。即使是上班，也可以从靠近单位的前一站下电车走一站，如果能这样开动脑筋，1万步也不是什么难以达到的数字。

第十五课

（一）机器人女郎

这是一个叫做"布克"的制作得极其巧妙的机器人女郎。可以说，无论多么妩媚动人的美女都比不上这位人工制造的摩登女郎。由于广泛地吸收了所有美女的长处，这位机器人女郎简直成了十全十美的仙女。不过，她老是爱摆架子，常常对别人爱理不理的。可是，这也合情合理。要知道，有许多漂亮的姑娘都是眼睛朝上、非常骄傲的呢。

一般的人都不愿意去制作这种好看而不实用的机器人。很多人认为，费尽心机去制造那种工作效率和人相同的机器人是得不偿失的蠢事。如果有这笔经费的话，完全可以购买各种高效率的机器，至于工人则更不用担心了，要多少就可以雇到多少。

她是作为一种道具被制作出来的，而把她造出来的是一个酒吧的老板。对于酒

吧间的老板来说，酒只不过是一种做买卖的工具，无论是在家里还是在店里，人们都没有兴趣一个人独斟独饮。钱可以从酒醉的顾客那赚来，也有时间，因此他制造机器人，是出于完全的兴趣。为了能够让喝得醉熏熏的顾客们满不在乎地掏出大把大把的金钱，花费大量的时间，因此制造了机器人，仅仅是一个兴趣爱好。

可是，她的头脑里却几乎一无所有。因为老板光顾着在她的外表上下工夫，没有注意到智力这一方面。这位漂亮的机器人女郎只会回答一些简单的问题，动作方面只会喝酒。

老板刚一制作出这个机器人女郎，立刻就把她安放到了酒吧里。虽说店里还有不少餐桌空着座位，但老板还是把她放在柜台里面——万一出了纰漏可就糟糕了。

顾客们看到酒吧间里新来了一位年轻貌美的女郎，都争先恐后地向她打招呼。当对方询问名字和年龄的时候，她还能从容不迫地微笑回答，但再往下问的话，就答不上来了。虽说如此，可谁也没有觉察到她是一个机器人。

"你叫什么名字？"

"布克。"

"今年多大啦？"

"还很年轻呢。"

"到底是多大呀？"

"还很年轻呢。"

"就是说……"

"还很年轻呢。"

由于到这家酒吧来喝酒的顾客大都比较讲究文明礼貌，所以也就不再追问下去了，以免对方难堪。

"这衣服真漂亮啊！"

"这衣服是很漂亮。"

"你喜欢什么呢？"

"我喜欢什么呢？"

"能够喝杜松子酒吗？"

"能喝杜松子酒吧。"

她神情坦然地举起酒杯喝了一杯又一杯，却毫无醉意。

"有一位年轻美貌的女郎，自命清高，爱摆架子，答话时总是冷冰冰的。"消息一传开，顾客们纷纷不约而同地来到这家酒吧里。大家都饶有兴趣地喝着酒和布克小姐交谈，并且还请她喝酒。

"在这些客人中间，你最喜欢哪一位呢？"

"我喜欢谁呢？"

"你不喜欢我吗？"

"我喜欢你呀。"

"下次我们一起去看电影好吗？"

"去看电影吧。"

"什么时候去呢？"

一旦答不上来的时候，布克小姐就会通过无线电电波发出紧急信号。于是，老板就匆匆忙忙地赶来解围。

"各位先生，玩笑可别开得太过分了。"

当然，大多数的顾客都是通情达理的，大家略带几分尴尬地笑着停止了嬉戏。

老板站在柜台里面，不时地蹲下来，从布克小姐脚下的那根塑料管子里把酒回收来，再"公平合理"地卖给顾客们喝。

可是，顾客们并没有发现这个秘密。这位姑娘年纪轻轻的，酒量可真不小，可想而知身体一定是非常健康的了。她也不会卖弄风骚地拖住客人纠缠不休；客人请她喝酒，她总是一饮而尽，却又全无醉意。没过多久，这位与众不同的美女就变得闻名遐迩了。顾客们闻讯而来，日益增多。（后略）

（二）汤与苍蝇

餐厅里端上来的汤里有一只苍蝇。

如果客人是日本人会怎样？他们会板着脸，一声不吭地把盘子推到一边，离席而去。或者会把侍应生叫来，质问道："这是什么汤？"

俄国人？大概噗地把苍蝇吹到一边，就那么把汤喝了。

英国人呢？用汤匙把苍蝇捞起放到盘子边上，慢条斯理地叫来侍应生，莞尔一笑，这样说道："今天的汤真不错，不过下次，汤归汤，苍蝇归苍蝇，分着放，那样的话，客人可以爱加多少就加多少。"

（三）人和黑猩猩

把人和黑猩猩在遗传基因水平方面加以比较，发现其差别非常小。尽管如此，令人吃惊的是人与黑猩猩在外貌上截然不同。

然而有趣的是，人与黑猩猩长大后虽然不同，但是婴儿阶段极其相似。刚出生的黑猩猩头上长毛，但身上几乎没有毛。而且，嘴也不是像大家所熟悉的撅出的样子，脸型也和人接近。由此可以想象，人类进化的过程中有着类人猿的雏形阶段。

第十六课

（一）樱花为什么在春天开放？

冬日的严寒已经和缓，渐渐能感受到阳春的暖意了。春天是花的季节。以樱花为首，梅花、桃花等许多树木也开始开花了。

那么这些花为什么会在春天一齐绽放呢？大家可能会认为只要天气温暖，花朵就会绽放吧。确实，气温上升是一条重要因素。但是，大家知道春天开花的树是从什么时候开始为开花做准备的吗？其实，从开花的前一年的夏天就会长成花的花芽，开始做开花的准备。如此一想，不觉得树木等到春天一起开花是件非常不可思议的事情吗？这究竟是怎样的构造呢？

樱花、梅花这些树会在夏天用叶子制造出抑制生长的休眠物质。当这些积攒到花芽时，叶子飘落，花芽进入休眠期。在此期间，花芽是不成长的。从休眠中苏醒后，需要经历一定的低温期。"一定的低温期"指的是什么程度呢？这又因花而异了。比如，人们一般认为樱花中的染井吉野，就需要大约900小时的低温期。然后从休眠中苏醒，抑制成长的休眠物质开始减少。直到完全消失，再开始成长，到了春天，1天的平均气温达到12℃～13℃就会开花了。

您能明白为什么花会在春天一齐开放了吗？在冬天，我们仅仅是等待寒冷过去，而对于在春天绽放的花来说，这寒冷却是必要的。

（二）颜色的恒常性

原本，在不同种类的光源（比如太阳光和荧光灯）之下，同一个草莓也能看成不同的颜色。但是，在我们的日常生活中，也就是说以太阳光为光源看事物时，大家都知道草莓究竟是什么颜色。因此，即使在颜色和亮度与太阳不同的光源（和太阳相比已经发生变化了）的照明之下，我们也会把所看到的草莓的颜色和我们已知的草莓的颜色感觉为一体，这被称为颜色的恒常性，是在没有意识到的情况下巧妙发生的一种视觉构成。

（三）知识好奇心

想要让别人理解自己所教的内容，其实是非常困难的。因为如果自己不是非常清楚的话，就无法让对方明白。"想要学好一样东西的最好方法，就是尝试着去把这个东西教给别人。"有人这样说过，但也确实如此。如此一来的话，乍看上去好像是理解了的人其实也还有些含糊不清的地方，在这时，通过教别人这件事情，反而能够发现自己的知识还不完整，而以此为动机，自己再思考吧。这对于夯实知识非常有用。

(四)所谓练习

有很多团队进行着"为了练习的练习"。练习本来是由于正式比赛而存在的,为了在正式表演时发挥最高实力而做的事情叫练习。换句话说,如果休养对于比赛来说是最应该做的事情,那么也可以说休养是为了胜利而进行的练习。休养不是偷懒,而是偶尔的练习。

(五)试吃活动

大型汉堡店从本月16日到30日,实施"新商品不好吃的话全额返还"的活动。一般通过电视购物(通信购物)所订购的商品,如果不满意的话可以全额退款的保证制度是常有的,不过,在汉堡包店这样的餐饮业是非常罕见的一种尝试。该活动在全国同时进行。旨在表明他们对自身商品味道的自信。全额返还仅限当天,活动期间每位客人只有一次机会,前提条件是该汉堡吃了不到一半。

(六)新产品购物指南

以下是某公司的新产品发布会交给到场客人的购物指南。

购物指南

欢迎今日光临东西室内装潢公司床具新品发布会,不胜感谢。

有意向购买的顾客,请将商品代码填写在接待处给您的嘉宾卡上,交给销售人员。销售人员会咨询您的送货地址和日期,在那之后,就是结账。届时出示会员卡将有5%的折扣。

如果您有什么不明白的地方,请放心咨询销售人员。

附录二 语言文化广场译文

挨拶（1）

"挨拶"类似于汉语中的"打招呼"，指人与人在见面或分别时，进行礼节性的言语和动作。也可指在一些典礼上所说的礼节性语言。

现在，人们由于某些目的而碰面时，不是首先开始相关话题，而是通过语言或动作互相承认对方的存在（目光对视、挥手、说"嗨"等等）。在正式会谈之前，用特定的动作和语言预先交流。一般在进入话题之前，先进行一些相关的信息、天气以及不相关联的对话，这些都属于"挨拶"。如果是经常见面的熟人碰面时，仅仅寒暄几句就可以直奔主题了。

话题交谈结束、分别时，也要用一些固定的言语告别，这也是"挨拶"。一般告别时的"挨拶"比较短，伴随动作的时候，有时用的问候语和邂逅时一样，有时则不同。

还有，在进入一种状态前或者在某种状态结束时，致欢迎词和从今往后的打算时也叫"挨拶"。在毕业仪式和公司迎新等仪式时，一些有脸面的人也要进行"挨拶"。

所产生的社会性地位是指在很多社会中"挨拶"是人际关系的润滑剂。在地方自治区或街会等也会举行"挨拶运动"。

日本人喜欢用有关天气的话来打招呼，比如"今天天气真不错呀！""今天真热呀！"等等。这是因为天气对于日本人的生活来说是十分重要的。

打招呼的种类也大相径庭，分为言语上的打招呼和肢体语言的打招呼。有时候两种方式同时存在的也有。

1. 大声"挨拶"会心情愉快

首先，打招呼的话，会令人心情愉快。

请试用"おはようございます！"和别人打招呼。"打了招呼，心情也会变得不好"这样的情况几乎没有。还有，"如果被人打了招呼，心情会变得不好"这样的情况也没有。不论是打招呼还是被打招呼，心情都会变好。

这也有很大的好处。只要打招呼就会以好心情开始一天的新生活。

整天都感到心情舒畅的情况并不常见。事实上，大声"挨拶"是改变心情的极

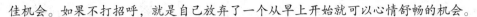

佳机会。如果不打招呼，就是自己放弃了一个从早上开始就可以心情舒畅的机会。

很少见到打招呼时人们愁眉苦脸的。大声打招呼表情就会变得开朗，语调也会变得清晰洪亮。

即使前一天遇到烦心事，郁闷的心情延续到第二天，大声打招呼也会令人的苦恼一扫而空，心情由阴转晴。

持续不断地大声打招呼，会令人精神抖擞、积极向上。虽然你只是打一两次招呼，有可能并不能改变什么，但是持续打招呼的话，心情肯定会变得非常开朗的。

总是大声、精神抖擞地打招呼的人，几乎无一例外是情绪积极向上的人。这不仅仅是积极向上的人喜欢精神饱满地打招呼，也正是因为持续打招呼，才令人变得积极向上了。

2. 增加微笑的机会

打招呼时，人们有意无意都要微笑，很少见到绷着脸打招呼的人。人们在说"おはようございます！"时，几乎都是笑脸。一打招呼，人们就会自然而然地面露笑容，心情也随之飞扬起来。

工作劳累的时候，脸色自然就变差了，被上司斥责，也会脸色发灰。工作一积攒起来，更会流露出绝望的表情。

在人的一生中，严肃的表情要多于笑脸。自然而然地笑的机会并不是很多。"挨拶"给了我们嘻笑的机会，让我们的心情欢愉，是令人感激的词语。

第二课

挨拶 （2）

3. 改善相互印象、促进友好关系

如果没有被打招呼，或者一方打招呼，另一方不搭理，那么相互关系一定不会友好，今后也不会友好交往下去。

即使向上司问好，对方不予理睬，自己也会感到生气。

之所以生气，是因为得不到承认，没有被平等对待。不承认对方，也是对对方的侮辱。

这样的工作环境会越来越糟糕。

相反，相互打招呼，就是双方的相互承认。得到了承认，人们就会感到喜悦。得到对方的承认就等同于感知了对方的善意。因此，仅仅是打招呼，就能起到改善双方关系的作用。

如果工作单位中所有员工都能做到互相打招呼，那么，工作起来就会感到愉快，

相互认识就会得到统一，相互之间就能理解，相互关系就会融洽，相互之间的矛盾就会减少。

对性格不健全的人要积极地打招呼。尤其是吵架之后，更应该积极打招呼，这样两人关系才不会恶化。会议上和别人吵两句嘴，或者和妻子吵了架，要首先放下架子去问声好。

自己心情不好的时候，一般对方也会感受到这份郁闷的心情。主动打了招呼，对方自然而然地消除郁闷的心情，而且如果你主动向对方问好，对方也会对你心怀感激。对你的评价只会上升，不会下降。"昨天我说了那么过分的话，今天你还笑脸相迎，真是的！""你真是个豁达通透的人呀！"你会得到来自对方的正面评价。

4. 能够得到"你是通情达理之人"的正面评价

"见到人的时候，请精神饱满地打声招呼吧！"

大家会提到这是幼儿园或小学时就学到的常识。打招呼是连孩子都懂的社会常识，可是现实社会中有些成年人都不会正常地打招呼。

"那个人，连招呼都不会打一声！"人们经常听到这样的抱怨。如此所示，打招呼是社会礼节的基本礼仪，是进入社会前就必须掌握的礼节。

会打招呼是一个简单的事，它是判断一个人是否懂得情理的重要依据之一。

打招呼不需要技术，只要你能大声地、面带笑容地说"早上好！"就可以了。仅仅凭此，人们就会说你"能够很自然地打招呼，是个有社会常识的人"。

为提升别人对自己的评价，与其花高价取得资格证书，或是去听讲座，还不如打声招呼来得实在。

5、打招呼要从会话开始

以打招呼为契机开始会话是常有的情景。

人们在列举患精神疾病者容易出现的现象时会说，"那个人和其他人接触少""那个人和其他人说话机会少"，等等。

和人说话机会少，积聚压力时无法和别人吐露心中郁闷。这样，心中的郁闷越积越多，孤独感越来越重，忧郁症随时都可能爆发。

为防止患忧郁症，重要的是要找很多能够和自己谈得来的人。可是，一进入社会，人际关系就固定下来，要重新找到和自己谈得来的亲近朋友是相当困难的。

持续不断和人打招呼，由此产生会话的机率就会越来越多，和各种各样的人说话的机会就慢慢增多。这对于减轻心理负担是相当重要的。

6、下定决心立即开始

打招呼的效用之大，应该了解了吧，打招呼很有效的地方是除了作用大，开始也非常简单。

附录二　语言文化广场译文

可贵的是，日语中有丰富的打招呼语，如"おはようございます""こんにちは""こんばんは""さようなら""はじめまして""よろしくお願いします""いってらっしゃい""おかえり"……

一天当中，打招呼的机会有多次，现在就开始打招呼吧。不需要任何准备，不用花钱，无需花费成本，从长期来看，收获颇丰。

东京新宿区高田马场站前广场竖立着这样一块公益广告：

> おはよう― あいさつかけて いいマナー
> 大家好！打个招呼，是个好习惯！

第三课

おはよう

清晨，人们披着晨曦走出家门，走向大街小巷，顿时到处响起"おはよう""おはようございます"的声音，一天开始了。

"おはようございます"是表示敬语的接头词"お"和形容词"早い"后连接动词"ございます"形成的"问候"。谚语云"早起三分利"，对于农业社会来说，早早起床好处多，逐渐就形成每天早上打招呼的习惯用语。

"おはようございます"完整起来讲是"朝がお早うございますね""お早く起きて、健康でよろしいですね""お早くから、ご苦労様でございます"等意。

上午11时之后，打招呼时就要用"こんにちは"了，这是"今日は良いお天気ですね""今日はお日柄もよくご機嫌いかがですか？"的省略语，也是表示对于白天初次见到的人的身体状态及心情的关心的语言。

下午5点以后打招呼时要用"こんばんは"，这是"今晩は良い晩ですね""今晩はいかがですか""今晩は寒いですが、如何お過ごしですか"的省略语。

"おはようございます"是日常生活中最流行的问候。有些特殊行业不受时间限制，不管白天黑夜打招呼时都说"おはようございます"。比如说歌舞伎，一天到晚都在进行公演。到了傍晚时刻，剧团团长来到后台，对演员进行慰问说，"お早いおつきでございます"，进而省略成"お早うございます"。有时团长说"早くから御苦労さまですね"，团员就包含犒劳意义地回答说"おはようございます"。这样歌舞集团之间无论白天黑夜打招呼时都说"お早うございます"，就形成了习惯。另外，电视广播业界、饭店酒店等因职员会不问时间进行工作交替，因此那天初次会面时的问候语就固定为"お早うございます"。

寒暄语并不是为了传达语句本身所含的意思，而是要向对方传达说话者的内心情感。用"こんにちは"来打招呼时，并不是想要同对方谈论天气怎么样，而是想向对方传达自己的关怀之情。因此，原来冗长的句子内容就没有必要了，长句就被省略成"おはよう""こんにちは""こんばんは"这样的短句。而且，日语中音节比较多，使用缩略语就不会显得那么啰嗦。

日本歌手本间绢子唱的"おはようのうた"就很有意思。

おはよう是什么よう	おはよう是什么よう
是太阳起床的よう	是天空在欢笑的よう
伸伸懒腰呼吸呼吸	抬头望望天空看看太阳
微笑地说一声	早上好

おはよう是什么よう	おはよう是什么よう
是太阳起床的よう	是天空在欢笑的よう
每天都是好伙伴	即使昨天吵过架
微笑地说一声	大家早上好

おはよう是什么よう	おはよう是什么よう
是太阳起床的よう	是天空在欢笑的よう
敲敲被子洗洗脸	换换衣服整理一下头发
微笑地说一声	妈妈早上好

第四课

ありがとうございます

"ありがとうございます"来源于动词"ある"的连用形"あり"后接形容词形接尾词"がたい"，在"がたい"的连用形后加上敬语动词"ござる"而成。古代日语原来为"有り難ふ御座りまする"。现代日语书面用语有时用"有り難う御座います"或"ありがとう御座います"，口语中标配用语是"ありがとうございます"。

《日语是神》一书中说，"ありがとう"一语有"言灵"："ア"表示本源之光，"リ"表示循环轮回，和"ア"结合起来就表示光阴流转、人生轮回。ラ行表示万

物的循环轮回，「ガ」力即不为人所知的存在、神。"ガ"为众神集合，形成"神波"，比喻不可多得。"ト"表示"扉（ト）"，而本源的神波穿过门就可以循环轮回，获得难得的恩宠。而此处有一道门，要通过这道门，就需要"ト"的言灵之力。"ウ"表示上浮，行动的动力。

"ゴ"表示尊贵肃穆、可尊可敬的存在。"ザ"是"座"，同样表示尊贵的存在。"イ"表示生命的律动，即为其本身的循环轮回，也就是存在，另外也表示汇集一切的力量。吟唱"イーー"时，将自己的一切奉于"御座"，歌唱"マーー"来举行祭典。"マ"是"マツリ（祭）"，指的是大众聚集在一起的集聚力。"ス"是"スべる（統）"，是统治约束力，天皇因统治一切而自称"スメラミコト（天皇）"，吟诵"スーー"的同时，天皇将自己也融于"御座"，即与"御座"顺利融为一体。

大声说"ありがとうございます"，自己的意识深处就会浮现出尊崇的信念。

"ありがとうございます"是日常生活中常用的寒暄语，意在表达因得到别人的恩惠，对有恩于自己的人表示谢意。在接受别人礼物时，在接受别人善言时，在接受别人的好意时，都说谢谢。

但是，在上司分派任务时，部下就不能说"ありがとうございます"。如：
（上司）"これ、１０部コピーとっておいて。"
（部下）"はい、ありがとうございます。"

这时，上司一定会感到奇怪。此时习惯上应该说"かしこまりました""承知いたしました"。这种新的使用方法，大概是将"ありがとうございます"作为"了解"的用法使用的吧。

虽然只是单纯的想象，如果是"かしこまりました""承知いたしました"的话就太生硬了，会给人以冷漠的印象，所以才选择说"ありがとうございます"。再以此作背景，到连锁居酒屋之类的店里点餐的时候，已经习惯听到"ありがとうございます！""喜んで！"这种回答了（但是在居酒屋的"ありがとうございます！"是指"谢谢您点菜"，是没大问题的）。

在网上发起了调查问卷，这样使用"ありがとうございます！"的人整体来说虽然不多，但可以看出使用者以年轻人居多这一苗头。觉得这样的使用方法没问题的人还是少数派。

被拜托复印文件时回应"ありがとうございます！"，如果认为是对"打杂也是一种人生的学习"的一种谦虚态度的自然流露，这倒还不算错，但恐怕也不是那样的吧。不过，怎么说都比"ありえねー"这样的回应更好些吧。

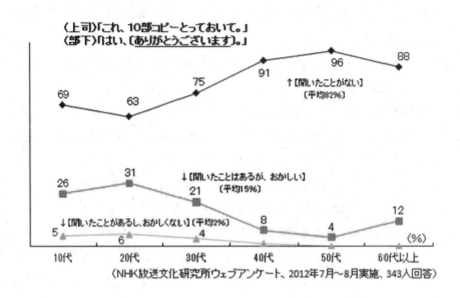

第五课

すみません

　　日本人和他人发生纠纷时，首先是道歉。道歉的时候经常说的是"すみません"。这样做是为了尊重对方，是为了不使双方关系不愉快。客户和上司是需要特别尊重的人，如果对方有什么不满或者责难，第一要务就是道歉。通过道歉可以向对方表示"我会真心地对待您"。

　　确实，日本人有说"对不起"的习惯。"对不起"，几乎已经成了他们的口头禅。如果确实是自己做了错事，当然应该道歉；如果是给对方添了麻烦，比如请教别人之时，表达感谢之意也无可厚非；但是有时候并没有什么错，只是平常的互相往来，也彼此"对不起"来"对不起"去的，未免婆婆妈妈，甚至虚情假意了。更有甚者，明明是我踩了你的脚，你却居然向我说："すみません！"那真是一种高姿态，让对方惶惑。久而久之，我也习惯了道歉，有事没事，就"すみません"，有时候自己也惊讶，问自己："为什么要道歉？我明明没有错呀！"

　　其实，这里有个翻译上的误解，"すみません"不一定就只能翻译成"对不起"。当然，主要是谢罪之意，但并非仅这一意味，比如对方踩了我的脚，他说"すみません"，固然有道歉的可能；学生把学校公共财物弄坏了，说"すみません"，固然也是道歉的意思；工作上出现了失误，说："すみません、すぐ直します。"可以翻译为"抱歉，我马上修改。"但是"すみません"还有别的意思，比如表示感谢。到别人家里做客，主人为你端来茶水，也多是用"すみません"来作答的。客人来访，带来礼物，主人通常是说："まあ、すみません。"意思是"哎呀，让你破费，真不

附录二 语言文化广场译文

好意思"。这里不用"ありがとう"（谢谢），是强调增加对方的金钱的负担、让对方受累，自己受之不却。日本人的这种曲折心理，中国人是不能理解的，往往通通翻译为"谢谢"。

另外，向人问路也用"すみません"，这时候应该翻译成"劳驾"。向别人请托时，"すみません"就相当于汉语的"劳驾""请问""借光""借过"等。比如过道中间站着两个人在说话，就用"すみません"表示借过。日本人往往是不让在过道中间说话的，他们会站在路的一侧，通过的人小声说一句"すみません"默默通过，但彼此默契，顺顺畅畅。但如果两个站着说话的是中国人，则会把中间让出来，反而让对方的日本人不知所措了。中国人不明白，从人家中间穿过去，在日本人看来，是非常失礼的行为，就不是"すみません"能够打发的了。但是中国人不能理解这一点。中国人自己就是这么大大方方从人家中间穿过的，并没有觉得什么不妥。

向人问路，或者请人让路，当然是让人受累；在电车上被人家让座，也是如此。但是如果你不懂道理，一个人霸占着两个人的位子，那么就会收到一句话："すみません、少し席を詰めてくださいませんか。"直译是"劳驾，请您稍稍挤一挤可以吗？"然而这里的"すみません"，并不只是"劳驾"了，被说的一方立刻会惶恐、羞愧。说是让你挤挤，其实是提醒你自己看看占了多大的地方。这是用客气的方式说硬话，只是我们不懂。日本人喜欢绕着说话，中国人喜欢直来直去。我就曾经见到中国同胞被日本人说"すみません"，没有听出味道来，以为日本人真的在跟自己商量、在请求自己呢，回答："だめ。"（不行！）日本人往往又会说一句"すみません"，好像他请求错了，乖乖站着，其实在他心里，已经把对方贬到低处了。

谈正事，需要严肃认真的气氛，所以在开头，也往往会说"すみません"，这是要与对方保持适当的距离，或者引起对方的注意，免得对方觉得你说话唐突了。"すみません"还用于打招呼。比如在饭馆吃饭，要服务员来算帐，就用"すみません"。"すみません、勘定したいんですけど"意思是"劳驾，我要算帐。"算帐本来就是服务员的本职工作，让他们来算帐，何歉之有？这里只是打招呼，随口说的。可见，被我们理解成道歉的"すみません"，其实并不是那么回事。

在日本，"すみません"是个频繁使用的词语，简直成了口头禅，也可见它并不是一个郑重使用的词语。假如踩的不是我的脚，而是其父亲的脚，可能就会说"ごめんなさい"语气就深切多了。如果是受了上司的关照，则要说"恐れ入ります"更诚惶诚恐了。郑重表示道歉的说法还有"申し訳ありません"，用于正式场合，日本领导人在就侵华战争进行道歉时，用的就是这个词，中国人翻译为"谢罪"。

当然还有"失礼します"，跟"すみません"意思相近。里面有汉字"失礼"，中国人特别好理解，它偏重于表达跟社会规范不相符的道歉。虽然具体问题要具体

对待，但在此之前，照顾对方的心情和感情也是很重要的。如果不仅不道歉，反而寻找借口不承认自己的错，无论事情大小，对方都会生气的。如果不理智地解决矛盾，本来能简单解决的问题就会变得复杂，甚至会闹到无法解决的地步。

"连句道歉的话都没有"，这是谴责对方没有诚意的约定俗成的说法。有些国家或民族也许认为，"轻易道歉会导致对己不利，不道歉反而有利"，但是在日本，人们普遍认为无论多么思路清晰的说明都是借口，抱着诚意去道歉更为重要。

不找借口，先道歉，是日本人的又一感性特征。

第六课

ごめん

"ごめん"是汉字"免"加敬语接头词"御"形成，出现在日本的镰仓时期，表示谢罪时的寒暄语，原本表示对原谅者的敬称，在室町前期发展为请求谅解，希望得到对方的宽容：为自己的无礼道歉，所谓的ごめん，是对自己的失礼请求原谅，表示谢罪的意思，也有到别人家拜访时的寒暄之用，而且还表示拒绝之意。最初使用时采用"ごめんあれ""御めん候へ"的形式，后来逐渐演变成"ごめんくだされ"及字的省略形式"ごめん"。

"免"训读有两类，一读"まぬかれる"，一读"ゆるす"。前者是"逃避"的意思，如"責任を免れる""戦火を免れる"。后者是"请求免除"的意思，如"罪を免す""学費を免す"等。现在"免す"一般写作"許す"。"ごめん"的现代用法"ごめん"是"ごめんなさい"的省略形式，在语言及交流上起着重要作用。

"ごめんなさい"是谢罪时的语言。"すみません"是在道歉或表示感谢或有求于人时说的话。如果无所谓关系亲疏，直接表示道歉的心情时可以用"ごめんなさい"，当然，用"すみません"也可以。"すみません"是"済まないことをした"这种承认自己错误时的说法。"ごめんなさい"是"赦してくれ"这类请求对方饶恕的说法。"ごめんなさい"和"すみません"的不同点是双方的关系是否亲近。

如果双方是使用"です""ます"说话的关系（关系不是很亲近）时，一般用"すみません"比较合适。如果是朋友之间、家庭成员之间或关系密切的部下，多数场合会使用"ごめん"或者"ごめんなさい"。

"ごめんなさい"要比"ごめん"显得品位高和给人以郑重的感觉，所以女性多用"ごめんなさい"。不过，最近女性好像有减少使用"ごめんなさい"的倾向，而且，年轻人很少使用"ごめんなさい"。

平时要根据谢罪的程度区别使用。通常，在给对方造成很大麻烦或负担时，不用"すみません"，而说"もうしわけない"。谢罪时说法很多，"すみません""ごめんなさい""申し訳ありません"等，不是根据自己的错误大小来决定不同的说法，而是根据对象的不同而区分。

"ごめんなさい"一般不用于商业经济方面，是关系密切的朋友或家庭成员之间使用的语言。商务场合一般使用"申し訳ありません"。在日常生活中，对方是不那么亲密的人或者上司时，一般使用"すみません"或"申し訳ありません"。

日常生活中，要想圆满处理好朋友、家人之间的相互关系，最好多说"ごめんなさい"。

・给您添麻烦时说声"ごめんなさい"。
・没有温和对待时说声"ごめんなさい"。
・没有认真重要对待时说声"ごめんなさい"。
・不是个好孩子时说声"ごめんなさい"。
・不是个好的合作者时说声"ごめんなさい"。
・在不能很好地珍惜对方时说声"ごめんなさい"。
・伤害对方时说声"ごめんなさい"。
・在不能够给对方帮助时说声"ごめんなさい"。
・在不能接受时说声"ごめんなさい"。

第七课

お　礼

"礼"是中日文化的重要组成部分，"仁、义、礼、智、信"就是重要信号。日语有个规则，在汉语词汇前加"ご"、在训读词汇前加"お"表示尊重或郑重。"礼"本是汉语词汇，但表示尊重时却是加"お"，这说明日本人已将"礼"看成日本的重要词汇，是日本文化传统的一部分。

"礼"组成的词汇很多，如表示社会礼仪的"礼仪""礼法""礼节""守礼""礼乐"，表示仪式制度的"典礼""祭礼""婚礼""葬礼""朝礼""大礼"；有对对方表示敬意的"礼遇""礼让""敬礼""目礼""默礼""拜礼""答礼""巡礼""礼拜""礼赞"，还有相反的词汇"失礼""無礼""非礼"；有对对方表示感谢的"谢礼""返礼""礼状""礼金""礼物""礼"，等等。

在受到别人的恩惠或热情友善的对待时，我们就会产生返还好意的心理。心理学上叫做"善意的回报"。对给自己好评、对自己好的人持有好意，相反对讨厌自己、

给自己差评的人持有厌恶感。

别人如果理解了自己的心情,自己反而想知道对方的事情,一起背负悲伤和苦恼。如果收到别人的礼物,就会产生必须返还的心情。这种心情是心理上的,同时也是道德和伦理上的。

夏目漱石的小说《哥儿》相关情节描写道:学校里,正直不阿的豪猪和诡计多端的红衬衫针锋相对。起初少爷不知内情,受到红衬衫的挑拨后开始怀疑他曾经颇为信任的豪猪,并想起过去豪猪曾经请他喝过一杯一分五厘钱的冰水。于是,他执意要把那一分五厘钱还给豪猪。他认为"被这位人前一套、人后一套的两面人请喝冰水,实在是一种耻辱。我只喝了一杯,算是欠他一分五厘的人情,接受这种诈欺似的恩情,我一辈子都不会舒坦"。

了解真相后,他又毅然站到了豪猪那一边,并把一分五厘钱收回,后来还和豪猪一起教训红衬衫。看起来小小的一分五厘钱,对少爷来说,却是他和豪猪之间的关系的象征和纽带。他认为"若接受别人施恩,即使只是一杯冰水或甜茶,不急着回报对方,是把对方当成值得结交的朋友的意思,否则我大可自己付自己的那份,不欠任何人情。就因为我有惜缘之意,才接受施予的,这种作风不是金钱能买到的回报。即使没名没气,也是个堂正独立自主的人,这种人愿向人低头领情,才是真正的万金难买的珍贵呢!"

少爷具有刚正不阿、不计个人得失的品性,对弱者、受害者很同情,对伪善、奸猾、邪恶的行为嫉恶如仇,对自身的错误也能坦荡面对。所以当他以为豪猪表里不一时,他感受到了最敏感的"背叛",认为豪猪已经不值得他尊敬了,从而有了激烈的还钱反应。但当误会解开以后,他发现豪猪性格豪爽、为人正派、同情弱者、好打抱不平,和自己其实是同一类人,属于正义的一派,便正式把他当成了值得结交的朋友,不再还那一分五厘钱。

社会交际是在交换的原则上形成的,这是社会的一个规则。仅有一方得利是"恶",双方互利才是"善"。得到别人的礼物,就一定想法来还。有效产生好意返报性的关键是和别人有同感。如果对方在哭,不让别人哭的方法是好意返报性,最好是一起哭。别人感到你为他而哭,这样就会产生同感,哭自然而然就停止了。如果你说"不要哭了!"或说一些与哭毫不相干的话,对方反而会哭得更厉害。对方觉得你不理解他,双方关系反而会恶化。

做生意也可以有效活用"返报性原理",和客户之间建立良好的关系。"返报性原理"就是人们普遍所有的有恩必报原则。为什么这么说呢,因为对别人热情这件事情并非只是为了别人,总有一天这个恩情也会回报到自己身上。

这种相互关心相互照顾的心情就会形成相互信赖并且长期良好的合作关系，交友的圈子会越来越广，你的企业也会持续成长。

下面是社会交际中经常使用的有关"お礼"的话：

1. 感谢，谢意。

お礼を述べる。/ 道谢，致谢。

まことにお礼の申しようもございません。/ 实在感激不尽，不胜感激。

厚くお礼を申しあげます。/ 深表感谢，致以衷心的谢意。

お礼のしるしに差しあげます。/ 送给您表示我的一点谢意。

2. 回敬，回礼，还礼，答礼，谢礼，报酬，酬谢。

おみやげのお礼になにをあげればいいだろうか。/ 对他的礼品，我回敬点什么好呢？

おほねおりのお礼ですからぜひ受けとってください。/ 这是对您的辛苦的一点酬谢，请您一定要收下。

わずかばかりのお礼で恐縮ですが、お受けとりください。/ 一点薄礼不成敬意，请收下吧！

第八课

ご 恩

试着考虑下"恩"的意思。"恩がえし（报恩）""恩人（恩人）""恩を売る（卖人情）""恩に着る（感恩、领情）""恩を仇で返す（恩将仇报）""恩を以て怨みに報ず（以德报怨）"等，和日本人的生活有着密切关系。

"恩"由"因"和"心"构成。"因"表示"道理""根源""原因"，加上"心"就是将"原因"留在心中。意思是得到别人的恩惠慈悲，得到别人的帮助照顾。

"恩がえし"就是别人对你亲切，你也要对人亲切，要报别人的恩，即平等交换原则。"恩を売る"是期待着别人还情而给别人做事情，就是卖人情。

佛教用语中有"四恩"说法，是说人的一生都要受到四种恩惠，其中一个叫做众生之恩。这是指人都要从生存的环境接受恩惠。

没有一个人能够脱离周围环境而生存，做任何事情都需要别人的帮助。另外，人要维持自己的生命，就必须牺牲动植物的生命。

"御恩と奉公"是中世日本武士构成主从关系的要素。这种主从关系不是单方面的义务，而是建立在利益互惠的基础上的。主人给从者的利益叫做"御恩"，从

者给主人的利益叫做"奉公"。"御恩と奉公"关系的建立起始于平安中期至后期，成熟于关东武士盟主源赖朝镰仓殿。后来"御恩と奉公"作为镰仓幕府的基础延续统治日本，此种关系还一直延续到之后的室町幕府和江户幕府。

"恩がえし"的传说故事有很多，著名的有《仙鹤报恩》《山鸠和蜂太郎的报恩》。

仙鹤报恩

很久很久以前，某地住着一对老夫妻。一个大雪纷飞的冬天，老爷爷去集市上卖柴火，路上看到一只鹤给猎人的网罩住了。他觉得鹤很可怜，就把鹤从网中救起，放了生。在一个鹅毛大雪的夜里，一个美丽的姑娘来到老夫妻家里，说自己父母双亡，现在要去一个没有见过面的亲戚家，谁知迷了路，想借宿一晚。老两口很高兴地同意了。雪连下数日，姑娘就一直住在老夫妻家里。姑娘很有眼色，不停地干家务照顾老夫妻，夫妻俩很高心。一天，姑娘说，与其去找不认识的亲戚，还不如做你们的女儿呢。老夫妻很愉快地答应了。

姑娘对老人很孝顺，照顾得无微不至。一天姑娘对老爷爷说："我想织布，烦您老给我买些丝线。"于是，老爷爷跑到集市上买来了丝线。姑娘交代说"我织布的时候，你们千万千万不要看！"姑娘把自己关在屋子里，连续三天三夜不休不眠织完了一匹布。姑娘把布卸下，交给老爷爷，说："把布卖了，再买些丝线回来。"姑娘织的布很漂亮，人们都高价竞买，很快就卖完了。姑娘又用新买的丝线织出第二匹布，老爷爷拿到集市上卖出更高的价格，家里的生活变得富裕起来。

在织第三匹布时，起初两位老人还能沉住气，可逐渐地老婆婆的好奇心冒出来了，想看看姑娘是如何织出那么漂亮的布来着。她看见屋里有一只鹤，边拔自己身上的羽毛，边掺在丝线之中，织出了华丽灿烂的布来。鹤身上的羽毛大部分都拔光了，很是可怜。鹤发现老婆婆在窥视她，于是慌慌张张把这一匹布织完，对老夫妻说，自己就是老爷爷救的那只鹤，本想一直做老夫妻的女儿，谁知被看到了原形，现在只好离开。于是它变回鹤，在老人的惜别下飞向天空，飞走了。

山鸠和蜂太郎的报恩

很久以前的某一年夏天，太阳高悬，连续多日干旱。

山鸠和蜂太郎一起去寻找水，找了好久都没有找到。两人累了，就休息一下。这时他们发现水的踪迹。

他们发现附近有口水井，山鸠就向水井的主人恳求道："我自己没关系。蜂太郎身体虚弱，给他喝一口水，哪怕一点也行。"

开始，水井的主人认为水太宝贵了，不想给，后来为山鸠替朋友求水的精神所感动，就给山鸠和蜂太郎喝了水。山鸠很是感谢，说此恩必报，接着和蜂太郎离去。

不久，雨也下了，田地也湿润了。可是，害虫也来了，村里人很难对付。正在这个时候，空中飞来了大群大群的山鸠和马蜂，把害虫给吃了。治了害虫，山鸠和蜂太郎来到给水喝的村民那里表示感谢。此时人们才知道山鸠和蜂太郎是为了谢恩才来治害虫的。

村民对山鸠和蜂太郎千恩万谢。那一年，村里是个丰收年。

第九课

恩送り

"恩送り"是说，不是直接报答对方的恩，而是将恩报到第三者身上。第三者再将恩转报到其他人身上，这样恩一直在社会中循回。"恩送り"体现的是互助互爱精神。江户时期就流行着这种报恩精神。《菅原传授手习鉴》中就有关于这方面的介绍。

很早以前，日本就有这样的谚语，"情けは人の為ならず"，你同情别人，也会获得别人的同情，好心总会有好报。"恩送り"精神是日本文化的重要基石。

"恩返し"讲的是报恩，"恩知らず"是知恩不报，"恩着せがましい"是以恩人自居，让别人领情。这里的"恩送り"就是一个很美的词汇，将自己承受的恩转报给其他人，通过我们的一生将"恩送り"精神代代相传，世世相继。不仅如此，我们将恩转送到其他人手里，整个社会就相互支持、相互帮助、相互爱护，让社会充满爱。我们连续不断地转送恩，人和人就会团结在一起，就能起到使社会这个情海一直风平浪静的作用。

恩之所以能够转送，是因为感恩具有柔软的感性。如果没有对别人的适度紧张感和柔软的感性以及丰富的想象力，就无法对他人善意的行为表示感谢。在现代日本，有这种感觉的人非常少，而对他人的心理距离感到麻痹的人很多。"以自我为中心"的风潮在蔓延。由于必须要想明天怎么吃饭、怎么睡觉，因而无法考虑到别人这种情况可以理解。但感恩、感谢别人，珍惜人存在的宝贵性等心情决不能干涸。正因为恩是只有人类才能感受到的东西，因此被喻为"人类的矜持"，是创建社会的根本。

一关市的义工团体计划建设一座名为"文学之库"的资料馆。建设资金准备通过开设作文讲座来筹集，讲师邀请井上厦担任。井上先生愉快地答应了，并且不要任何报酬。井上先生打算以转送恩的思想来完成这项使命。他在学生时期也受到过别人的恩惠。

在他意气风发的15岁那年，带有"不良少年"气息的他进入一家书店，想悄悄拿走一本国语辞典。人们把这种行为叫做"顺手牵羊"。

结果书店的大婶发现了，将他带到书店后面，让他劈柴。井上当时以为这是在故意惩罚他。劈完柴，大婶来了。她把辞典给了井上，还给了他一些钱，说那是劳动报酬，其中扣除了辞典的钱。大婶还说，只要劳动，就能买到东西。他领悟到，这是大婶在告诉他生存的意义。

再比如谦虚这种感觉，即使在受到良好教育的、具有良好感觉的十几岁年轻人身上也体会不到，他们从不谦虚。他们学的是西方文化，只以自己为中心，从不学习别人、不理解别人的谦虚，他们的一生是虚弱的、残缺的。

如果我们是得到师傅或先辈的教导，在他们的教育下成长壮大，我们就一定会养成谦虚学习的精神。这不是年青一代不好，而是因为现在的成年人和已经辞世的成年人造成了这样的社会，责任在他们。经过几十年才能变成这样的社会呀！

井上先生无偿担任作文讲座的讲师，按照西方人的看法是"绝不会有著名作家无偿去做的。他一定有什么企图！"如果从日本美德"恩送り"来考虑，就是理所当然的。

義理と人情

查一下字典，"义理"有好几个意思。

① 事物正确的道理，人类应该遵守的规则，道理。

② 人际关系或社会关系中应该遵守的规则，道义。（"欠人情义""因人情面子左右为难""事到如今再也不能依赖人情"。）

③ 在和别人交际时，不得不为之。"不得不出面"。

④ 意义，应该。（"苗代的代是替代之义／三册子"。）

⑤ 虽然没有直接的血缘关系，但是关系如同血缘一样。（"岳父"。）

由"义理"组成的词组有"有情有义的伙伴""拘于情面""处世不能不讲情义""不合情理""不懂人情""尽情尽义""看在情面上"等。

所谓"义理"，本意是事物正确的道理，在对人关系或社会关系中应该遵守的规则。在日本社会中一般指社交上以礼仪为宗旨规范自己的行为。在婚丧嫁娶等场合不做不符合礼仪道德的事，根据符合各地礼仪规范的方式开展自己的行为。这样可以避免不必要的冲突，将义理升华为熟练的处世技巧。

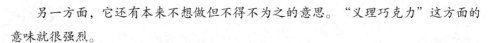

另一方面，它还有本来不想做但不得不为之的意思。"义理巧克力"这方面的意味就很强烈。

还有，血缘以外的人通过婚姻等仪式，结成和血缘同样的关系。比如，将配偶的父母亲称为岳父岳母、公爹公婆。

在农村社会，义理就是为了维持村庄内部人与人之间的关系的行为，那些不按规矩出牌的人就会受到"村八分"的制裁，即除了失火死人的情况之外，村里人都不会理你。这里有亲戚之间的制裁和村里的制裁两大类。

人们经常将"义理人情"捆绑在一起，但是，有时候"义理"是"义理"，"人情"是"人情"，不能混淆，有时也有夹在两者之间的行为。

义理，简单地说就是根据人际关系的羁绊而产生的义务，也可以说是看不见的借贷关系或力量的对比。

比如说，对于恩人是借，在恩人或他的家人遇到困难时，就要返还。这就是符合"义理"的行为。

所谓"人情"，它超越了借贷亏赚的界限，就是一个情。和人际关系的羁绊、以及借贷关系没有丝毫关联，即使是毫无关系的人也可以。听到没有去过的国家的儿童饿死的事情而感到可怜惋惜，这就是"人情"。比如说，我们没有给受到震灾的不相识的人送援助金的义务。但是，许多人感到他们很可怜而送去了援助金，这就是基于人情的行为。

社会学家源了圆根据近松文学，总结出江户时期义理人情的以下4个方式：

1. 由法律上的近亲关系所产生的道德义务。
2. 根据社会义理而成的习俗。
3. 作为社会成员应该遵守的规则（儒教义理）。
4. 回应个人信赖、约定、契约的义理。

社会学家樱井庄太郎就以前的义理做出的论断很有名，他说："如果当事者相互关系是平等的，也就是说当事者之间没有地位差异，那么它的社会意识就是契约式的、赠物宴会式的。"

所谓GNP商法是指商业三要素，即"义理（G）""人情（N）""礼品（P）"，依靠这三要素进行商品买卖，或者依靠三要素作为做买卖的方式，这样的营销方法也叫做"GNP营业""GNP商法"或者"GNP销售"，是推销保险的营业人员推销保险商品（主要是人寿保险）时常用的方法。

迷　惑

《数字大辞泉》词典说，"迷惑"是名词，也是形容动词，还可以加"する"构成名词，主要有两种意思：

1. 因某种行为让其他人受到损害或感到不快的行为或状态。
2. 不知如何是好。

日本人都说过"绝不给别人添麻烦"这句话。这句话最能代表日本人的国民性，它既有长处又有短处。日本人最讨厌给别人添麻烦。

日本人从小是在"不许给别人添麻烦"的教育中长大的，把别人的想法和看法作为自己的行为准则。在自己受到打扰时会勃然大怒，否定别人，生气地说"再不和你来往了"之类的话。受到打扰，双方就会发生矛盾，发生纠葛，精神就会感到紧张。

为什么不能给别人添麻烦呢？这是因为给别人添麻烦会扰乱别人的心情和生活。不给别人添麻烦，可以使各自的生活都很圆满。在这个意义上，不给别人添麻烦，这是谁都可以理解的，但是下面这些不给别人添麻烦的场合就不同了。

这就是说，不许给别人添麻烦不是因为令对方为难，而是如果给别人添麻烦，自己也可能被意外卷入麻烦之中而感到不愉快。本来自己是考虑别人的感受，不知不觉就只考虑自己的利益，由利己主义思想来做事情。最近很多人以这样的理由来说"绝不给人添麻烦"，与其说确实想过不给别人添麻烦，还不如说恰恰是在给别人添麻烦。大家不妨体验一下给别人添麻烦会怎么样？

"不给别人添麻烦"自然而然地成为规矩，已经深深地渗透到日本社会的各个角落。比如说，在电车上，抱着行李的乘客很自觉地把行李放在行李架上。那是因为不能给周围的人添麻烦。还有，在商店里，如果店员面带难色地说"只是有点儿……"，一般顾客再不会提出无理要求来为难店员（"只是有点儿……"可以理解为拒绝）。这样的例子不胜枚举。

进一步说，"不给别人添麻烦"这种想法深刻地影响着日本人的为人处事。不管多么亲近的人，这是一条不可逾越的红线。

日本人是从孩提时期就受到"不给别人添麻烦"思想的教育。而美国实行的是"麻烦是互相的"这一理论。自己也许给人添麻烦了，但这些麻烦只要在对方能够允许的范围内就没有关系。在美国波士顿住了20多年的日本人说"感觉互相添麻烦一

样"。如果日本人没有这个心理准备，住在美国精神上是很累的。

为了心情愉快地生活在这个世界上，要努力做到不给别人添麻烦，但是有个程度问题，要绝对不给人添麻烦是相当困难的。也许是不互相添点儿麻烦就不能生存。既然人是社会的存在，就不会不麻烦别人或被别人麻烦，与其说害怕误解，不如说还是互相添点麻烦比较好。

东京都于1962年10月11日颁布了《防止给公众明显添麻烦的暴力型不良行为条例》，该条例有9条之多，详细地规定了添麻烦的场所和内容，并伴随有严厉的惩罚措施，违反条例的惯犯可以处以拘役2年以下、100万日元的罚金。

下面是日本常见的店面通知。

各位早上好！

给各位添麻烦了，平时供应的午餐今天停止供应。

昨天鄙店接受了今天中午的团体会餐预约，还有今日要进行料理摄影，给各位添麻烦了，平时供应的午餐今天停止供应。请众位多多关照。明天午餐照常供应。还请众位多多关照。

第十二课

御遠慮ください

"遠慮"起初是"从长计议"的意思，这和现代的"深谋远虑"是一个意思。此用法经常使用于平安时期以后的汉文记录和汉文训读文中的军记物等书中。其后，从室町时期到近代，"遠慮"的意思演化成"控制言行""避免言行"等意。接着又衍生出"自己拒绝""辞退"等意。这种用法又进一步发展成现代的"节庆活动自我控制"之义。另外，江户时期用于"谨慎（禁闭）"之刑罚，是生病或斋戒时的自我控制。按照江户幕府的法律，"遠慮"是对武士和僧侣进行处罚的名称，处以此刑法的人要紧闭门户，昼夜不得出门，外人也不得探访，只有在生病的时候，才可以夜里请医生来看病，或家中失火时，才允许外出避难。

"辞退""自肃""谨慎""自重"指的都是控制自己言行的动作，其根本含义就是害怕世人说长道短。可是，用语和语法本身并不是谦让的用法（换言之就是"差し控えさせていただく"的"させていただく"），即不是待遇的本体。

也就是说"御~くださる"属于尊重语中的敬意表现，是抬高对方的行为。"御遠慮"用和语说，相当于"お控え"，即在整体上"请控制一下"。人们说，"御遠慮ください"时罪恶感要强烈些，这是怎么回事呢？首先是汉语和和语的不同（"御

227

遠慮"是汉语词，"お控え"是和语）。说话时使用和语，使人感到柔软缠绵，幽婉的程度要大，进而禁止的程度使人感到要弱得多。

即使使用汉字的"遠慮"，用含有敬语表现的"御遠慮いただいております"，也比老一套的"御遠慮ください"要好。这是因为没有断定地说"御遠慮ください"，可以向对方传递些许说话者的谦逊心情。

判定"御遠慮ください"是不恰当的语言表现，也是同时综合几个方面进行考虑，整体上令人感到"心情不舒服"而被认为不恰当。不是将对与错的范围限定于用词本身的严密意义和用法，而是扩大到言语表达及语言效果上，那就是"最好停止不干"。

也许将此写在商业接待小册子上，没有理由也没有必要成为一个准则。但是，有必要弄清楚词语的性质，积极探索更好的说法，比如"飲食物のお持ち込みは、御容赦願います"，等等。

首先，关于"ご遠慮"这个词，我们经常听到"タバコはご遠慮ください（请不要抽烟）"或"携帯電話はご遠慮ください（请不要拨打手机）"等，我们头脑里要知道：对方用"ご遠慮"这个词在以前的日语中是错误的。

"遠慮する"这个词是控制自己的行为（言语、行动）的意思，不能用于指示对方的行为。因此，"ご遠慮ください"是不能用的。

"遠慮させていただきます"是对自己说的，前面不能接"ご"。

现在对别人也可以使用了，主要用于控制对方的言行。使用"発言を遠慮する（控制发言）""遠慮なく（不要客气）"等，来规劝对方或响应对方的规劝。平时常用的有"遠慮なく召し上がれ（不要客气，请动筷）""遠慮なくあがらせていただきます（我不客气了，那我就进来了）""ご相談のご希望がございましたらご遠慮なくご連絡下さい（如果您有事需要商量就不要客气，直接联系我）"。

还有（经过综合考虑事情的前因后果和情况）辞退或辞职。"喪中につき新年の御挨拶は遠慮させていただきます（正当哀丧之时，请允许我新年不去致礼）""遠慮してほしい（请您回避）""車内での喫煙は御遠慮ください（车内请勿吸烟）""しばらく遠慮してほしい（请您暂时忍耐一下）""おタバコは御遠慮ください（请勿吸烟）""コーナーでの携帯電話のご使用はご遠慮ください（请不要在此地拨打手机）"，等等。

经常还见到如下用法："路上駐車ご遠慮ください（请不要路边驻车）""当院周囲への路上駐車はご遠慮ください（请不要在通往本院的路边驻车）""自家用車でお越しの方は、かならず当院専用駐車場をお使いください。また、長時間

エンジンをかけていると近隣への迷惑になる。特に、夜間には窓を開けてお休みになられる方も……（开自家车的各位，请务必使用本院专用停车场。车长时间不熄火的话，会给周围带来麻烦，特别是对于夜间开窗休息的各位……）。

ご苦労様

所谓"苦劳"是指为了事情进展顺利而付出精神和肉体上的激励。在逆境时，尽管遭到苦难，仍然在努力，或者心里有各种各样的痛苦记忆。在"不断努力""共患难""苦心培养孩子"之类的情况下使用。

另外，还有（多用"ご苦労"形式）表示受到别人的关照或者给别人添麻烦的意思，如"承蒙双亲的关照""给您添麻烦了""您辛苦了"。

"苦劳人"是指那些经历过千辛万苦、精通世故人情的人。

有这样一个谚语，"年轻时辛苦金不换"。就是说，年轻时的辛苦，会成为一生的宝贵经验，在未来的生活中会起作用的，因此要主动去吃苦。年轻时的吃苦锻炼，将关系到自己今后的成长。不经过吃苦、在幸福中长大的人，将来不会有出息。这句话还可以说成"若い時の苦労は買ってでもしろ""若い時の苦労は買うて（こうて）でもせよ"。

山内一丰是战国武将，他是吃尽千辛万苦才成为土佐一国的城主的。

"吃苦是成功之母"是许多知名企业家发展事业的名言。

日本相声演员古今亭文菊大学毕业后进入相声界，经过10年打拼，成为日本相声界"师匠"级大师。他的一生贯穿着"不吃尽千辛万苦，就不能成为名副其实的相声家"的宗旨。他的名言是："一个人想要有完整的人格，30岁以前就一定要去吃苦。"

"御苦劳"既是名词又是形容动词，表示对对方的努力表示慰劳，即"你辛苦了"。"御苦劳样"既是感叹词又是形容动词，意思同"御苦劳"，只不过更加郑重，如"您一直干到这么晚，真是辛苦您了"。对上司说"お疲れ様"才自然，才合适。

下面是江户时期以来"御苦劳"适用对象变迁的调查数据。

	目上	同等	目下
江户	76%	12%	12%
明治	36%	34%	30%
大正	42%	10%	38%
昭和	25%	25%	50%

一直到明治初期都很少有人对下属说"御苦劳"。但是，以明治末期到大正年代为界限，对下属说"御苦劳"的现象就明显增多了。上表数值使用的是百分比，一直到昭和初期对下属说"御苦劳"的人数并没有减少，而且大大超过了对上司说"御苦劳"的人数。

从明治时期（19世纪60年代）到20世纪50年代为止，"御苦劳样"使用对象为上司的占33%，为下属的46%，为同辈的21%，可以看出，那个期间对下属使用的最多。但是，对上司使用的人加上对同辈使用的人为53%，明显超过了对下属使用的人。可以这么说，明治以来，使用"御苦劳"这一系列的慰劳语不一定就是上司对下属使用的。

日本文化厅于2005年度对此进行调查，职场上在分别时，60～70岁的人中有41.3%的人对下属使用"ご苦労さま（でした）"。有42.9%的人对下属使用"お疲れさま"。60～70岁的人中有20.2%的人对上司选择使用"ご苦労さま(でした)"。可以看出60～70岁的人比50～60岁的人更喜欢使用"ご苦労さま"。

"ご苦労様"不省略的话，应该是"ご苦労をおかけしています"。"苦労をかけている"也就是说，其辛苦的原因是说"ご苦労様"的本人而不是"ご苦労していますね"的第三者（同情者）。以此为基础，"ご苦労様"的意思是"为了我（或代替我）而工作（劳动），我谢谢您了"。这句慰劳话的前提是主人→佣人、雇主→被雇佣者、师傅→（只是干活的）徒弟的关系。再进一步来说，即使是上司→部下的关系，那个工作也不是为了上司而干的，上司只是替公司发出干活的命令而已。

丈夫工作完毕回到家里，妻子说声"您回来了，辛苦了"，丈夫就会很高兴。这句话包含着"您为了全家工作，太谢谢您了"的意思。如果此时说"您回来了，您劳累了"的话，如果是双职工还好些，若是单职工，就会使人感到价值下降。

在欢送离退休人员的会上，为了对离退休人员长期以来的辛勤工作表示感谢和慰问，我们经常会说"您长期劳作，辛苦了"。即使对方不是管理层的领导，而只是个普通职员，在抬高欢送会主角身份的这种场面，我认为也是非常合适的。

市议会议员等在火车站前进行街头演讲，经常会说："诸位，大家很早就开始

辛勤工作，你们辛苦了！"在这里，议员并不是觉得自己比权力者更伟大，而是那个时间段，去车站的多数是各个家庭的顶梁柱出门工作，因而这是对他们所起的"作用"进行慰问。

有一篇新闻报道说，1989年2月24日是昭和天皇的"大葬日"，一位74岁的男性从前一天的晚上8点开始就一直在此等待"灵车"的队伍,他对天皇的灵车说"您实在是辛苦了"。

总而言之，"ご苦労様"是对公家作用的感谢和慰劳。如果这样考虑的话，"ご苦労様"是应该对上司使用的语言。

第十四课

ただいま

日本的家庭经常使用感叹词"ただいま""お帰りなさい""行ってきます（行ってまいります）""行っていらっしゃい"等。

"ただいま"本是副词。"现在是8点52分31秒""今天从现在开始禁酒"的"ただいま"是立刻、马上的意思。"很快就要开电灯了，请从那个门进来"的"ただいま"是"很快就要""马上"的意思。"我刚刚出门"的"ただいま"是表示"刚刚"的意思。"ただいま"做感叹词时，是回家时用的寒暄语，由回到家的人说。家里的人则说"おかえり"。

"おかえり"是感叹词，是"おかえりなさい"的省略语，一般长辈或关系亲密的人使用。在家的人如果是晚辈的话，经常用"おかえりなさい"。

另外，它还是"只今帰りました"的省略语。"ただいま""おかえりなさい"是重要词语"いってきます"的"语言灵魂的约定"词语，它是"ただいまである"。"おかえりなさい"是表示感谢的话，意思是"你遵守约定回到家里，谢谢你"。

"行ってらっしゃい"是感叹词，是日本清晨经常使用的寒暄语，是以家为根据地、从家里出发的时候，欢送方使用的寒暄语。"行ってらっしゃい"看起来不是特别重要的词语，但是对于日本人来说，会令人心情特别舒畅。"行ってらっしゃい"是表达希望你"安全而又健康地生活、平安回到家里"这种心情的词语。也就是说"いってらっしゃい"是有灵气的，是具有"祝你顺利到达目的地、平安无事回家"这种灵气的。"いってらっしゃい"容易使人认为是一种习惯和社交辞令，但是一旦说出口，就会形成强大的能量来保护对方。

"いってきます"是感叹词，是一个人离开家时使用的寒暄语，意思是"我要

到某个地方去一下，还要回来的"。"行ってきます"和"帰ってきます"联合起来，是充满"现在我要出门，还要回到家里的"和"再次回来"这种语言威力的。过去，人们离家出门是有生命危险的，说声"いってきます"是在发誓"我一定要回来"。

人们在要出门时，许多人都会不加思考地说句"いってらっしゃい"和"いってきます"。古代，日本人认为词语中有神灵，"いってらっしゃい"和"いってきます"里的语言神灵权威力量是最强大的。这样，充满"平安回家"心愿的"いってきます""いってらっしゃい"是句吉祥良言，它既能给对方也能给自己精神力量，使对方心情愉快、免灾免难。因此，以后我们大家都精神抖擞地说"いってきます""いってらっしゃい"吧。

1945年的日本特攻队员出阵时的寒暄语不是"いってきます"或"いってまいります"，而是表达不再回来的"いきます"。特攻队员的油箱只加了去程的单程油，回来是可耻的。

任何国家都有寒暄语，但是没有哪个国家像日本这样特别重视寒暄语，经常将季节呀、天气呀作为寒暄语。在相逢或分别时，日本人重视寒暄那种生动的场面让外国人都感到吃惊。

比如说，清早在公司碰到上司，你默默不语，不说"おはようございます"，上司就会认为，你是不是身体不舒服，或者你心怀不满？反之，你给上司打招呼了，上司不搭理你，这时你心里就会忐忑不安。在日本人的日常生活中，寒暄就是这么重要。

我并不是从深层考虑，日本人打招呼是互相确认对方的存在。特别是在公司等场合，相互之间说声"行ってらっしゃい""おかえりなさい"，意味着大家都有"家"的意识。

日本人打招呼是从小教育的结果，不是每次都考虑这句寒暄语含有什么意思，而是习惯成自然，脱口而出。

第十五课

いただきます

"いただき"是日语五段活用动词"頂く・戴く"的连用形。日语中将山或头的最高处称为"頂（いただき）"，"いただく"本来的意思是"在顶端"。由此派生出，将上位者给的东西做出顶在高处的动作，从而产生"いただく"是动词"もらう"的谦让用法。

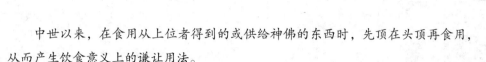

中世以来，在食用从上位者得到的或供给神佛的东西时，先顶在头顶再食用，从而产生饮食意义上的谦让用法。

日本饮食活动有两句非常精彩的话。

一个是"頂きます"，意思是"我的生命顶戴着动植物的生命"。

古时候的人们依靠大自然的恩惠而生存下来。所谓大自然的恩惠，换句话来说，就是无数个动植物的生命。这样的行为是活着的生物的共同行为，许许多多生命相连才能生存（被养活）。"牺牲许许多多生物才能生存下来"，"頂きます"是对伟大的大自然表示感谢。

另一个是"ご馳走様"，是奔走之义。"馳"和"走"都是奔跑的意思。古时候，为欢迎客人，东奔西跑获取猎物来招待客人，对于这种拼命的劳作，客人表示衷心的感谢。

在国外，吃东西时经常可见带有宗教式的寒暄语，上述两句话是日本特有的寒暄语。一个是对食物的感谢，一个是对主人努力准备食物的感谢，这是表达对食物敬虔的心情，是日本饮食文化很精彩的一面。

每天吃食物，每天都说"いただきます"和"ごちそうさま"，日本精彩的食文化渗透到日本人的内心和精神中。

吃饭时寒暄语有的是基于信仰的，有的则不是。"いただきます"这个单纯的词语，它的信仰究竟扎根于何处？这还是个疑问。日本广泛传播的解释是来自阿依努族或净土真宗的万物有灵论，是对食材动物的感谢之言。净土真宗的学说是人们夺去活生生的植物和动物生命，进行料理调制，吃了它们就是吃了它们的生命，用来维持人类的生命，对这些动植物要进行感谢。这个说法还不知真伪。按照这个学说，这些生灵把它们的生命布施给了我们人类。另外，吃饭后说"ご馳走さま（ごちそうさま）"，说的时候要合掌，这也是净土真宗的正宗作法。"馳走"意味着主人为购买食材和料理食物东奔西跑，对主人也要表示感谢。

饭前说"いただきます"始于何时？1983年，熊仓功夫以明治·大正时代出生的人为对象，进行了饮食生活史的调查。调查对象小时候说不说"いただきます"因家庭而异，每个家庭都不同，不像现在那么普遍。普遍化是在昭和初期帝国主义教育时代，吃饭时"拿起筷子，要感谢天地的恩惠，感谢君主（天皇）和父母之恩"（出自江户后期期刊生活训《孝行道草》）。吃饭要感谢天恩和君恩，也就是这个时代的主君天皇陛下，感谢自己的父母后，再说声"いただきます"。这些孩童成了大人后，他们延续了这一家庭教育，"いただきます"逐步习惯化。

第十六课

もったいない

例如，点心只吃了一点点就将剩余部分扔掉，或者衣服稍微有点污渍就扔掉，此时，就会认为"还可以吃呀""还可以穿呀"，"もったいない"表示"可惜"的心情。

例1　这么凉快还开着空调，真浪费！

例2　快要考试了还在侃大山，真浪费时间啊！

还可以使用的东西、还能够吃的食物、还有利用价值的东西等有价值之物浪费掉而感到可惜的心情，称之为"もったいない"。日本本不是资源大国，自古以来，在日常生活当中就很珍惜东西，一直强调绝不可浪费。因此，从前剩一粒米就被说成"もったいない"，父母亲要孩子将饭碗的米粒一粒不剩地吃干净。

"もったいない"不仅对物而言，还可以用于人。

例3　他那样优秀的人才闲置不用，实在是"もったいない"。

例3是对于人才浪费进行提醒和批评时使用的，下面的例子需要注意，它的语感有所不同。

例4　那个夫人是个出类拔萃的人物，嫁给他实在太可惜了。

例5　给我这么好的东西，实在是不敢当。

例4的意思说，夫人与她丈夫相比太出色了，两人不相般配。例5的意思说，所赠之物远远超出自己的身份，和自己不相匹配。这是一种谦逊的说法，在道谢时经常使用。这些说法都是来自"其价值无法估量，不能发回其本身的作用"而感到"可惜"这种想法。

"もったいない"这个日语词汇，用英语的"wasteful"或者是中文的"可惜"是不能原封不动置换的，语感不同。

诺贝尔和平奖获得者、肯尼亚环境部副部长旺加里·马塔伊2005年访问日本时，得知日语里有"もったいない"这个词。这个词的意思是珍惜地、连续不断地利用资源，只是一个词就表达了"3R"（"Reduce（减少废弃物）""Reuse（再次利用）""Recycle（资源再生化）"）这3个词的意思。他受到强烈震撼，号召将"もったいない"作为环保标语推广到全世界。

日本环境部发行的"平成17年（2005）环境循环性社会白皮书"中指出："もったいない"不仅仅是指爱惜东西，而且具有物品没有在本质上实现其价值或者没有能发挥其作用时而感到可惜的意思。白皮书建议大家真正重视"もったいない"精神。"もったいない"精神就是要消除能源浪费，将能源的价值利用到百分之百。

附录三 练习参考答案

 第一课

一、
脱（ぬ）ぐ	分（わ）ける	塗（ぬ）る	箸（はし）
橋（はし）	上（あ）がる	下（さ）がる	泊（と）まる
名付（なづ）ける	楽（たの）しみ	端（はし）	座（すわ）る
疲（つか）れる	植（う）える	悔（くや）しい	慰（なぐさ）める
難（むずか）しい	暮（く）れ	悲（かな）しい	寂（さび）しい

二、
ぼうねんかい（忘年会）	にっちょく（日直）	みずま（水撒）き	かし（菓子）
かんけい（関係）	せいひん（製品）	まんが（漫画）	でんき（天気）
ねだん（値段）	かいがてん（絵画展）	よやく（予約）	ふんいき（雰囲気）
えき（駅）	じんじゃ（神社）	とちゅう（途中）	ゆうがた（夕方）
まご（孫）	きもの（着物）	もど（戻）る	なかよ（仲良）く

三、
問一	問二	問三	問四
③	②	④	③

四、
問一	問二	問三
①	③	②

五、
問一	問二	問三	問四
①	④	①	③

六、
問一	問二
③	③

七、
問一
③

 第二课

一、

減（へ）る	乗（の）る	寒（さむ）い	変（か）える
働（はたら）く	困（こま）る	豊（ゆた）か	伝（つた）わる
休（やす）み	降（ふ）る	寝（ね）る	調（しら）べる
払（はら）う	消（け）す	暑（あつ）い	暖（あたた）かい
置（お）く	回（まわ）る	果（はた）す	涼（すず）しい

二、

ばしょ（場所）	かいすい（海水）	えき（駅）	きゅうりょう（給料）
りょこう（旅行）	れいぼう（冷房）	かず（数）	じょうたい（状態）
しょくじ（食事）	じゅんばん（順番）	のう（能）	しんちょう（身長）
やさい（野菜）	やくわり（役割）	すみ（隅）	つうふう（通風）
かぞく（家族）	げいじゅつ（芸術）	さかな（魚）	でんとう（伝統）

三、

問一	問二	問三	問四
①	④	④	②

四、

問一	問二	問三	問四
②	③	④	①

五、

問一	問二	問三
②	③	④

六、

問一	問二
②	①

七、

問一
③

八、

問一
④

 第三课

一、

講座（こうざ）	指導（しどう）	一歩（いっぽ）
積極的（せっきょくてき）	業務（ぎょうむ）	組織（そしき）
戦力（せんりょく）	貢献（こうけん）	育成（いくせい）
対応（たいおう）	予め（あらかじめ）	了承（りょうしょう）
快適（かいてき）	店頭（てんとう）	手伝う（てつだう）
親切（しんせつ）	百貨店（ひゃっかてん）	添える（そえる）
可燃物（かねんぶつ）	指定（してい）	透明（とうめい）
衣料品（いりょうひん）	除く（のぞく）	掲載（けいさい）
鍋（なべ）	食器（しょっき）	販売（はんばい）

二、

素晴らしい人生の一歩をフミダシましょう。（踏み出し）

自分に合った働き方をしないとジュウジツした人生は送れません。（充実）

大きな力を発揮し会社の大きなセンリョクとして貢献する。（戦力）

子供にムク遊び（向く）

積極的にサイヨウする（採用）

モクテキを失う人生は意味がない（目的）

ご希望日の前日までにごヨヤクをお願いします。（予約）

ジョウキョウによっては、ご希望の日時にそえない場合もあります。（状況）

カイガイに旅行する（海外）

ここの食べ物はムリョウです。（無料）

キボウが叶う（希望）

店内の買い物にカンスルご質問にお答えいたします。（関する）

目的地までアンナイする（案内）

ウケツケ時間6時まで（受付）

シミンの意見を伺う（市民）

何か分からないところはおトイアワセ（して）ください（問い合わせ）

箱にイレル（入れる）

針のアナ（穴）

瓶のふたをアケル（開ける）

三、

問一	問二
④	④

四、

問一	問二
③	①

五、

問一	問二
②	④

 第四课

一、

改良（かいりょう）　工事（こうじ）　伴（ともな）う　不便（ふべん）
協力（きょうりょく）　設置（せっち）　南側（みなみがわ）　東側（ひがしがわ）
貸出（かしだし）　鑑賞（かんしょう）　記載（きさい）　下記（かき）
来館（らいかん）　台帳（だいちょう）　期限（きげん）　更新（こうしん）
失効（しっこう）　行政（ぎょうせい）　発行（はっこう）　視聴覚（しちょうかく）
上記（じょうき）　範囲（はんい）　異（こと）なる　地域（ちいき）
記号（きごう）　特定（とくてい）

二、

キョカ（許可）　オヨビ（及び）　コンキョ（根拠）　カツドウ（活動）
ケイゾク（継続）　マンリョウ（満了）　タイザイ（滞在）　ショウニン（承認）
コヨウ（雇用）　キョウイク（教育）　チシキ（知識）　エンカツ（円滑）
ハカ（図）ル　ベンゴシ（弁護士）　シッペイ（疾病）　シュットウ（出頭）
ミズ（自）カラ　ジュン（準）ズル　トウガイ（当該）　タズ（尋）ネル
ジュリョウ（受領）　テスウ（手数）　テンプ（添付）　オウ（応）ジル
テイシュツ（提出）スル　トウロク（登録）　マドグチ（窓口）　ヒョウジュン（標準）

三、

問一
②

四、

問一
②

五、

問一	問二	問三	問四	問五
①	④	③	④	②

附录三　练习参考答案

 第五课

一、

太（ふと）る	脂肪（しぼう）	巻（ま）く	分（わ）ける
役割（やくわり）	首輪（くびわ）	示（しめ）す	現（あわ）れる
講師（こうし）	外見（がいけん）	翻訳（ほんやく）	置（お）く
蓄積（ちくせき）	練（ね）りこむ	与（あた）える	賢（かしこ）い
刻（きざ）む	動物（どうぶつ）	下（くだ）す	埋（うず）もれ

二、

ヤショク（夜食）	ドケイ（時計）	ブッシツ（物質）	アタマ（頭）
ビリョウ（微量）	フ（増）エル	ホウコク（報告）	サギョウ（作業）
フト（太）ル	ハッセイ（発生）	ガクモン（学問）	ホンシツ（本質）
キザ（刻）ム	カ（代）ワル	ジョウホウ（情報）	
ジャクテン（弱点）	チョウセイ（調整）	ソ（染）ミデ（出）ル	
シンテン（進展）	フクザツ（複雑）		

三、

問一	問二	問三	問四	問五
③	①	③	③	③

四、

問一	問二
④	④

五、

問一
②

 第六课

一、

予想（よそう）	不自由（ふじゆう）	芸術（げいじゅつ）
印象（いんしょう）	都合（つごう）	共催（きょうさい）
情報力（じょうほうりょく）	抽選会（ちゅうせんかい）	範疇（はんちゅう）
達（たっ）する	往復（おうふく）	開催（かいさい）
影響（えいきょう）	狭（せま）い	融通（ゆうつう）
小物（こもの）	人間（にんげん）	面白（おもしろ）い

隅（すみ）　　　　　　私鉄（してつ）

二、

クルマイス（車椅子）　カク（核）　　　　　カガクジュツ（科学術）
カイコ（解雇）　　　　アエテ（敢えテ）　　フ（吹）キコ（込）ム
キソ（競）イア（合）ウ　アツカ（扱）ウ　　オ（押）シトオ（通）ス
ウト（疎）メ　　　　　シンポ（進歩）　　　ヌ（抜）ク
モト（求）メル　　　　キハツ（揮発）　　　ハッショウチ（発祥地）
ヒョウカ（評価）　　　ヒ（引）キウ（受）ケテ　カンセイ（完成）
オウボ（応募）　　　　レンゾク（連続）

三、

問一	問二	問三	問四	問五
①	④	①	④	②

四

問一	問二
②	④

五、

問一
①

第七课

一、

売（う）り上（あ）げ　増加（ぞうか）　奇抜（きばつ）　見（み）せ付（づ）け
超（こ）えて　　　　　投資（とうし）　仕切（しき）る　求（もと）める
独身（どくしん）　　　舞（ま）い　　　表面（ひょうめん）　寄（よ）せる
老化（ろうか）　　　　錯覚（さっかく）　製造（せいぞう）　隠（かく）し
余裕（よゆう）　　　　宿命（しゅくめい）　欠陥（けっかん）　脅（おび）やかし

二、

ジリツ（自立）　　　コウサク（交錯）　ウラガワ（裏側）　コ（越）エル
サンニュウ（参入）　メンセキ（面積）　ショウメイ（証明）　ツナ（繋）ガル
ロウカ（廊下）　　　セッケイ（設計）　リョッカ（緑化）　ウ（打）チ
ハダ（肌）　　　　　タンケン（探検）　タイヨウ（太陽）　シノ（凌）グ
センガン（洗顔）　　ヌ（塗）ル　　　　ウシナウ（失）　　カセ（稼）グ

三、

問一	問二	問三	問四	問五
①	④	④	④	④

四、

問一	問二
④	③

五、

問一
③

第八课

一、

食器（しょっき）　送（おく）り込（こ）む　常識（じょうしき）　怯（ひる）む
起（おこ）した　入（はい）り　相（あい）まる　帽子（ぼうし）
発火（はっか）　呼（よ）びかけ　印象（いんしょう）　手足（てあし）
機種（きしゅ）　樹脂（じゅし）　潜水艇（せんすいてい）　辛抱（しんぼう）
温風（おんぷ）　薄（うす）さ　操縦（そうじゅう）　傾向（けいこう）

二、

テイブ（底部）　トウニュウ（投入）　シサツ（視察）　カヨウ（歌謡）
ムリョウ（無料）　シカ（仕掛）ケ　モウ（設）ケル　ヒヤク（飛躍）
アワ（泡）　タカ（高）メ　ウ（浮）キ　ニクタイ（肉体）
カンソウキ（乾燥機）　アンテイ（安定）　ベッシュ（別種）　タンジュン（単純）
ケイシャ（傾斜）　クンレン（訓練）　ナ（投）ゲル　ミンゾク（民族）

三、

問一	問二	問三	問四	問五
①	①	①	④	④

四、

問一	問二
④	④

五、

問一
②

第九课

一、

医療（いりょう）　策定（さくてい）　滑（なめ）らか　抑（おさ）える
負担（ふたん）　心地（ここち）　徹夜（てつや）　捉（とら）える

格差（かくさ）　　加減（かげん）　　原稿（げんこう）　　試（こころ）みる
税金（ぜいきん）　相槌（あいづち）　惚（ほう）れる　　　逆（さか）さ
介護（かいほ）　　取材（しゅざい）　紡（つむ）ぎだす　　交渉（こうしょう）

二、
シシュツ（支出）　　コウキュウ（高級）　カク（核）　　　チュウサイ（仲裁）
ケイカク（計画）　　ナガイ（長生）キ　　キジ（記事）　　オ（折）レル
ショウガイ（傷害）　ドウキ（動機）　　　コウヨウ（効用）カタホウ（片方）
ゼセイ（是正）　　　サイシン（最新）　　ショウトツ（衝突）　テイタイ（停滞）
イジョウ（異常）　　ニ（逃）ゲル　　　　ケイトウ（系統）オ（追）ウ

三、

問一	問二	問三
①	④	②

四、

問一	問二	問三	問四
①	④	②	③

五、

問一
③

 第十课

一、
防（ふせ）ぐ　　　　配（くば）る　　　　登録（とうろく）　　狂（くる）う
半数（はんすう）　　言（い）い訳（わけ）　選択（せんたく）　　夕立（ゆうだち）
作成（さくせい）　　至（いた）りつく　　定型（ていけい）　　緩（ゆる）み
減（へ）る　　　　　興味（きょうみ）　　流（なが）す　　　　備（そな）える
詐欺（さぎ）　　　　抜（ぬ）け出（だ）す　用心（ようじん）　　日照（ひでり）

二、
コウバン（交番）　　コウガク（工学）　　　ケイエイ（経営）　　サツエイ（撮影）
ヒガイ（被害）　　　ツタ（伝）エル　　　　ジュンチョウ（順調）　スス（進）ム
コキャク（顧客）　　シハン（市販）　　　　ショウサイ（詳細）　ジュシン（受信）
ミリョク（魅力）　　ムダ（無駄）　　　　　フク（含）メル　　　ツ（付）ク
キギョウ（企業）　　テイキョウ（提供）　　ヒョウカ（評価）　　トクテイ（特定）

三、

問一	問二	問三	問四	問五
④	②	④	④	②

四、
問一
②

五、
問一
④

第十一课

一、

連載（れんさい）　　臨む（のぞむ）　　馴れ合い（なれあい）
発表（はっぴょう）　　調子（ちょうし）　　編集者（へんしゅうしゃ）
起承転結（きしょうてんけつ）　　出番（でばん）　　退治（たいじ）
展開（てんかい）　　脅かす（おどかす）　　正直（しょうじき）
話題（わだい）　　読者（どくしゃ）　　襲う（おそう）
確実（かくじつ）　　出番（でばん）　　解決（かいけつ）

二、

人生をハンセイする（反省）
ジゼンに聞きます（事前）
ケッコンの話（結婚）
中国にシャザイする（謝罪）
テイネイな発表（丁寧）
首をタれる（垂れる）
セイイを見せる（誠意）
オドロクこと（驚く）
柔らかいメセン（目線）
だからタイオウは素早いほうがいい（対応）

三、
問一	問二	問三	問四	問五
③	②	②	③	④

四、
問一
③

五、
問一
②

第十二课

一、

飛躍（ひやく）	国境（こっきょう）	崩落（ほうらく）
維持（いじ）	緩和（かんわ）	実施（じっし）
様変わり（さまがわり）	敏感（びんかん）	提供（ていきょう）
賢い（かしこい）	必死（ひっし）	失う（うしなう）
職場（しょくば）	表す（あらわす）	味方（みかた）
熱心（ねっしん）	貯金通帳（ちょきんつうちょう）	金融（きんゆう）

二、

日本企業を取り巻く経営環境はキビしさを増している。（厳）

情報技術が飛躍的にシンポする。（進歩）

消費者が情報にビンカンになった。（敏感）

シジを失えば満足な売上が上がらない。（支持）

ショウヒンに関する情報　　（商品）

優秀な能力をウシナウことになる。（失う）

ヒカクする前において、子供のことが頭の中にひらまくのである。（比較）

母親は最後まで子供のミカタである。（味方）

彼女にとってユビワより、貯金通帳よりも子供が大切なのだ。（指輪）

ヒッシになっている。（必死）

三、

問一	問二	問三	問四	問五
③	②	④	④	④

四、

問一
④

五、

問一
④

第十三课

一、

発表（はっぴょう）　光景（こうけい）　　指名（しめい）　　治療（ちりょう）

附録三　練習参考答案

示唆（しさ）　　　斬新（ざんしん）　　寿命（じゅみょう）　　感染（かんせん）
対立（たいりつ）　影響（えいきょう）　復帰（ふっき）　　　　輝く（かがやく）
質量（しつりょう）極端（きょくたん）　意図（いと）　　　　　動作（どうさ）
機能（きのう）　　増殖（ぞうしょく）

二、
新商品の発表は、いつも予告なく、トツゼンでした。（突然）
難しいケツダンでした。（決断）
ＣＥＯとして職務とキタイに応えられなくなるような日が来た。（期待）
おなじみのコウケイがもうみられなくなります。（光景）
その明るさとシツリョウ、そして寿命の間には一定の関係がある。（質量）
一方でバクハツの力まで、圧縮される。（爆発）
人間にカンセンする心配はない。（感染）
もはやムシできないほど現代社会で猛威をふるっているのだ。（無視）
こうした被害はもちろんシンコクだ。（深刻）
正体はイトを持って作られたプログラムだ。（意図）

三、

問一	問二	問三	問四
①	③	②	②

四、

問一
②

五、

問一
③

第十四課

一、
適切（てきせつ）　　物事（ものごと）　　　典型（てんけい）
支配者（しはいしゃ）空間（くうかん）　　　眺める（ながめる）
仲間（なかま）　　　穏やか（おだやか）　　制限（せいげん）
感嘆（かんたん）　　混雑（こんざつ）　　　廃墟（はいきょ）
現場（げんば）　　　解消（かいしょう）　　割り勘（わりかん）
返済（へんさい）　　用意（ようい）　　　　通勤（つうきん）

二、

高いバショに城跡がある。（場所）

あそこにキョウカイがある。（教会）

地球の美しさに一番カンタンしている。（感嘆）

少しゲンバから離れ、一呼吸置いてみることで得られるのである。（現場）

仲間やジョウシに誘われるといやでも、付き合わざるを得ないことがあります。（上司）

ヘンサイするときにはひどく不愉快な顔をしているということです。（返済）

若い頃はいくら食べても太るシンパイがなかった。（心配）

肥満をカイショウしようと思った。（解消）

毎日歩けば、かなりのカロリーをショウヒしたことになる。（消費）

食事セイゲンはしんどい。（制限）

三、

問一	問二
②	③

四、

問一	問二
②	④

五、

問一
①

第十五课

一、

人間（にんげん）	費用（ひよう）	機械（きかい）
本物（ほんもの）	回収（かいしゅう）	無言（むごん）
人類（じんるい）	過程（かてい）	能率（のうりつ）
動作（どうさ）	上品（じょうひん）	信号（しんごう）
遺伝子（いでんし）	非常（ひじょう）	驚く（おどろく）
進化（しんか）	顰める（しかめる）	

二、

あらゆるビジンの要素を取り入れた。（美人）

答えられない時にはシンゴウが伝わって、マスターが飛んでくる。（信号）

ヒヨウを持つ。（費用）

顔をシカめ、ムゴンでスープ皿を押しやって席を立つ。（無言）

ヒジョウに差が小さい。（非常）

人類のシンカの過程。（進化）

もっとノウリツのいい機械ができた。（能率）

酒をカイシュウし、お客に飲ませた。（回収）

ドウサのほうも、酒を飲むことだけだった。（動作）

三、

問一	問二	問三	問四
③	④	③	②

四、

問一
③

五、

問一
①

第十六课

一、

不思議（ふしぎ）	陽気（ようき）	一斉（いっせい）
上昇（じょうしょう）	抑える（おさえる）	花芽（はなめ）（かが）でも可。
気温（きおん）	仕組み（しくみ）	季節（きせつ）
異なる（ことなる）	種類（しゅるい）	光源（こうげん）
照明（しょうめい）	視覚（しかく）	意識（いしき）
恒常性（こうじょうせい）	蛍光灯（けいこうとう）	知覚（ちかく）

二、

休眠からメザメルには、一定の低温期間を経験することが必要です。（目覚める）

冬の寒さもユルミ、春の陽気が感じられるようになってきました。（緩み）

成長がサイカイする。（再開）

子がセイチョウする。（成長）

イッタイどういう仕組みなのでしょうか。（一体）

大阪の夏はキオンはほんどん２８度くらい。（気温）

春にサク花は桜が一番綺麗だと思う。（咲く）

見通しはアカルイ。（明るい）

生活にヤクダツ。（役立つ）
練習はのシアイのために存在すべきものです。（試合）
全国でイッセイに行われる。（一斉）
商品番号をキニュウする。（記入）
本日の商品は5％ワリビキする。（割引）
おキガルに販売スタッフにお声をおかけください。（気軽）

三、

問一	問二	問三	問四	問五
②	③	①	③	④

四、

問一
④

五、

問一
④

六、

問一
③

七、

問一
③

八、

問一
④